Libre y salvaje

Viajes

Ignacio Dean

Libre y salvaje

La gran aventura de la vuelta al mundo a pie

Zenith/Planeta

El papel de este libro procede de bosques gestionados de forma sostenible y de fuentes controladas.

Avda. Diagonal, 662-664, 08034 Barcelona (España)
www.zenitheditorial.com
www.planetadelibros.com

Adaptación de la cubierta: Booket / Área Editorial Grupo Planeta
Fotografía de cubierta: © Ignacio Dean
Mapas del interior: © Carles Salom
Primera edición en Colección Booket: mayo de 2019
Segunda impresión: noviembre de 2019
Tercera impresión: enero de 2021
Cuarta impresión: mayo de 2023
Quinta impresión: octubre de 2025

Depósito legal: B. 6.790-2019
ISBN: 978-84-08-20914-0
Impreso en España

Biografía

Ignacio Dean es naturalista, aventurero profesional y divulgador. Es la primera persona en la historia en haber dado la vuelta al mundo caminando y en unir nadando los 5 continentes. Pero más allá de la hazaña, lo verdaderamente importante es el propósito por el que emprende sus expediciones: la conservación del planeta. En 2014 fue finalista de los Premios Discovery Awards en la categoría Breaking the Limits. En 2015 fue nominado a los Premios Princesa de Asturias en la categoría de La Concordia. En 2016 el Ayuntamiento de Málaga, su ciudad natal, le hizo entrega de la Medalla de la Ciudad. Y en 2019 recibía el Premio Talentia en la categoría Deporte y Cultura en reconocimiento a su gesta. Tras el éxito de *Libre y salvaje* (2017), ha publicado *La llamada del océano* (2020).

Gracias a la vida, que me ha dado tanto.
Gracias a mis padres, que me han dado la vida.

Sumario

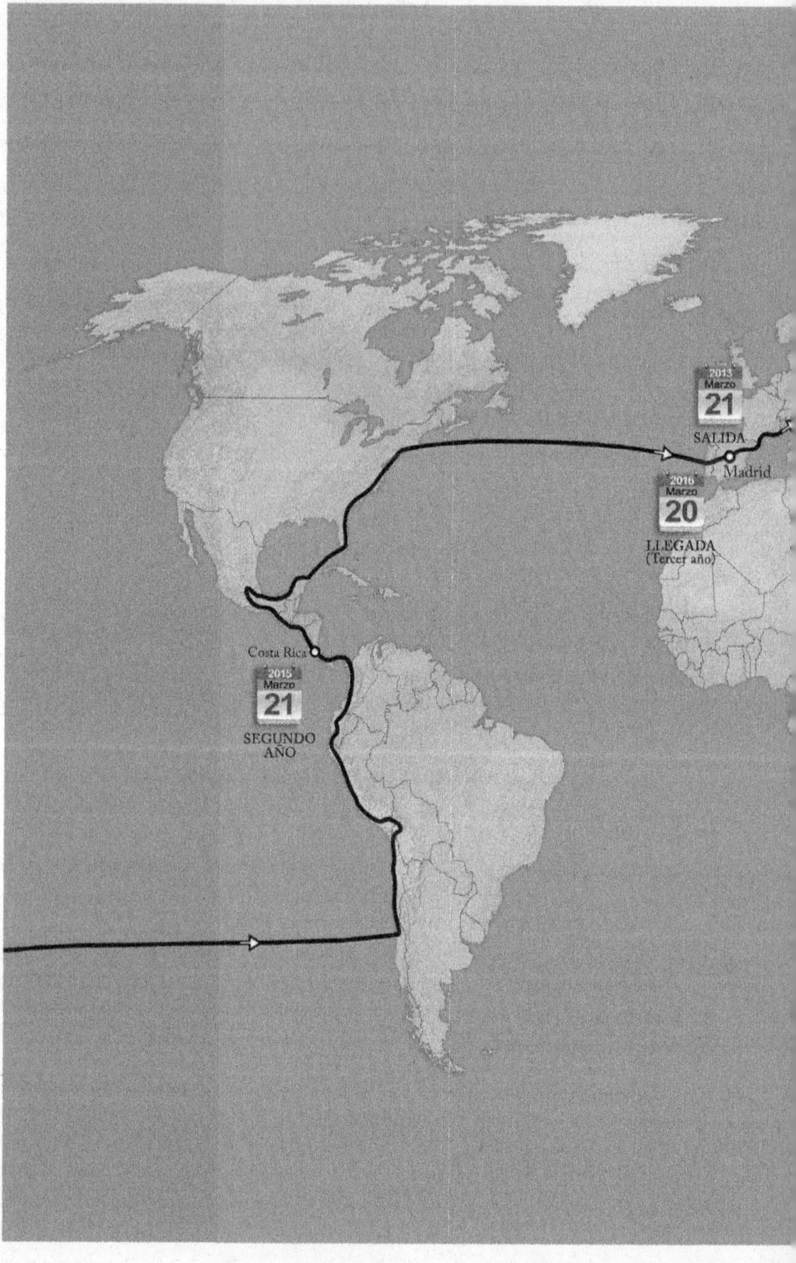

2013
Marzo
21
SALIDA
Madrid
2016
Marzo
20
LLEGADA
(Tercer año)
Costa Rica
2015
Marzo
21
SEGUNDO
AÑO

Singapur
2014
Marzo
21
PRIMER
AÑO

Introducción

Yo no sé cómo surgen las ideas, desconozco los procesos y las reacciones que se producen en la mente, lo que sí sé es que me gusta viajar, la aventura, y la idea de dar la vuelta al mundo a pie surgió, como no podía ser de otra manera, caminando. Había realizado con anterioridad otros viajes y rutas a pie, como la Transpirenaica, diferentes variantes del Camino de Santiago y multitud de rutas de varios días y semanas en media montaña, sobre todo por la geografía española. Y me sentía tan bien en contacto con la naturaleza, viviendo a mi propio ritmo, llegando a los sitios por mi propio pie, que un día pensé: «Y la vuelta al mundo caminando, ¿por qué no?». La semilla había germinado.

SOY CAMINANTE

Mi afición por caminar viene de lejos, y está íntimamente ligada a la naturaleza. Desde un paseo otoñal por la ribera de un río al caer la tarde, disfrutando de la luz y la variedad de colores, hasta perderme varias semanas de ruta por la montaña, son para mí algunas de las delicias de esta vida. Voy al monte desde pequeño, cuando mi padre me llevaba al Moncayo, montaña solitaria que se alza entre las tierras de Soria y Aragón. Todavía puedo sentir aquellos días lejanos, la magia de sus bosques y veredas a través del silencio y de la niebla, mis primeros pasos sobre la nieve, las brujas de Trasmoz y las leyendas de Bécquer. Posteriormente, continuaría con esta bella costumbre aprovechando la más mínima ocasión para escaparme y reunirme con mi amante la naturaleza, subir a las cumbres y perderme por los bosques. Sin embargo, no sería hasta más tarde, al realizar la variante norte del Camino de Santiago, la que recorre España por su litoral cantábrico, cuando descubrí la que sería una de mis pasiones: caminar disfrutando del paisaje, escribiendo, haciendo fotografías y llegando a los sitios por mi propio pie. Se abría ante mí una nueva realidad, un reencuentro conmigo mismo, un nuevo mundo por descubrir. Desde entonces he seguido caminando, casi como un hábito diario. He visitado numerosos países, he realizado rutas de varias semanas y siempre que estoy inmerso en ellas, en contacto con los elementos, siento una energía corriendo por mi ser, entro en un estado de fortaleza y equilibrio, que me hace no querer parar y seguir así durante mucho tiempo, recorriendo con mis pies este mundo de fantasía, belleza y crudeza del que no me quiero marchar sin conocer... Porque hay una fuerza más allá del cuerpo y de la razón.

Un día hice el cálculo y descubrí que a lo largo de mi vida había vivido en más de veinte lugares diferentes. Eso, sin duda, forja un carácter, hace de ti una persona desarraigada y te da la facilidad para moverte, viajar y adaptarte a entornos y circunstancias cambiantes. Hasta el punto, he llegado a pensar, de dejar de ser una herramienta para pasar a ser una necesidad cuando, tras un tiempo en un mismo escenario, he sentido siempre la necesidad de cambiar de aires y buscar cosas nuevas guiado por el instinto y la curiosidad. Primero por mi padre, marino de profesión, cada pocos años nos mudábamos de ciudad en ciudad buscando el mar. Luego, por mi espíritu aventurero e inconformista, a la temprana edad de veintiún años sentí la necesidad de buscarme la vida y me fui de casa de mis padres a vivir a la montaña, por lo que desde muy joven estoy acostumbrado a viajar, empezar de cero y subsistir con muy poco. He cursado estudios universitarios y técnicos, he desempeñado diversos trabajos, a lo largo de mi vida he conocido multitud de personas y he tenido muchas relaciones. Y supongo que todo eso —que no parece importante y pasa desapercibido por ser parte del día a día y de lo cotidiano, como si fuera un decorado en el que trascurren los hechos y no la acción misma en una obra de teatro—, unido a mi pasión por la naturaleza, el desarraigo de lo mundano y mi facilidad para cambiar de lugar y vivir durante años con poco más de lo que cabe en una mochila, va forjando lentamente, como esculpe las rocas el agua del mar, un espíritu libre que acaba siendo fundamental y la razón principal, no sólo para que nazca una idea, sino para tomar la decisión de ir a por ella y tener la sensación de que ésta era una aventura que estaba ahí esperándome desde siempre, como algo inevitable, una evolución lógica que, tarde o temprano, tenía que ocurrir.

Un día me decía una amiga: «¿Te acuerdas de aquellos dibujos que hacíamos de pequeños, uniendo los puntos con una línea? A veces la vida es como esos dibujos, realizamos acciones que parecen inconexas entre sí y no tienen mucha lógica unas con otras, pero un día trazamos la línea que une los puntos y aparece un dibujo que da sentido a todo lo demás, y hace que todas las piezas encajen en su sitio en nuestra cabeza». Este viaje vendría a ser esa línea, ese trazo que une todos los puntos inconexos que he ido dibujando a lo largo de mi vida, pero claro, yo todavía no lo sabía, tan sólo lo intuía, tan sólo alcanzaba a sentirlo como una semilla que se abre y va creciendo lentamente, como un sentimiento que palpitaba en mi interior cada vez con mayor fuerza, como una estrella que nace y cada día que pasa brilla con mayor intensidad, hasta que resulta imposible no verla, hasta que no queda más remedio que prestarle atención, hasta que la realidad se vuelve innegable.

La toma de la decisión

> Cuando quieres hacer algo encuentras un medio,
> cuando no quieres hacer nada encuentras una excusa.

Recuerdo que me llevó más de un año tomar la decisión, tiempo durante el cual yo seguía con mi vida normal: trabajar, practicar deporte, salir con amigos, ir al cine y al teatro, hacer viajes y escapadas a la montaña siempre que se presentaba la oportunidad, visitar a mi familia... A la hora de embarcarse en una aventura de esta envergadura hay frenos y resistencias que vencer. Es un viaje muy largo y no exento de peligros del que uno no sabe si va a regresar vivo y, si lo hace, quién va a ser y si va a ser capaz de volver a adaptarse a un discurso y una rutina que a lo mejor le quedan pequeños o muy lejanos. Si habría alguna razón que me hiciera interrumpir el viaje y volver antes de concluirlo, o si estarían todos mis familiares y seres queridos a mi regreso. El grado de incertidumbre es absoluto, como saltar al espacio, lanzarse al vacío, requiere soltar todos tus miedos. Hay que realizar un verdadero ejercicio de desprendimiento y ser capaz de dejarlo todo, tu casa, tu trabajo, tu familia, tus amigos. Sin duda, no es una decisión sencilla, prueba de ello es que no conocía a nadie que lo hubiera hecho con anterioridad. Sabía que mucha gente daba la vuelta al mundo en avión, furgoneta, moto y bicicleta, pero no sabía de nadie que lo hubiera hecho caminando... Me adentraba por una senda en la que no tenía referentes. Sin embargo, en la vida hay que tomar decisiones, saber que no se puede tener todo a la vez, a veces se nos presentan bifurcaciones de caminos y hay que tomar uno, pero, sobre todo, ser conscientes de que es un milagro estar vivos, estamos en este mundo de paso y el sentido de la vida es luchar por nuestros sueños. Como decía alguien una vez, no me quería conformar sólo con un trozo del pastel, yo quería el pastel entero, un reto salvaje, una AVENTURA con mayúsculas. Por eso no se me ocurrió hacerlo de otra manera que no fuera caminando, el medio de transporte más sencillo y salvaje, ligado a la naturaleza, la tierra y los elementos.

Fue una soleada mañana de agosto, en verano de 2012, tras varios meses dándole vueltas en la cabeza, observando la semilla crecer, fantaseando, tanteando tímidamente como un lobezno alejándose y acercándose con cautela a un erizo, jugando con ese nuevo ser que acaba de descubrir en el mundo, cuando decidí dar el salto con la convicción y la determinación que requiere una empresa así y lanzarme a la caza de este sueño, a la conquista de lo imposible. Recuerdo la felicidad que sentí en ese momento, como si me hubiera liberado de una gran carga, como si de repente me hubieran salido alas, como si hubiera escuchado mi corazón y tomado la mejor decisión de mi vida. Sentí de repente que todas las piezas del puzle encajaban en su lugar en mi interior, que esa brecha entre el deber y el querer, entre lo que en verdad somos y lo que hacemos desaparecía, y el mundo se volvía más real que nunca, con plenitud de conciencia. Había saltado fuera de lo convencional en un ejercicio de valentía y esa gasa delante de mis ojos que difuminaba la realidad se esfumaba, todo volvía a ser nítido otra vez. Vencer tus fantasmas y salir indemne de la batalla, decir «éste soy yo y estoy aquí», esto era lo que yo quería. Porque no hay nada peor que un hombre que ha perdido su olfato, son esas locuras las que dan sentido a la vida y nos enseñan que las mejores cosas ocurren fuera del camino marcado, las que hacemos siguiendo nuestras propias pulsiones y nuestro instinto, con pasión. Y sé que cada cosa llega a su debido tiempo, que todo sucede en el lugar y en el momento en el que debe ocurrir, pero en ese momento piensas: «¿Cómo no lo hice antes?». Y caes en la cuenta de que perseguir nuestros sueños no debería ser valiente, sino inevitable, la opción más fácil y sencilla, la consecuencia obligada a la suerte de estar vivos.

No dejes para ayer la felicidad de hoy,
ni abandones en manos de la incertidumbre la certeza de tu amor,
que el tiempo no te robe la vida,
que la esperanza no se consuele con esperar.

Los preparativos

Una vez tomada la decisión comenzaban los preparativos, pero ¿qué te llevas para dar la vuelta al mundo caminando si, cuando te vas un mes de vacaciones, no sabes qué meter en la maleta? Como se imaginará el lector, no se trataba sólo de echarse el macuto a la espalda y comenzar a caminar, el viaje empezaba mucho antes y pasaba por organizarlo todo de tal manera que pudiera llevarse a buen puerto y en un período de tiempo no excesivamente largo. Si quería tener una mínima garantía de éxito, debía atar el mayor número posible de cabos.

Al principio eran todo interrogantes; se trataba de construir un proyecto de gran envergadura partiendo prácticamente desde cero. Contaba con una buena forma física, un espíritu motivado y aventurero, la experiencia de viajes y rutas realizados con anterioridad, algún dinero ahorrado y el apoyo de la gente que me rodeaba, en concreto la valiosa ayuda de mi amiga Paz, pilar fundamental en el viaje. Todo lo demás debería ir levantándose a base de trabajo y esfuerzo en un terreno virgen, aunque poco a poco y con el tiempo empezarían a llegar a mis oídos historias inspiradoras, como las de Jean Béliveau o Ffyona Campbell. Debía ser realista, nada de lo que hubiera hecho con anterioridad podía compararse a lo que tenía por delante, y consciente de que por mucho que planificara era imposible controlarlo todo e iba a haber una gran cantidad de imprevistos que resolver durante el transcurso del propio viaje. Recuerdo que una de las primeras cosas que hice fue comentárselo a mi familia. Me parecía de vital importancia para la honestidad y el buen desarrollo del proyecto que lo supieran desde el principio y contar con su apoyo. En una decisión así, son vitales la fortaleza y la tranquilidad mental para poder dedicar todas tus energías a las exigencias del camino.

El siguiente paso fue trazar la ruta, con ayuda de Google Maps, la web del Ministerio de Asuntos Exteriores español y mapas de diferentes lugares, casi pueblo por pueblo, país por país, continente por continente, calculando *grosso modo* las distancias de un punto a otro y trazando el recorrido por el itinerario más cómodo posible. Me gustaría cruzar el Himalaya, atravesar el estrecho de Bering, navegar por las islas del Pacífico, recorrer Siberia, pero eso son expediciones aparte, para tener alguna garantía de completar una vuelta al mundo a pie con éxito un requisito indispensable era buscar el itinerario «sencillo». Decidí evitar los países conflictivos o en guerra y tratar de ir por la costa siempre que fuera posible, pues en ella suele haber más población, el clima es más benigno y hay menos desniveles. Con estas premisas, me llevó varios días dar la vuelta al mundo sobre el papel. Junto al itinerario, elaboré un calendario de diez meses para Europa, quince para Asia, seis para Oceanía, quince para América y catorce para África, un total de cinco años para el periplo completo. Ambos elementos, itinerario y plazos, eran provisionales, daban margen a imprevistos, y estaban abiertos a variaciones en función de las circunstancias y las necesidades.

A continuación, acudí al Centro de Vacunación Internacional de Madrid para ponerme las vacunas de todas las enfermedades tropicales y las recomendadas para los países que iba a cruzar. Acudí a la consulta con un mapa en el que había trazado con lápiz mi itinerario alrededor del mundo y se lo mostré a la doctora que sonreía mientras abría la neverita y sacaba las primeras dosis de una larga lista. Luego, se sentó frente a mí a rellenar un formulario mientras yo trataba de adivinar su procedencia. Por sus rasgos podría asegurar que era sudamericana, tal vez peruana, y dejé volar la mente por unos instantes soñando que algún día estaría recorriendo esas tierras lejanas y exóticas, cuando de repente levantó la vista y, mirándome a través de sus lentes, me dijo:«¿Sabes? El Nacho que se marcha no será el mismo que el que vuelva». Se hizo de nuevo el silencio, como cuando alguien dice una verdad rotunda y no queda más remedio que quedarse callado asintiendo, asimilándola. Mientras, trataba de imaginar la odisea que tenía por delante y cuáles podían ser esos cambios que sufriría en los próximos años. Al poco, respondí con humor: «Bueno, espero que el cambio sea para mejor».

En cosa de un mes me pusieron todas las vacunas necesarias y me informaron de sus particularidades, ya que algunas requieren un recordatorio pasado un tiempo; hay enfermedades, como la malaria, para las que no existe vacuna y países en los que tener la vacuna de la fiebre amarilla y la cartilla de vacunación en regla son un requisito fundamental para poder entrar, así como consejos y formas de prevención. Recuerdo que algún día llegué a salir del hospital con tres pinchazos en cada hombro. Prácticamente a la vez comencé a recopilar información de páginas de interés en internet, a ponerme en contacto con viajeros y aventureros para escuchar sus experiencias y tomar nota. Contactar con embajadas, teléfonos de emergencia consular, estudiar los requisitos para tramitar los visados pertinentes en cada país, así como el tiempo de estancia en cada uno de ellos. Una de las dificultades del viaje sería recorrer a pie la distancia de cada país en el tiempo concedido en los visados. Planificar bien las épocas y las estaciones en que iba a atravesar cada región y evitar, por ejemplo, Asia en los monzones o recorrer Australia en pleno verano.

Simultáneamente comenzó la ardua labor de conseguir el material y la financiación para la expedición. Puesto que iba a viajar a pie y apenas tenía dinero, decidí hacerlo bajo el principio de ligereza y sencillez, es decir, cuanto menos material llevara, menos peso tendría que cargar y de menos cosas tendría que preocuparme, así que mi equipaje acabó siendo el mínimo y necesario. Al fin y al cabo, si quieres dar una vuelta al mundo caminando lo único que de verdad hace falta es caminar. Decidí llevar una tienda de campaña, un saco de dormir, una esterilla y un camping gas, material que me daría libertad e independencia para pernoctar en cualquier lugar al caer la noche, además de permitirme gastar menos. Algo de ropa, apenas dos mudas, que iría cambiando en función de la latitud o la época en la que me encontrara. Un botiquín de primeros auxilios que prepararía mi amigo Raúl, enfermero y aficionado al deporte y la aventura, en el que llevaría desde unas gasas a antídoto para mordedura de serpientes venenosas. Un ordenador portátil, cámara de fotos y teléfono móvil, tecnología con la que estaría en contacto con mi casa e iría ilustrando y contando mis peripecias, siempre que tuviera cobertura o conexión a internet. Y cuatro cosas más, como un cuaderno, un frontal, una cuerda y un cuchillo, serían los elementos de mi exiguo y ligero equipaje. Escasas pero muy valiosas pertenencias que iba a tener que cuidar, ya que iban a ser las herramientas con las que desenvolverme y sobrevivir solo en un entorno con frecuencia hostil y remoto. Puesto que mi presupuesto era tan ajustado, ni siquiera podía permitirme llevar un GPS, un teléfono satélite o contratar un seguro médico internacional, debía extremar al máximo la planificación antes de entrar en cada país, así como las medidas de seguridad y la concentración puestas en el camino. Además, como había zonas del mundo muy desérticas y despobladas —como Irán, Australia o Chile— en las que iba a tener que llevar una gran cantidad de agua y comida para sobrevivir de forma autosuficiente durante tiradas de varios días, peso imposible de portar en una mochila, decidí llevar mi equipaje en un carrito de aluminio fabricado inicialmente para llevar bebés, pero que adapté para la ruta, y que me permitiría cargar hasta cincuenta kilos de peso. No tenía mucha idea sobre cómo era caminar con un carrito, nunca lo había hecho antes, pero sabía que me obligaba a tener que transitar por superficies lo más planas posible y a darle un mantenimiento mayor que el de una mochila. Creí que sería una buena solución al problema de los desiertos y se convertiría en mi compañero de fatigas y en una de las claves para el buen desarrollo de la empresa en la que estaba a punto de embarcarme.

Este reto nacía de un sueño personal, dar la vuelta al mundo a pie conociendo el crisol de culturas y paisajes del planeta Tierra. Sin embargo, siempre había sentido también la necesidad de trabajar por un mundo mejor, aportar mi grano de arena para intentar dejarlo mejor de como me lo encontré, y no quería que este viaje fuera una excepción, es más, creía que era una excelente oportunidad. Siempre he tenido un fuerte compromiso conmigo mismo, una sensibilidad hacia el mundo en que vivimos y quería que esta aventura tuviera alguna utilidad más allá de mi satisfacción personal, así que pensé que era una ocasión espléndida para poner la mirada en algo que para mí es fundamental. Con esta expedición decidí lanzar un mensaje de conservación de la naturaleza y del planeta Tierra, nuestro hogar. Trataría de predicar con el ejemplo y demostrar que, si alguien es capaz de dar la vuelta al mundo caminando, todos podemos realizar cambios en nuestros hábitos y estilos de vida a favor de un mundo más limpio, saludable y respetuoso con el medio ambiente. Además, constataría el estado en el que se encuentran los ecosistemas de las regiones que recorriera en mi travesía y mostraría la belleza del mundo en que vivimos; siempre me pareció más interesante llamar la acción desde el gusto, la pasión y el interés que desde la culpa, el esfuerzo y el sacrificio, señalando aquello que hacemos mal. Trabajando en la relación que tiene el humano con la naturaleza podemos solucionar muchos de los problemas que hemos creado y no sabemos cómo resolver. Era consciente de los tiempos de hastío y confusión que atravesaban España, Europa y Occidente en general, no sólo en el plano económico, sino también en el político, el institucional y de los valores. También sabía que nadie iba a venir a resolver mis problemas y el panorama que se dibujaba ante nosotros era poco halagüeño, pero era una excelente oportunidad para la transformación, así que en vez de quedarme de brazos cruzados quejándome de lo que no me gustaba, resolví pasar a la acción y trabajar por aquello en lo que creía, aprovechar los vientos favorables de la crisis y la incertidumbre para apostar por una nueva realidad y «ser» el cambio que quería ver en el mundo.

Este viaje brotaba del sentimiento más puro y salvaje, y quería que se mantuviera fiel a su espíritu más auténtico, pero debía pensar también en su viabilidad: sabía que sin ayuda sería imposible o se prolongaría demasiado en el tiempo y no quería demorarme muchos años. Decidí elaborar un dosier con los aspectos más relevantes: filosofía, objetivos, itinerario, material, difusión y presupuesto. Recopilé teléfonos, *e-mails* y contactos de posibles patrocinadores a quienes se lo entregué con la esperanza de encontrar algún apoyo, empresas para las que dar una pequeña cantidad de dinero hubiera sido insignificante, mientras que a mí me hubiera resultado de gran ayuda. Llegué incluso a idear una campaña con la que recaudar dinero por cada kilómetro que recorriera, y se la presenté a varias de las ONG más importantes en materia medioambiental. Sin embargo, el trabajo que realicé en este sentido fue tan grande como mi decepción, toqué muchas puertas, moví hilos, llamadas de teléfono para apenas conseguir algo de material. Creía tener entre manos un proyecto único, increíble, y no entendía cómo no se volcaban en él y me apoyaban más. La explicación que encontré y con la que me consolé fue que se trataba de una aventura muy arriesgada y ninguna empresa quería asociar su imagen a un proyecto que creían que iba a fracasar. Además, no tenía una carrera deportiva, una larga trayectoria en mi currículo ni un bagaje de triunfos y conquistas con los que respaldar mis palabras. Sin embargo, tenía confianza en mí mismo y creía que sobre la marcha, según fuera materializando el viaje, cubriendo kilómetros, culminando países y continentes, iría demostrando que iba en serio, generando credibilidad y consiguiendo más apoyo. Si no fuera así, sería una señal inequívoca de que mi viaje sólo podía ser, por naturaleza, libre e independiente.

Puesto que tenía algo que decir, debía haber alguien que lo escuchara. Decidí, con la inestimable ayuda de mi amigo Bruno, crear un blog, cuentas en las redes sociales y conceder entrevistas en medios de comunicación, ventanas al proyecto en las que iría contando la evolución de mi marcha mediante fotos, textos, vídeos y publicaciones. Era una gran responsabilidad que me echaba sobre los hombros, ya que no era sólo dar la vuelta al mundo a pie, sino ir contándolo en paralelo, lo cual exigía una cantidad considerable de tiempo y trabajo, y no quería perder esa parte romántica que es la inmersión en las culturas, los paisajes y mi propio universo por estar constantemente conectado a las tecnologías. Sin embargo, también me reportaría una seguridad, podría comunicarme con mi familia y allanar el terreno que tenía por delante estudiando las rutas y la situación de los próximos países, contactando con las embajadas y con la gente que me estaría esperando en los tramos siguientes.

El tiempo iba corriendo. Prácticamente transcurría las veinticuatro horas del día y de la noche centrado en este proyecto, planificando, estudiando y entrenando. Todo lo que hacía, incluso los libros que leía en la mecedora de mi terraza, parecía hablarme de este viaje como señales mágicas que hubieran estado siempre ahí y ahora más que nunca aprendiera a descifrar con una claridad meridiana. *El vagabundo de las estrellas*, de Jack London; *Una realidad aparte*, de Carlos Castaneda; *Canto a mí mismo*, de Walt Whitman; todos hablaban el mismo idioma y parecían querer mostrarme el innegable poder que tenemos de crear la realidad. Por la noche soñaba con tierras remotas y salvajes, abría los ojos en mitad de la madrugada preguntándome si para ir de Nepal a Bangladés tenía que pasar por la India, me levantaba, encendía la luz y consultaba el gran mapa que tenía en la pared, junto al cabecero de mi cama. Me despertaba a oscuras con un texto en mi mente, cogía el bolígrafo y el cuaderno que siempre tengo a mano y lo escribía sin titubear, como si hubiera estado ahí escrito desde la noche de los tiempos, como caería el agua de una cascada al liberarla de la presa que la tenía retenida.

ANOCHE TUVE UN SUEÑO, UNA PREMONICIÓN
Hoy he soñado con África, un lugar donde la realidad tiene otro valor, donde las cosas tienen otro significado. Me invitaban a comer, y eso era un sentimiento intenso de amor, me sentía importante. Un gesto, una señal, valían por mil palabras. Me daban un abrazo y, con sólo una mirada, sin mediar palabra, me guiaban entre caimanes y yo me sentía seguro. Todo ocurría a flor de piel, de un modo más real, salvaje y cercano a la supervivencia. Pero eso también entraña peligros, riesgos, argucias..., y hay que estar atento. Todo es más bello y sensible, como también es más duro y crudo. Quien te da la mano te está dando el corazón. También te pueden matar de un zarpazo. La vida cobra otro valor. Y ésa es la crisis, la que sufre la mente occidental que viaja a la cuna del mundo, al origen de la vida, al centro del corazón. A África. En el Primer Mundo estamos tan protegidos que nos hemos adormecido, damos por sentado que después de un día viene el otro y así hasta los ochenta años de edad; que se come tres veces al día y que el agua caliente sale con sólo abrir el grifo. Sin embargo, cuando vivir es un milagro, cada nuevo día es un regalo y una batalla; se vive con una intensidad y una plenitud que las cosas cobran otro significado.

Llegaron las Navidades, las últimas que compartiría con mi familia en los próximos años, y pasó el que yo creo que fue el invierno más corto de mi vida. Poco a poco iba atando cabos, otros empezaba a comprender que se irían solucionando en el transcurso del propio viaje, llegaba el momento de pensar en una fecha para la partida, de ponerme a caminar, no podía seguir dejando pasar más tiempo ni gastando el poco dinero que tenía. Puesto que este viaje nacía de un sueño y con él quería lanzar un mensaje de cuidado de la naturaleza y el planeta Tierra, comenzaría en una fecha y un lugar simbólicos. Daría mis primeros pasos el 21 de marzo de 2013 desde el kilómetro 0 de la Puerta del Sol, en Madrid, con el inicio de la primavera.

Los días previos a la fecha de partida fueron frenéticos, ultimando preparativos, comprando material y despidiéndome de gente. Se acercaba el momento en el que daría mis primeros pasos y me lanzaría a la caza del sueño que llevaba tanto tiempo esperando, un momento que sólo iba a ocurrir una vez en mi vida, y quería que fuera especial. Se dice rápido, pero me iba a dar la vuelta al mundo caminando y quería tenerlo todo preparado. El día anterior a mi partida recibí la lona azul impermeable hecha a medida con la que cubriría mi carrito y lo protegería de las inclemencias del tiempo. La última noche apenas dormí, no por los nervios, sino cerrando detalles, preparando el equipaje y yendo al estudio de varias emisoras de radio para realizar entrevistas y hacer pública la salida. A la mañana siguiente, tras nueve meses de preparativos, curiosamente lo que se tarda en alumbrar una vida, tenía una cita con el destino y lo que hasta entonces era un proyecto comenzaba a hacerse realidad.

Con el espíritu de aventura más puro y auténtico propio de los clásicos como Mallory en el Everest o Shackleton a la conquista del Polo Sur, tal como rezaba el anuncio que publicó en la prensa allá por 1914: «Se buscan hombres para arduo viaje, sueldo escaso, frío extremo, largos meses de completa oscuridad, riesgo constante, dudoso retorno, reconocimiento y honor en caso de éxito», me lanzaba a dar la vuelta al mundo a pie en solitario, sin asistencia y sin interrupciones con poco más de tres mil euros en el bolsillo y un austero equipaje, pero con el valioso apoyo de mi pequeño y potente equipo, Paz y Bruno, lleno de la ilusión y la fuerza que te da saber que estás en tu camino, sentir que los astros están a tu favor y la sensación difícil de explicar de que ya está todo escrito, esperándote desde siempre. Una odisea de la que no sabía si iba a regresar, una apuesta temeraria a una carta, y que la suerte sonría a aquellos que la buscan...

Vencer las resistencias, superar los miedos, cortar las ataduras, estar preparados para soltar lastre y volar alto, desatar amarras y partir rumbo a lo desconocido, adentrarnos en territorios hostiles alejados del confort y las comodidades en las que estamos acostumbrados a vivir, el entorno amable y familiar de lo predecible, perdernos en los paisajes inhóspitos de lo novedoso donde afilar la garra y el colmillo, avivar el fuego y el instinto, despertar los sentidos y estar alerta para reaccionar con presteza y agilidad ante los peligros y los imprevistos que acechan en el camino. Haber saldado nuestras deudas, puesto en orden nuestros asuntos y lanzarnos a la conquista de lo imposible. Habernos convertido en hombres y mujeres libres preparados para emprender la empresa de nuestras vidas, una aventura en la que las probabilidades de éxito son mínimas y las posibilidades de regresar vivo, sano y salvo, de una pieza, remotas. Una apuesta a tumba abierta y a pecho descubierto, con la vida en juego y el corazón por delante, la única opción posible, como no saben hacer de otra manera aquellos que, conscientes del milagro de estar vivos, deciden romper con lo establecido alejados de los ritmos de la sociedad, salir fuera del camino marcado y crear su propia historia. Como un homenaje a la vida y al ser humano, una demostración de que si se puede soñar, puede ocurrir cuando se cree en ello firmemente, se lucha y se persiste con valor, coraje y tenacidad. Porque tenemos el poder de crear la realidad y escribir la historia, la oportunidad de redactar las páginas en blanco que tenemos por delante en el libro de nuestra vida, esto es lo que ocurre cuando escuchas la llamada de la selva, el aullido del lobo en lo profundo, el rugido del mar salvaje, sigues tu olfato y tu instinto, y te conviertes en un hombre libre... Mi canto a la vida y a la libertad.

—¿Qué somos? —les pregunté a las estrellas.
—Lo que tú quieras —me respondieron.
Y desde entonces todo ocurre sospechosamente como si ya hubiera un guion escrito, el universo cumple con su parte y yo cumplo con la mía.

Parte I

EUROPA, «LA PIEDRA DE TOQUE»

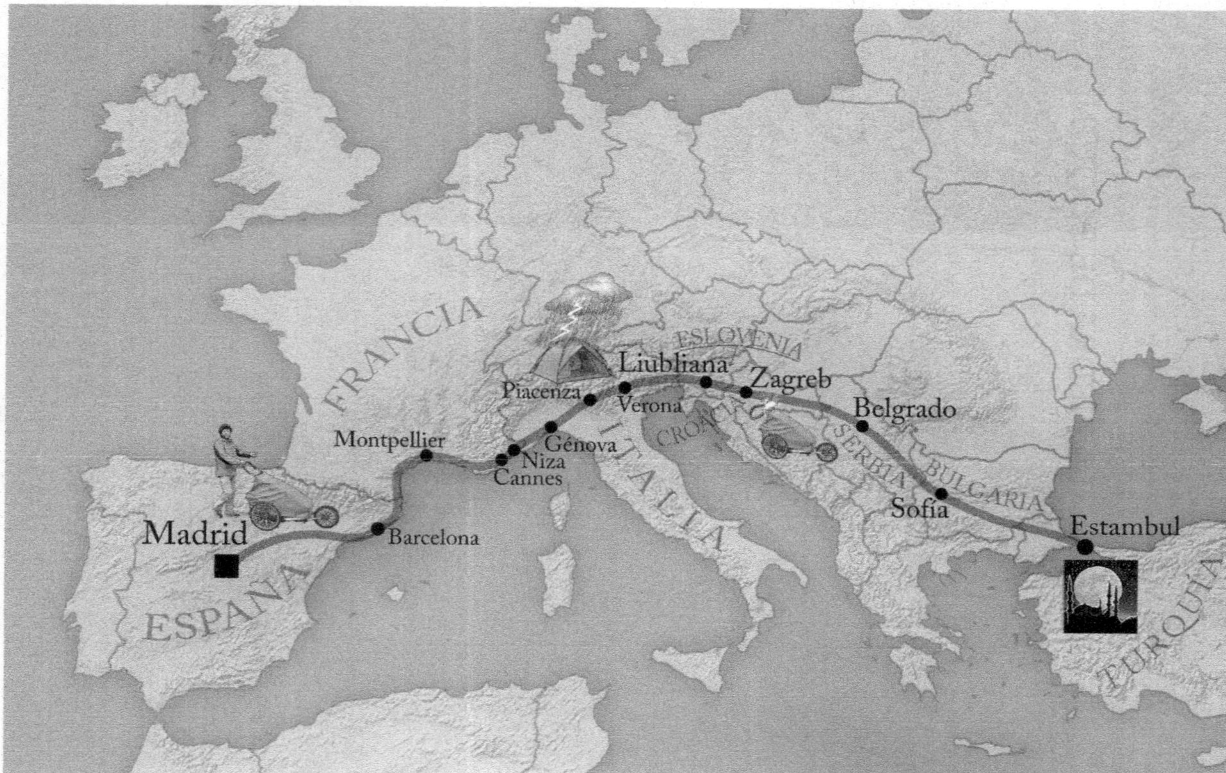
FRANCIA
ESLOVENIA
Liubliana
Zagreb
Piacenza
Verona
Belgrado
Montpellier
Génova
Niza
Cannes
CROACIA
SERBIA
BULGARIA
ITALIA
Sofía
Madrid
Barcelona
Estambul
ESPAÑA
TURQUÍA

Capítulo 1

Europa occidental

España

> Hasta la aventura más larga comienza con un primer paso.

Jueves, 21 de marzo de 2013, por fin llega tan esperado día. El sol brilla en la suavidad de un cielo azul y despejado. Subo desde el río Manzanares empujando mi carrito a través de la Plaza Mayor acompañado por Paz rumbo a la Puerta del Sol. Esta noche no he pegado ojo, pero la excitación del momento hace que no tenga sueño en absoluto. Estoy emocionado, pletórico, lleno de ilusión, sé que ningún otro día en mi vida volverá a repetirse una mañana tan especial. En el camino nos encontramos con algún conocido, medios de comunicación y unos estudiantes que me jalean y lanzan ánimos al enterarse del viaje en el que estoy a punto de embarcarme. Paramos un momento a hacernos fotos con una mujer que hay en la calle vestida de flamenca, como para relajar alguna tensión si es que la hubiera, jugando, poniéndole un toque de humor al momento. Doblamos la esquina con la calle Mayor y nos dirigimos al kilómetro 0, donde a las doce de la mañana tendrá oficialmente la salida.

Nunca pude imaginar que habría tanta gente. Contaba con que vendrían familiares y amigos íntimos; sin embargo, me encuentro con estudiantes de la universidad, la clase de un colegio con chicos de nueve años, gente que no conozco y que se ha acercado para despedirse de mí al escuchar en la radio alguna entrevista los días anteriores y, efectivamente, amigos y familiares, más de los que cabría esperar; no puede haber mejor manera de comenzar el viaje, palabras de ánimo, abrazos y fotos, son, sin duda, un poderoso viento a favor. En estos momentos en los que das tus primeros pasos y te lanzas a lo desconocido se agradece el apoyo de aquellos que creen en ti y están contigo desde el principio. «¿Estás en forma, entonces?», me pregunta un caballero. «Bueno, vamos a verlo, lo importante es la cabeza más que el físico, pero si está bien, acompaña», le respondo, sabedor de que ésta es una gesta en la que lo que realmente importa es la fortaleza mental. Durante los últimos meses he intentado ganar algo de peso, sé que me esperan hambre y penurias por delante y trato de partir con unos kilos de más. Igualmente, salgo con mi ropa deportiva limpia, perfectamente aseado y afeitado, ya tendré tiempo de estar sucio y alejado de la higiene y las comodidades.

Esta imagen de chico joven choca con la del aventurero avezado y curtido en mil batallas que se espera de alguien que dice estar dispuesto a dar la vuelta al mundo caminando. Sólo yo sé en mi fuero más interno de lo que soy capaz, sólo yo conozco mi fortaleza y convicción, y esa imagen exterior atiende a una cuestión práctica: yo vengo a sorprender. Tras unos últimos abrazos, pasadas las doce del mediodía y todavía acompañado por un grupo de gente, doy mis primeros pasos y comienzo públicamente la aventura en la que estaré inmerso durante los próximos años y que he bautizado con el nombre de EarthWideWalk / Vuelta al Mundo a Pie. Dejo atrás la Puerta del Sol, a la que no volveré en mucho tiempo y, como una estela que se pierde en el mar, me alejo lentamente caminando entre el bullicio por la calle Alcalá...

> La sociedad me lo da todo hecho, los límites dentro de los que he de moverme, pero yo necesito crear, experimentar, buscar, sentirme vivo y libre como un niño descubriendo el mundo, como un hombre enfrentándose a la vida, a los elementos, a los misterios del universo y del espíritu. Sentir la sangre corriendo por mis venas y el aire frío cortando mi cara como un lobo corriendo entre los árboles en un bosque nevado, piedras, troncos, raíces y hojas bajo mis pies,

terrenos irregulares, originales y creativos, y amplios horizontes a los que mirar buscando, preguntándome, sintiendo...

La primera jornada alcanzo la población de San Martín de la Vega, apenas treinta kilómetros al sur de Madrid, por una carretera comarcal acompañado por Bruno hasta casa de mis padres, de quienes me quiero despedir tranquilamente y donde paso la primera noche descansando del ajetreo de los días anteriores. Cuando vas caminando no avanzas mucho y el primer día no llegas muy lejos, apenas unos kilómetros más allá. El segundo día, avanzas un poco más, el tercero un poco más, y así te vas alejando poco a poco y paso a paso de tu hogar, tu familia, tu gente y del entorno en el que estás acostumbrado a desenvolverte. Recorro la ruta de las Vegas asimilando que ya estoy en el camino, como siendo consciente de que no se trata de un sueño, sino de la propia realidad, escuchando mis sensaciones, respirando el aire fresco y el olor a tierra húmeda, recibiendo las últimas visitas de amigos que se escapan a verme y pasando mis primeras noches en la tienda de campaña. Me llama la atención cómo a escasos cincuenta kilómetros de Madrid puede haber paisajes tan bonitos.

Escribo estas líneas desde mi tienda de campaña, a la luz del frontal, viendo cómo se desliza el bolígrafo por cada letra en el papel. Fuera sopla el viento, puedo oír el sonido de los árboles agitando sus ramas en la oscuridad de la noche y las gotas de lluvia repiqueteando contra la tienda. Hoy he estado todo el día caminando bajo la lluvia, solo, y he pensado en infinidad de cosas. Parece que hace tanto que salí y apenas han pasado cuatro días, aquí el tiempo tiene otra medida, y me doy cuenta de cuánto me queda aún por delante, cuántas cosas por vivir...

Una tarde, caminando junto al arcén de una pequeña carretera, para un coche a mi lado. Ya he dejado atrás la Comunidad de Madrid y camino por las tierras de Guadalajara. Es una familia que me reconoce, tal vez por el carrito, intercambiamos unas palabras y me invita a pasar la noche en su casa, en Mondéjar, unos kilómetros más adelante. Ofrecen llevarme, pero obviamente rehúso, les explico que no puedo subirme a ningún coche y que tengo que hacerlo todo absolutamente a pie, así que prosigo y nos encontramos al cabo de un rato a la entrada del pueblo. Se llaman Lucía y Antonio, y su hijo, Pablo; es mi primera familia en el viaje y una muestra de la amabilidad y la hospitalidad que posteriormente me irá brindando la gente del camino. Damos una vuelta por el pueblo, disfruto de un buen descanso y a la mañana siguiente prosigo mi viaje por la ruta que me aconsejan, diferente a la que yo había elegido en un principio. Trato de ir siempre por los caminos y las carreteras más bonitos y tranquilos que sea posible. Cuando no conoces la región vas improvisando el itinerario mediante mapas y tu propia intuición; sin embargo, la gente local es la que mejor conoce la zona, así que de vez en cuando me acerco a preguntar o me dejo aconsejar. Con la práctica aprendes a consultar por lo menos a dos personas diferentes para contrastar la información y no cometer ningún error; al viajar a pie, perderse o tener que desandar varios kilómetros puede suponer toda una mañana.

Es una primavera muy lluviosa, prácticamente todos los días llueve y por las noches me meto mojado en la tienda de campaña. Como apenas llevo dos mudas, por las mañanas tengo que ponerme otra vez la ropa mojada para salir a caminar y asegurarme así de tener siempre una muda seca para cambiarme al llegar la noche. Aprendes que la lluvia es sólo lluvia, únicamente moja y no impide caminar si te mantienes caliente, ojalá fuera ésta la mayor dificultad en la vida. Al final incluso disfruto caminando con mi hermana la lluvia, me hace sentir vivo. A lo largo de este viaje va a haber muchas dificultades, y el éxito radica en aprender a desenvolverse, descifrar las claves de cada ecosistema y jugar con ellas, saber disfrutar, poner tu mente en positivo y no pelearte con el mundo.

Acampo en el Parque Natural del Alto Tajo. «Espero que no haya lobos», pienso mientras escribo estas líneas metido en mi saco en la oscuridad de la noche fría. Comienzo a comprender que el viaje no será fácil ni corto, a pesar de que me siento fuerte y motivado, desde el confort y la comodidad de la ciudad todo se ve distinto, pero aquí cada pequeño detalle cuenta. Llevo varios días caminando mojado, soy consciente de que esto no ha hecho más que empezar y una simple llovizna no me puede echar atrás. Pienso que la naturaleza celebra con alegría mi paso y por eso hace que llueva reverdeciendo los prados, purificando el aire y dándome la bienvenida con un canto de alegría.

Recorro la Alcarria de Guadalajara escuchando mis sensaciones, poniendo a tono mi cuerpo, resolviendo cuestiones técnicas como algún pinchazo, durmiendo en los campos... Al día siguiente me adentro en las tierras de Teruel, campos extensos de tierra rojiza, rectas kilométricas y almendros en flor. Voy atravesando bellos parajes, respirando el dulce aroma de la primavera, viejas ruinas y poblaciones cuya existencia desconocía, y la preciosa sierra de Albarracín, mis primeros contactos con la montaña en este viaje.

Ya hacía más de una hora que se había hecho de noche y me iba a meter en el saco para dormir cuando salgo de la tienda por última vez y, cuál es mi sorpresa, que al mirar hacia arriba veo el cielo repleto de estrellas, plagado de diminutos puntos resplandecientes que cubren la noche como hacía mucho que no la veía. Con el cielo limpio, la noche fría y yo durmiendo en un campo de almendros en el que esta noche sería mi hotel de un millón de estrellas. A la mañana siguiente abro la tienda al amanecer y descubro con placer el aire fresco, el canto de los pájaros y el olor de la hierba mojada dándome los buenos días, recordándome el milagro de estar vivo. Por el este, amanece el sol abriendo su ojo al mundo; arriba, en el cielo azul, la media luna de Calanda, y en la tierra, entre flores, el canto de los pájaros y los almendros, el caminante desayunando naranjas.

Voy haciendo etapas de cincuenta kilómetros, a veces incluso más, corriendo eufórico bajo la lluvia, pletórico como un alma libre, cuando un día bajando una cuesta me empieza a doler la rodilla derecha por la parte externa. Termino de bajar caminando hacia atrás y me veo obligado a meterme cojeando por un camino de tierra y acampar en una explanada cuando llevo poco más de treinta kilómetros. No me lo puedo creer, acabo de empezar el viaje, no puede ser que me haya lesionado. Me doy cuenta de que las cosas siempre ocurren como menos las hemos pensado, que cualquier percance puede acabar con esta aventura y que es un viaje muy largo y he de aprender a progresar lenta y paulatinamente; la paciencia y la calma desempeñarán un papel fundamental. Decido descansar, comer bien, hidratarme, estirar y aplicarme Piroxicam en pomada. Tarragona dista poco más de cien kilómetros, así que trataré de llegar y, aprovechando que tengo allí amigos, hacer una parada para reponerme. Al día siguiente cruzo el río Algars, frontera natural entre Aragón y Cataluña, dejo atrás las tierras de Teruel y me veo obligado a detenerme de nuevo a los pocos kilómetros por el dolor de rodilla y acampar entre unas fincas cerca de Corbera d'Ebre.

* * *

Atravieso Falset, los bellos paisajes de Margalef, Siurana, el Montsant, con sus tremendos paredones de escalada, y el sábado 6 de abril diviso por fin el mar y alcanzo la costa del Mediterráneo a la altura de Tarragona. Paso cuatro días con amigos a los que hacía mucho que no veía, algunos de ellos embarcados en la aventura de tener hijos, disfrutando del reencuentro, recordando viejos tiempos y descansando del esfuerzo realizado los días anteriores. Aprovecho también para conocer familiares que no sabía que tenía en esta ciudad y con los que, a raíz de hacer público el viaje, me pongo en contacto. Resulta curioso cómo he vuelto a entablar conversación incluso con amigos de la infancia a los que creía desaparecidos y que, al enterarse del viaje en el que estoy inmerso, tienen el detalle de escribirme e interesarse por mi historia. Tras varios días en muy buena compañía y con algo de morriña, me despido de todos ellos y vuelvo de nuevo a la carretera sin echar la vista atrás en un gesto que se irá volviendo habitual a lo largo de mi viaje cuando, tras detenerme varios días en un lugar, encariñarme de sus gentes y sentir el calor de un hogar, tenga que volver a marcharme continuando mi viaje rumbo a un nuevo horizonte.

> Difícil fue llegar, pero difícil también fue marchar, abandonar los amigos, las raíces, el calor de un hogar, dejar atrás el camino a un lugar... Son tus huellas, caminante, difícil fue llegar en la tormenta, con el viento, bajo la lluvia, pero difícil fue también marchar, dejar una cama, un fuego, un amor. De vuelta a la carretera, tu camino continúa y debes partir, difícil fue llegar, pero más difícil aún fue marchar... Deja que ellos cuenten tu historia, tú naciste para caminar, caminar hacia el horizonte. Huyendo de la gran ciudad, solitario y salvaje, la vida es un canto, y tú, un símbolo de libertad. Auténtico y apasionado, deja que otros cuenten tu historia, haz aquello para lo que naciste, caminar hacia el horizonte, simplemente, caminar...

A partir de aquí voy subiendo junto al litoral, disfrutando del mar y del sol, sabedor de que no hay prisa y que no vuelvo a sentir ninguna molestia en la rodilla. Tengo familiares que viven en poblaciones a lo largo de la costa, a los que voy visitando hasta llegar a Barcelona. Tras pasar varios días en mitad de ninguna parte, en contacto con la naturaleza, el silencio y el aire puro, la entrada y salida de las ciudades se irá convirtiendo en un auténtico infierno de polígonos industriales, obras, rotondas, tráfico, circunvalaciones, semáforos, escalones, humo, ruido y contaminación muy difíciles de salvar a pie con el carrito, e irá en aumento conforme vaya avanzando hacia el este y dejando atrás Europa, así que, salvo que sea estrictamente necesario, trataré de evitarlas. En Barcelona me detengo durante tres días en casa de mis primos, me voy acercando poco a poco a Francia y parece que quisiera alargar estos días con mi gente, consciente de que el itinerario por España va tocando a su fin y que una vez que cruce la frontera el viaje cobrará un ritmo diferente, un tinte más solitario.

Abandono Barcelona y prosigo rumbo al norte. Voy aprovechando las playas para darme algún baño, asearme y lavar ropa en las duchas mientras atravieso la preciosa Costa Brava por una estrecha carreterita llena de curvas que une calas y sortea acantilados bajo los que se extiende el inmenso mar. El 24 de abril, tras darme un baño en una calita solitaria al amanecer y recoger mi material, cruzo la frontera con Francia a través de Portbou. Un pequeño paso físico, apenas cruzar una simple línea imaginaria que, sin embargo, representa un importante paso mental. Tras poco más de un mes de caminata y varios cientos de kilómetros, me despido de España, el entorno cómodo y amable, mi casa, mi gente, la cultura, la gastronomía, el idioma y la tierra que me vieron nacer, viene a ser como dar un salto al espacio exterior del que no sé cuándo voy a regresar y adentrarme en territorios desconocidos y fascinantes. Podrá parecerle insignificante al lector, pues Francia es un país vecino, cercano, con el que compartimos una gran cantidad de similitudes y en el que ya había estado con anterioridad; sin embargo, el hecho de hacerlo solo y a pie hace que el viaje cobre una dimensión muy diferente. Cruzo mi primera frontera, pongo por primera vez el pie en un nuevo país y empiezo a comprender que esta aventura, como la vida misma, es un viaje sin billete de vuelta...

Mientras camino, voy mirando al horizonte y veo todos esos lugares en mi imaginación por los que voy a pasar en estos años, aunque soy consciente de que muchas situaciones no alcanzo ni a imaginarlas. Mientras camino, voy pensando en mi vida, encajando piezas, conociéndome mejor, reconciliando pasado, presente y futuro. Y me siento afortunado de estar donde estoy, de vivir y de ser quien soy. Mientras camino me acuerdo de mi gente, la cercana y querida, de la menos importante también. Familia, amigos, todos ellos partes de mí como un crisol multicolor, un caleidoscopio de bellos colores. Porque, mientras camino, pienso que este viaje no es un viaje al uso, sino que forma parte de la vida misma. Y ésa es la lección: la vida es un viaje sin billete de vuelta, un sueño que debemos apreciar disfrutando cada día al máximo, con sencillez y humildad, ofreciendo una sonrisa y dejándonos ayudar. Mientras camino voy mirando el paisaje, los árboles, los prados, la lluvia, los pájaros, el sol, el mar... y siento que la vida es un milagro, una fantasía hecha realidad. Mientras camino voy escuchando mi cuerpo y mi mente, mis pies, mis rodillas, mi espalda, y descubro la importancia de caminar con calma y tranquilidad para llegar lejos, porque vivir no es una carrera. Mientras camino voy cantando en voz alta por los caminos y carreteras, buscando ser un sonido bello de la naturaleza. Mientras camino voy pensando en el mundo, qué es lo que hacemos mal y qué podemos hacer para mejorarlo, dónde están las claves, descifrar el misterio y tratar de ser mejores. ¿Es ésta nuestra naturaleza o es cuestión de educación?, ¿hay alguna verdad?, y siempre llego al amor por respuesta. Mientras camino voy pensando si será éste mi sino, eterno caminante, o si encontraré un lugar donde crear un hogar. Vagabundo de las estrellas al calor de un sentimiento, la vida es un misterio, y al final todos vamos improvisando. Mientras camino, sobre todo en pleno esfuerzo, le doy importancia a unas cosas, y luego descansando se la vuelvo a quitar. Porque las cosas se ven muy diferentes en el sufrimiento que en la comodidad, en el camino solitario que en la ciudad. Mientras camino, voy pensando en cosas técnicas, los repuestos del material, entrevistas, conseguir agua y comida, el itinerario más cómodo y sencillo, o el más bonito, dónde acampar... Mientras camino voy mirando al suelo, esquivando cristalitos para no pinchar, haciendo fotos, saludando a los coches o sujetándome la gorra cuando pasa algún camión. Muchas veces, cuando camino, voy dando un paso tras otro, viviendo mi aventura, mi canto a la libertad, viendo la rueda de mi carrito girar, girar, girar... sin pensar en nada más.

Francia

Camino por una senda preciosa bordeando la costa y varias calitas. Alcanzo Cerbère y prosigo por la ruta del vino, viñas plantadas a orillas de la carretera y los prados, hasta Banyuls-sur-Mer, donde acampo discretamente entre unos pinos y paso mi primera noche fuera de España.

Francia es un país bastante caro, probablemente con lo que gasto aquí en una jornada pueda vivir una semana en la India; además, ya lo había visitado con anterioridad, así que decido recorrerlo con rapidez haciendo largas etapas bordeando la costa del Mediterráneo y detenerme lo menos posible, poniendo rumbo a Italia y Europa del Este. Cuanto mayor tiempo pare en los lugares más dinero necesitaré, y el hecho de viajar con un presupuesto tan exiguo me obliga a tener que imprimirle un ritmo diario a la caminata. Atravieso zonas muy rurales, a veces despobladas y nada turísticas, esas que no salen en las guías y de las que no te hablan en las agencias de viajes. Con todo, viajar a pie es el medio de transporte más lento que hay y la mejor manera de apreciar los detalles, respirar la atmósfera de un lugar, llevarte una impresión acertada de su cultura y sus gentes y, a fin de cuentas, conocer las regiones que recorres. Se trata de un viaje con una cara muy romántica, el contacto con las personas y la inmersión en las culturas y los paisajes que atravieso, pero otra muy dura precisamente por el hecho de hacerlo solo y a pie. Ambas van de la mano y son igualmente intensas y valiosas, las dos se complementan, se dan sentido la una a la otra y hacen que vaya profundizando poco a poco en mi propio universo. Con el transcurso de este viaje, la vuelta al mundo de ahí fuera se irá convirtiendo, al mismo tiempo, en una vuelta a mi mundo interior.

Avanzo a buen ritmo, unos cuarenta kilómetros diarios y sin descanso, y las pequeñas calas van dando paso a largas y extensas playas con desiertos paseos marítimos. Poco a poco, el cuerpo va endureciéndose, así como las plantas de los pies, y las manos y la tez están cada vez más morenas; cada día tengo que luchar contra la suciedad bañándome en las playas a pesar de que el agua está todavía fría. El ritmo del viaje va cambiando también, me acuesto antes, prácticamente cuando el sol se esconde, y a las siete de la mañana, con los primeros rayos de luz, me visto, recojo el campamento y desayuno. El hecho de no estar en mi país y no manejar bien el idioma hacen que evite a toda costa situaciones problemáticas, por ejemplo, ser sorprendido por la policía en la tienda de campaña y tener que dar explicaciones o, peor todavía, tener que pagar una multa. Ahora paso desapercibido por los sitios, salto a la vista por el carrito y la indumentaria que llevo, pero nadie me conoce ni sabe qué se esconde detrás, y supongo que esta sensación irá en aumento conforme vaya avanzando hacia el este. De momento me siento fuerte, motivado y con ganas de ver cuánto tardo en recorrer Europa, el primer continente, pequeño y familiar, la piedra de toque que me servirá de rodaje y referencia para el itinerario posterior. Lo único que puedo decir es que aquí cada día es una aventura, sé dónde amanezco y hacia dónde voy, pero no tengo ni idea de qué me va a ocurrir cada día, qué gente voy a conocer, qué peligros me acecharán en el camino ni dónde plantaré la tienda para dormir al caer la noche.

REFLEXIONES FRENTE A UNA LATA DE SARDINAS

Estoy sentado dentro de mi tienda de campaña. En mi mano tengo una lata de sardinas y estoy mirándola pensando si comérmela o no. Son las 20:39, el día ha sido largo desde que me levanté a las siete de la mañana y me puse a caminar, y el desgaste es grande. Sin embargo, no tengo claro si la abriré. Ando muy justo de dinero, no tengo patrocinadores y las donaciones son más que bienvenidas, pero, de momento, escasas. Vamos, que con lo que tengo calculo que como mucho llegaría a Australia, eso siendo optimista. Sin embargo, tengo hambre, y pienso también que siempre será mejor ver de dónde saco el dinero y buscarlo para proseguir el viaje que tener que abandonar por mala alimentación y desgaste físico. Y así estoy un rato, pensando, sopesando los pros y los contras, los motivos que empujan a una decisión o a la otra, con la lata de sardinas en la mano. Hasta que al final hago un repaso de todo lo que he comido hoy, y pensando que hay que saber ahorrar y guardar para mañana, devuelvo la lata a la bolsa de comida. Y tal vez mañana, cuando tenga más medios y el país en el que me encuentre sea más barato, me dé un capricho.

Los días cada vez son más largos, amanece antes y anochece más tarde, por lo que avanzo grandes distancias, pero no puedo poner la tienda hasta que no ha caído el sol para evitar ser visto, aun estando cansado. Además, hay tanto viñedo, camino privado y finca vigilada que cuesta encontrar un rincón tranquilo para dormir. El carrito lo dejo siempre fuera de la tienda, no llevo cadena ni candado con que atarlo, por lo que trato de extremar siempre las precauciones a la hora de buscar un sitio seguro para pernoctar al aire libre. Me adentro por caminos de tierra y voy acampando entre árboles, pequeños bosquejos, playas, praderas, cultivos y algún camping y hostal puntual, en los que instalo por una noche mi morada itinerante.

> Siempre hacia el este, muchacho, siempre hacia el este, hacia donde nace el sol. Atrás quedaron familia, amigos, un hogar, ahora caminas solo, muchacho, con cada amanecer, siempre hacia el este. Con las manos sucias y la tez morena, los pies en el suelo y el corazón en las nubes, sólo los pájaros y el viento te acompañan, muchacho. Eres libre y salvaje, éste es tu momento, duerme en los bosques, atraviesa ciudades, cruza desiertos, eres dueño de tu tiempo. Camina, pues, muchacho, siempre hacia el este...

Qué bonita me parece Arlés, junto al Ródano, población a la que el pintor holandés Van Gogh viajó a finales del siglo XIX atraído por la luz y el color de la Provenza. Paso un día caminando por sus calles, la terraza del café La Nuit y el anfiteatro romano, con la sensación de estar dentro de uno de sus lienzos. Siento pena y rechazo al transitar por la que antaño debió de ser una costa preciosa, la Costa Azul, desde Cannes hasta Mónaco, un paraíso de pequeñas calas y acantilados en un inmejorable clima mediterráneo y que, sin embargo, contemplo con mis ojos cómo está completamente atestada de edificios, gente y comercios, entre los que apenas pueden respirar los árboles. Cruzo Niza por su largo paseo marítimo, duermo en una pequeña calita en Cap-d'Ail y al día siguiente, tras levantarme con un hermoso amanecer y darme un baño en el mar, atravieso el Principado de Mónaco en vísperas del gran premio de automovilismo de Fórmula 1 que tendrá lugar unos días después.

El sábado 11 de mayo alcanzo Menton, la perla de Francia, y tras salvar corriendo una serie de túneles criminales en los que te juegas literalmente la vida, cruzo la frontera con el que ya es mi tercer país: Italia. Una rápida y bonita travesía de apenas dieciocho días por el litoral mediterráneo y Francia queda atrás, consciente de que esto no ha hecho más que empezar, pero contento de comprobar cómo, poco a poco, con coraje e ilusión, voy avanzando y materializando el sueño.

Italia

Los días, como los paisajes, se van sucediendo uno detrás de otro frente a mis ojos como en una película, todos únicos y especiales, pero perfectamente hilados y orquestados, sin brusquedades, a la velocidad perfecta para conocer el mundo que da el caminar. Me despierto al alba, cuando el cielo comienza a clarear, y camino hasta el atardecer; mis hábitos diarios se van sincronizando con la luz del sol, mientras mi cuerpo y mi espíritu se acostumbran de un modo natural a pasar las veinticuatro horas del día a la intemperie, en contacto con los elementos.

Alcanzo las poblaciones de Latte, Ventimiglia y San Remo en la que es mi primera jornada por Italia. Acampo en una arboleda de eucaliptos frente al mar y me meto en el agua para asearme y lavar algo de ropa entre las olas, deshacerme del sudor y sustituirlo por la sal, y relajarme secándome sobre las rocas con los últimos rayos, mirando el mar y el sol esconderse tras el horizonte. La libertad es un concepto muy romántico, cada día es una aventura en la que te vas fundiendo con la naturaleza, pero también es duro y hay que valer para ello, te tiene que gustar y has de saber desenvolverte, ser capaz de renunciar a la estabilidad y a las comodidades, soportar la soledad, la incertidumbre, el frío y el hambre. No es fácil estar sucio cuando estás acostumbrado a una ducha diaria, tener hambre cuando estás habituado a comer tres veces al día. Tienes que endurecerte, tal vez ser también más espiritual, y saber encontrar la fuerza y la belleza de la vida en un lugar diferente a lo meramente material. La libertad te desconecta de una parte del mundo para conectarte con otra realidad.

* * *

Los kilómetros van cayendo poco a poco bajo mis pies, demostrando, como rezaba una valla publicitaria que encontré en el camino y que parecía estar ahí puesta mágicamente, que con pequeños pasos se puede llegar muy lejos *(Con piccoli passi, si può arrivare lontano)*, siempre con constancia y esfuerzo, claves fundamentales que se esconden tras todos los grandes logros y conquistas. Voy bordeando el mar, y recorriendo los pueblos de la preciosa costa de la Liguria, sencillos, tranquilos y auténticos, con sus puertos de pescadores, suelos empedrados y casas de colores. En Savona coincido con los primeros viajeros a pie que me encuentro en mi viaje, dos chicos que van de Rumanía a Tarifa (España) caminando y empujando un carrito naranja, compartimos algo de información sobre lo que nos vamos a encontrar por delante y, tras darnos un fraternal abrazo, continuamos cada uno nuestro viaje. El miércoles 15 de mayo alcanzo la histórica Génova. Un grupo de amigas me espera por la tarde en la Piazza de Ferrari. Lo que yo ignoro es que Génova se extiende a lo largo de más de veinticinco kilómetros por el litoral y el punto en el que hemos quedado se ubica precisamente en el otro extremo de la ciudad. Se puede imaginar el lector mi cara cuando entro en Génova tras cubrir una etapa de cuarenta y cinco kilómetros y descubro que todavía me quedan veinticinco más. Obviamente, llego tarde al encuentro, sin embargo, me dan una calurosa bienvenida y desaparece cualquier signo de cansancio. Al día siguiente, me despido de la costa y prosigo mi travesía rumbo al este por el interior de Italia. Atrás queda el mar Mediterráneo que lleva acompañándome desde la lejana Tarragona y me adentro entre las verdes montañas, los caudalosos ríos y los profundos y tortuosos paisajes del valle del Trebbia cuando, pasada una población llamada Loco, tengo uno de los días más difíciles hasta la fecha.

Tras pasar toda la noche lloviendo acampado en la montaña, recojo la tienda y me pongo en movimiento cuando la lluvia me da una tregua. Lo primero que hago es arreglar el pinchazo de una de las ruedas del carrito —la noche anterior, al adentrarme en el bosque buscando un lugar para acampar, debió de clavársele algo—. Cambio la cámara, pero al no limpiar bien la cubierta y quitar el cristal responsable del pinchazo, al poco de estar caminando vuelvo a pinchar mi segunda cámara y no me queda más remedio que volverla a cambiar y poner la tercera y última que tengo de repuesto, eso sí, tras revisar bien la cubierta y asegurarme de que está limpia. Al poco, vuelvo a pinchar la tercera cámara, ¡perfecto, las tres pinchadas y tengo un solo parche! Justo entonces, rompe a llover con fuerza. Arreglo con la mayor brevedad posible una de las cámaras con el parche de que dispongo mientras la lluvia me va mojando por completo y, con el parche recién puesto y sin esperar siquiera a que seque el pegamento, reanudo la marcha. Parece que aguanta, pero llueve mucho y me estoy empapando. Aprieto el ritmo y comienzo a buscar con urgencia un lugar donde refugiarme. Al cabo de un rato encuentro una iglesia en un pueblo abandonado, la puerta está cerrada, así que acampo bajo el tejadillo de la entrada. Monto la tienda para que se vaya secando la humedad de la noche anterior, me cambio y me pongo una muda seca y caliente, mientras improviso un cordal para tender la ropa mojada y observo cómo la rueda que he arreglado por última vez se va desinflando también. Mi idea era llegar mañana a Piacenza, donde mis amigas de Génova vendrían a hacerme una visita, pero me va a ser imposible llegar, así que decido llamarlas para que nos veamos en alguna población anterior y me traigan parches y, justo cuando me responden y comienzo a explicarles la situación, se me acaba la batería del móvil. Como es domingo y estoy en la montaña, no he podido encontrar ninguna tienda abierta, así que estoy también sin comida. Hago balance de la situación: con las ruedas pinchadas, sin parches, sin batería ni comida, pero con agua, un tejado y una sonrisa... escribo una canción.

Algunos dicen que estoy loco,
otros dicen que por poco,
yo no sé por qué lo dicen,
yo no sé qué carajo les hice.
Camino diferente, solitario,
cada día es algo extraordinario,
hijo de la Tierra, hijo del viento,
me acompañan los elementos.

Vivo la vida dueño de mi tiempo,
me siento tranquilito a saborear el momento,
camino hacia un nuevo horizonte
tan mágico y lindo que no tiene nombre.
Duermo en las playas, duermo en los bosques,
huelo a mar y huelo a monte,
dentro de mi alma llevo un duende
y una pena muy grande, nadie la comprende.
Soy humilde y sencillo,
ésa es mi grandeza, la luz con que brillo,
mira, niña, me tienes delante,
así soy yo... Soy caminante.

Es el día más difícil hasta la fecha cuando apenas llevo dos meses de viaje; sin embargo, no me voy a echar atrás ante las primeras dificultades, menos aún con todo lo que tengo todavía por delante. Sé que estoy muy lejos de mis límites en la lucha por la supervivencia, que estas penurias son insignificantes comparadas con lo que está por venir, y que incluso llegará un día en los próximos años en que será normal quedarse sin batería, mojarse con la lluvia, no tener comida... Es más, me hacen sentir que la aventura va cobrando cada vez un tinte más auténtico y empiezo a vivir situaciones que me van poniendo a prueba. A la mañana siguiente salgo temprano de la iglesia, abandono el pueblo e inflando cada cinco minutos la rueda pinchada consigo llegar a Marsaglia. Desayuno, cargo la batería del móvil y quedo en Bobbio con Sandra, Nuria y Esther, las tres mosqueteras que vienen al rescate en tren desde Génova con una bolsa cargada de comida, regalos y parches. Y lo que pudo ser un momento de apuro queda en una anécdota que compartir entre risas y una lección para el resto del camino: cambiar las ruedas antes de que estén muy desgastadas.

Estoy sentado en un banco a la sombra, a las puertas del cementerio de Pizzoletta, un pueblo al norte de Italia, cerca de Verona. Últimamente, desde que el otro día dormí cerca de uno, estoy descubriendo que los cementerios son sitios tranquilos, de paz y silencio, con algo mágico y misterioso en el aire que le hace a uno pensar. Veo las fotos y los nombres de unas personas que en su día vivieron en este mundo, pero que ya no lo harán nunca más, y encuentro algo de cercano y familiar en todas ellas, como si las conociera de antes, como si supieran algo y me lo quisieran decir con la mirada. Y tal vez no sea más que, aunque la historia se repita una y otra vez con distintas caras y distintos rasgos, todos estamos en este mundo de paso y nos iremos de él antes de que nos demos cuenta y sin saber nada. Que la vida es un sueño fugaz, y nosotros somos apenas insignificantes. Pero que, mientras tengamos la suerte de estar vivos, no debemos dejar pasar ni la más mínima partícula de tiempo sin tratar de ser felices, luchar por nuestros sueños y decirles a nuestros seres queridos cuánto los queremos. Porque al final es lo único que de verdad tenemos y lo único que nos llevaremos.

Prosigo recorriendo el noreste de Italia, la región del Véneto, durmiendo en cultivos, debajo de algún puente y aprovechando las fuentes de los pueblos para lavarme la cara y los dientes como un auténtico vagabundo ante la curiosa mirada de la gente. Cada vez estoy más cerca de Eslovenia, a mi izquierda trascurren las cumbres nevadas de los Alpes, pero continúa lloviendo todos los días y las nubes negras apenas me permiten distinguirlas. El sábado, 1 de junio, tras una buena noche acampado cerca de Cervignano del Friuli, me levanto a las siete de la mañana, para mi sorpresa con el cielo despejado, desayuno pan con Nocilla y me pongo en marcha rumbo a la frontera con Eslovenia, que dista unos veinte kilómetros. Los carteles no son muy claros, unos marcan la dirección de Gorizia, otros la de Trieste, y yo quiero ir hacia Liubliana; tampoco tengo muy estudiada la ruta, en principio había planeado entrar por Monfalcone. Pregunto a una mujer que me encuentro por el camino cómo llegar a Liubliana *a piedi*, pero se muere de la risa y no entiendo nada de lo que dice, así que me acabo guiando por la intuición, dejando las montañas al norte y el mar al sur; al fin y al cabo si quiero entrar a Eslovenia lo único que tengo que hacer es avanzar hacia el este. A media mañana, tras cuatro horas de caminata, dejo atrás Italia y pongo por primera vez en mi vida los pies en Eslovenia, el primer país completamente nuevo y desconocido que encuentro en mi viaje. Salgo de la Europa occidental, familiar y segura, y me adentro en los países de la antigua Yugoslavia. Hay un salto cualitativo, una diferencia, estoy rebasando algo más que una simple línea en el suelo. Lo primero que veo es a un ciclista pedaleando por el arcén que, al verme, levanta un brazo y me grita desde el otro lado de la carretera: *Dobrodošli!*

Caminar es el medio de transporte más lento y antiguo que existe, al que no prestamos atención y apenas valoramos porque es gratuito, lo realizamos desde temprana edad y damos por sentado que va a ser siempre así. Sin embargo, caminar es un regalo, otro tiempo, otra realidad, es un privilegio llegar a los sitios por mi propio pie, reparando en infinidad de detalles que de otra manera pasarían desapercibidos. Caminar, simplemente caminar hacia el horizonte, viendo la brisa mecer la hierba, escuchando el rumor de los árboles, siguiendo las águilas marcándome el camino allá arriba, en el cielo. Y sentarme en una piedra a saborear la vida en el mordisco de una manzana, en el zumbido del abejorro, en el tacto de la tierra con el roce de mis dedos, en el canto del agua, en la grandeza que encierra lo pequeño, en los secretos, las señales y las lecciones que habitan tras lo simple y cotidiano... en la magia y el misterio que se esconde en lo sencillo. Caminar es meditar, observar y aprender, pero también desaprender, deshacerse de todo lo accesorio y superfluo hasta quedar sólo lo esencial, un retorno a los orígenes, una vuelta a las raíces, la demostración literal de que con pequeños pasos se puede llegar muy lejos. ¿Por qué caminar? Porque aun pareciendo una actividad sin ningún tipo de fin, es la mejor manera de estar en el lugar y el momento presentes. Me fui a dar la vuelta al mundo caminando no para hacer un paréntesis en mi vida, si no para abrazarla más intensamente que nunca.

¿Por qué caminar? Porque nunca algo tan sencillo me hizo sentir tan vivo.

Capítulo 2

Los Balcanes

Eslovenia

Dobrodošli..., no sabía qué quería decir aquella palabra. Poco después descubriría que significaba *bienvenido* y que aquel ciclista me estaba saludando, en un gesto de acogida, abriendo las puertas de su tierra. Un pequeño detalle que decía mucho de la calidez de sus gentes y de lo que me estaba aguardando en el interior del país.

Llevo todo el día sin comer nada serio, apenas algo de fruta, y me encuentro con que todos los supermercados están hoy cerrados, así que esta noche me va a tocar pasar hambre otra vez y cenar sólo arroz blanco cocinado en mi camping gas. El cielo se ha ido nublando con el paso del día, y a media tarde rompe a llover y granizar. Corro a refugiarme bajo el alero de un bar en Vrtojba y unos chavales que hay por ahí me invitan a un refresco mientras charlamos un rato y escuchan asombrados que vengo caminando desde España. Cuando escampa la tormenta y aparecen unos claros en el cielo prosigo la marcha y termino el día acampado en un prado, al abrigo de unos árboles, a las afueras de Ajdovščina. A la mañana siguiente, tras toda la noche lloviendo, me levanto un poco más tarde de lo habitual, a las siete y media: el hecho de pasarme los días mojado y estar comiendo poco hace que mi organismo se recupere peor y me sienta cansado. Es curioso, porque me dirijo a Liubliana por una ruta que no había planeado, sin mapas y siguiendo los carteles y las señales que aparecen de vez en cuando y que apenas entiendo. El alfabeto sigue siendo latín, pero es un idioma que desconozco por completo, a diferencia de lo que ocurría anteriormente, en Francia e Italia. Al cabo de unas horas estalla una tormenta y tengo que refugiarme en una marquesina de cristal en mitad de ninguna parte, en algún lugar perdido de Eslovenia, donde aprovecho para comer algo y escribir unas primeras y breves impresiones. Me gusta este país, pequeño, montañoso, rural y acogedor, de pueblos limpios y bonitos, verdes bosques, gente amable y sonriente. Cuando la lluvia me vuelve a dar una tregua, con el cuerpo ya frío, me apresuro a buscar un lugar donde pasar la noche y acabo poniendo la tienda de campaña en un bosquecito a las afueras de Postojna.

* * *

Con el nuevo día, al abrir la cremallera de la puerta y salir de mi tienda de campaña, tengo la fortuna de presenciar un hermoso amanecer. Los árboles son todavía poco más que sombras negras dibujándose en un cielo que comienza a clarear al alba, mientras cientos de pájaros en las ramas de los árboles inundan el bosque con sus trinos. Me quedo durante unos instantes en silencio, sin moverme, disfrutando del lindo espectáculo, del jolgorio y la infinidad de sonidos diferentes que vienen desde ahí arriba, y de los regalos que la naturaleza ofrece a aquellos que saben apreciarla y duermen en su regazo. Me pongo en camino y avanzo por una estrecha carretera bordeada de árboles, verdes praderas y pueblitos de blancos campanarios, entre Logatec y Vrhnika, encantado con la belleza y la tranquilidad de esta tierra, cuando para un coche a mi lado y sus ocupantes me preguntan amablemente qué estoy haciendo. Resultan ser periodistas de la cadena pública de televisión de Eslovenia y, muy interesados por mi historia, deciden hacerme una entrevista que retransmiten posteriormente en el telediario de mediodía, el de mayor audiencia en el país. A partir de ese momento, todo el mundo me reconoce y comienza a saludarme al verme pasar. Tras una etapa de sesenta kilómetros alcanzo Liubliana y la casa de mi amiga Lara, donde me quedo un par de días descansando, disfrutando de su hospitalidad, paseando y conociendo la bonita y acogedora ciudad.

Tras este breve pero reparador descanso, reanudo la marcha con algo de pereza. Podría quedarme más tiempo, pero no me quiero demorar, tengo un objetivo y he de marcharme y continuar mi viaje. En cada sitio se abren puertas y se presentan nuevas posibilidades, casi me atrevería a decir que hasta una nueva vida, pero cruzo los lugares como ave de paso, sin echar raíces. Me muevo en un equilibrio entre lo romántico y lo práctico, dejándome llevar por la magia de la aventura, disfrutando de los lugares y las personas que voy conociendo, pero con la mirada puesta en el camino, sin perder la concentración en el viaje que estoy realizando y con avidez por ver qué me está esperando por delante.

Al pasar por Turjak una familia me invita a dormir en su casa, Mia y Luca con sus cuatro hijos. Visitamos el castillo, paseamos por el bosque y observo cómo preparan un delicioso y nutritivo sirope de flores, miel y limón del que me regalan varias botellas. A la mañana siguiente, la escuela de la aldea me invita a contar mi experiencia a sus alumnos, es mi primera charla y una inmejorable manera de romper el hielo, en una clase llena de colores en la que los niños me escuchan ojipláticos desde sus pupitres y me van haciendo preguntas, que una profesora traduce al inglés, como si he visto alguna vez un oso o si me gusta el chocolate. Todo parece muy natural e inocente en este rincón apacible y tranquilo del mundo. Nos hacemos unas fotos y prosigo mi ruta con las indicaciones que Luca me dio ayer siguiendo el curso del bonito Krka, río que desemboca en el Sava a la altura de Zagreb y éste a su vez desembocará en el Danubio a su paso por Belgrado, curiosamente el mismo rumbo que llevaré yo a través de los Balcanes al unir las capitales de los países de la antigua Yugoslavia. Son ya varias las voces que me han alertado sobre el peligro de osos en esta región, por lo que, en vez de poner mi tienda de campaña entre los árboles en mitad del bosque, decido hacerlo esta vez a la entrada de la población de Novo Mesto. Aun así, cocino la cena no sin cierto temor de atraerlos por el olor, coloco la tienda de una manera tal que si me atacan por una puerta pueda salir por la otra, y guardo la comida en una bolsa que ato a la rama de un árbol, alejado del lugar en el que voy a dormir. Además, dejo varios palos, piedras y un cuchillo a mano por si tengo que usarlos en caso de emergencia, y las cremalleras de las puertas, el frontal y mi material dispuestos de tal manera que sea capaz de encontrarlos a oscuras y con rapidez. Resulta interesante cómo los ruidos y el poder de la imaginación en la oscuridad pueden hacer que la noche sea mucho más emocionante incluso que el día...

A pesar de la gran cantidad de sorpresas e imprevistos que me presenta el camino, hay una cierta rutina y disciplina en mi día a día en cuanto a los horarios, la manera de manejar el material, montar el campamento cada noche y recogerlo y guardarlo en el carrito cada mañana. Una forma de proceder ciertamente metódica y ordenada que es la única manera de cuidar el equipaje y saber dónde guardas cada herramienta para encontrarla con rapidez, no perderla y que dure el mayor tiempo posible. A mediodía paso al lado de un grupo grande de gente que está haciendo una barbacoa en una pradera junto al río, me saludan y me invitan a comer pescado, tomar vino y pasar un rato agradable. El domingo 9 de junio recorro los últimos kilómetros de Eslovenia y, tras una breve pero hermosa travesía de ocho días en la que he disfrutado de sus paisajes y sus gentes, dejo atrás un país del que me quedo enamorado y alcanzo la frontera con Croacia.

Croacia

Nada más llegar al límite de Eslovenia con Croacia me encuentro, para mi sorpresa, con una aduana. Me acerco a la garita, el policía me pide el pasaporte y, mientras se lo entrego, le comento mi asombro, pues creía que no hacía falta pasaporte para entrar a Croacia siendo español. Su respuesta es seca: «Todo el mundo necesita pasaporte para entrar en Croacia». A partir de ahora comprendo que las fronteras no son un lugar para hacerse el simpático, exigir derechos ni reclamar un buen trato, mucho menos hacer amigos, sino limitarse a cumplir el trámite pertinente, entrar en el país y alejarse de ahí lo antes posible. Insinúan querer revisar el contenido de mi carrito, pero en cuanto ven mi buena disposición para enseñárselo con un gesto de levantar la capota, me dejan proseguir. Es mi primer control fronterizo, un procedimiento que se convertirá en algo habitual y cada vez más emocionante conforme vaya avanzando hacia el este y quiera entrar en un nuevo país. A las tres semanas, Croacia entra en la Unión Europea y este control fronterizo pasará a ser historia. Otra novedad que también desconocía es que cambia la moneda. Si bien hasta ahora he estado manejando euros, la moneda de Croacia es la kuna y, claro, no llevo ninguna encima, tengo sed y no puedo comprar nada. Lo intento en una gasolinera, pero ante la negativa de la dependienta, resuelvo apretar el paso y llegar hoy mismo a Zagreb, que afortunadamente dista sólo cuarenta kilómetros. Allí tengo un contacto, podré cambiar moneda, comprar un mapa y estudiar la travesía por este nuevo país. Resulta evidente que me he confiado y adentrado en Croacia sin planificar absolutamente nada y sin la más remota preocupación, pero no es más que una consecuencia de pasar los días al aire libre ocupado simplemente en caminar, durmiendo en la tienda de campaña, desconectado de internet y del mundo, y una señal inequívoca de que me estoy alejando de lo conocido, adentrando en entornos y circunstancias cambiantes y de que a partir de ahora debo planificar cada vez con mayor detalle mis rutas por los países. Esa misma tarde alcanzo Zagreb, bella ciudad situada entre el monte Medvednica y el río Sava, y llego a la casa de mi amiga Vedrana en el barrio de Folnegovićevo Naselje, donde hago de nuevo un alto en el camino y descanso durante un par de días. Justo esos días coinciden con la celebración del festival internacional de calle Cest Is d'Best, por lo que las plazas y las avenidas están llenas de músicos y artistas circenses que inundan cada rincón de la ciudad de alegría y colorido. Parece que hubieran estado esperando a que yo llegara, como si ya estuviera escrito.

Reanudo la marcha por una pequeña carreterita cercana a la frontera con Bosnia. Camino con sol y nubes adentrándome en terrenos más rurales hasta bien avanzada la tarde, ambos lados de la carretera están cubiertos por hileras de casas, fincas y cultivos que dejan poco sitio para acampar. Pasado Graberje Ivanićko me meto por un camino de tierra y planto mi tienda de campaña bajo un roble junto a unos troncos cortados. Veo a un chico trabajando en una huerta, me acerco a preguntarle por señas, si hay algún problema por acampar ahí, si es un lugar tranquilo, y no sólo me sonríe con confianza, sino que además habla inglés. Le narro mi historia, me cuenta que estuvo trabajando varios años en Arabia Saudí y a los cinco minutos me trae a la tienda una botella de agua, una bolsa repleta de comida, embutido, jamón, crepes y un bote de mermelada casera. Nos despedimos tras darle las gracias, ceno mientras contemplo un bonito atardecer y me entrego a un reparador sueño, pensando en la suerte que tengo. Los días siguientes continúo avanzando por esa carretera rodeado de granjas y casas que se suceden una detrás de otra con huertos, gallinas, ovejas, cabras y algún que otro cerdo. Me llama la atención lo bien cuidadas que están, tan limpias e impecables, jardines arreglados y llenos de flores; eso me demuestra cómo con pocos medios, pero con cuidado, humildad y buen gusto, se puede tener una bonita casa, tal vez en un esfuerzo de sus habitantes por olvidar los horrores del pasado, ensalzar los valores humanos y mirar hacia el futuro con optimismo. Toda esta zona fue muy castigada por la guerra de los Balcanes en la década de 1990. Produce en mí un efecto desolador ver de vez en cuando fachadas de casas con restos de metralla, algunas iglesias y escuelas bombardeadas y señales que indican la presencia de campos aún minados, por lo que extremo las precauciones y no me alejo demasiado de los caminos cuando por las noches busco con algo de temor un lugar para acampar.

El tiempo ha cambiado bruscamente: ha pasado de repente de estar nublado y llover todos los días a hacer un calor y una humedad sofocantes. Me levanto temprano, pues a las seis de la mañana ya hay bastante luz y empiezan a subir las temperaturas. Bebo cerca de cinco litros diarios entre agua, zumos y refrescos, y a veces me veo incluso obligado a parar a mediodía a la sombra de un árbol, en un parque o en la plaza de un pueblo ante la curiosa mirada de sus habitantes, momentos que aprovecho para comer, escribir y pensar en el itinerario que tengo por delante. Trato de imaginarme el calor que hará en Turquía en verano, si conseguiré el difícil visado para Irán o si llegaré a Australia, el territorio más lejano que vislumbro hasta ahora en mi viaje. Las casas suelen tener un banquito frente a la puerta y hoy, como no veía dónde parar a almorzar, me he sentado en uno de ellos en mi camino hacia Slavonski Brod. Como si hubiera un resorte que, al sentarse alguien en el banco, encendiera una bombilla dentro de la casa avisando a sus ocupantes de la nueva presencia, a los pocos segundos han salido dos mujeres cercanas a los ochenta años, vestidas de negro, y se han sentado a mi lado. Me han sacado un café de manga terrible que, por no ser descortés, he ido bebiendo a pequeños sorbos y tras un buen rato hablando, o al menos intentándolo, riéndonos y disfrutando del peculiar momento, he continuado mi camino. Poco después, a media tarde, me he vuelto a sentar en otro banco, y esta vez ha sido un hombre de ochenta y dos años el que ha salido a verme. Me ha indicado su edad con los dedos, hemos charlado del tiempo, de mi viaje, me ha ofrecido algo de comida y me ha presentado a su mujer e hija. La hija me contaba que su marido es jefe de seguridad en una central nuclear en Nigeria, y que a ella le gustan la naturaleza y los bosques, es peluquera y no le parece buena idea que Croacia forme parte de la Unión Europea. Al poco se han metido en su casa, he terminado de comer y he continuado mi camino pensando... Ni yo sabía croata ni ninguno de ellos español, pero está claro que el idioma no es una barrera y si te quieres entender, lo vas a hacer en cualquier parte del mundo, con algo de voluntad, un boli y un papel y el lenguaje más antiguo de todos: el de los gestos y las miradas.

Prosigo mi travesía por Croacia, hasta que a la entrada de Vinkovci ha ocurrido algo que llevaba tiempo sospechando que podía pasar: se ha partido el manillar de mi carrito. Es de aluminio, lo cual hace que sea muy ligero, pero también frágil; me da comodidad, ya que no tengo que cargar peso en la espalda, pero también me condiciona: no puedo saltar vallas, subir escaleras ni pasar por lugares estrechos. Hasta hoy, cada vez que me encontraba con una acera o un escalón lo salvaba levantando todo el peso del equipaje tirando del manillar hacia arriba, hasta que se ha partido y me he quedado con el manillar en la mano con cara de incredulidad. Me he acercado a un taller de vehículos que he visto a la entrada, y allí me han dibujado un plano de la ciudad, indicándome un taller de soldadura de aluminio y un hostal barato justo en frente. Una vez más, la diosa fortuna estaba de mi parte: no es fácil encontrar un taller de soldadura de aluminio, y que el manillar se parta justo a la entrada de una población en la que hay uno es tener mucha suerte. Aprovecho para darme una merecida ducha, lavar la ropa, los cacharros, revisar el material, hablar con los míos, trabajar en internet... En apenas un momento la habitación se convierte en una auténtica leonera con las cámaras de las ruedas recién parcheadas y la ropa secándose en perchas, sillas y puertas. Prosigo la marcha rumbo a la frontera con Serbia, limpio y aseado, con la satisfacción de comprobar cómo el carrito vuelve a estar en perfecto estado y la incertidumbre de ver hasta dónde aguantará la soldadura. Camino todo el día bajo un sol abrasador, rebaso la última población croata, Tovarnik, a las siete de la tarde y me quedo a poco más de quinientos metros de la frontera. Como es tarde y no sé qué hay al otro lado de la línea, decido acampar escondido entre unos cultivos desde los que diviso las garitas de la aduana y cruzar a primera hora de la mañana siguiente, tras diez días de travesía por Croacia, la frontera con Serbia.

Serbia

El 20 de junio me levanto a las cinco de la mañana, recojo el campamento, me dirijo al puesto de control y cruzo sin ningún problema la frontera con Serbia. Puedo percibir en el ambiente, los rostros, los letreros en cirílico, el estado de las casas y las carreteras, cómo me voy alejando paulatinamente de España y de Europa occidental. A mi paso por Sid, me ven un chaval que está con quienes deben de ser su novia y su padre. Están sentados en una terraza en torno a una mesa, me saludan y me invitan a acercarme. Dejo el carrito a la vista y me siento con ellos un rato, beben *rakija* (raki), bebida nacional por excelencia elaborada a base de ciruelas fermentadas con un contenido de alcohol del 50 %, y por lo borrachos que están creo que llevan toda la noche sin dormir. Me sirven un trago —¡diantres, no creo que sea nada bueno beber esto en ayunas!— y trato de aprender algunas palabras mientras me hablan atropelladamente. Al poco me sirven otro trago. El chico va cogiendo confianza y, cuando les cuento que vengo desde España caminando, agarra exaltado una maceta y se echa la tierra por la cabeza. Creo que ha llegado el momento de irse, pienso, pero están alegres y eufóricos, y quieren que me quede, insisten en que me tome un último *shot*. Me lo bebo de una, me despido con una sonrisa y vuelvo raudo al camino tras este primer e intenso encuentro. Si me tomo uno más, me quedo con ellos todo el día.

Las miradas pueden ser de curiosidad, invitación o desafío. Paso por pueblos, ciudades y países de los que desconozco la lengua, la cultura y sus costumbres y, a veces, una mirada, un gesto, es la única manera de comunicarse. Yo me suelo acercar con confianza y una sonrisa, pero no siempre es la mejor opción. Hay que ser cauto y permanecer alerta, con la mente ágil y despierta para controlar la situación, consciente de que estás solo y cada vez en tierras más lejanas.

* * *

Cada día me levanto a una hora más temprana, las cinco, las cuatro, las tres de la madrugada, ya no es cuestión sólo de echarse una siesta a la sombra al mediodía, no hay quien camine en toda la jornada del calor que hace y he de encontrar la manera de continuar avanzando. Decido a partir de ahora, aprovechando que hay luna llena, invertir los horarios, caminar de noche y pasar el día descansando a la sombra. Resulta extraño caminar de noche, todo parece tranquilo, sólo el ladrido lejano de algunos perros y la luna llena inundando el paisaje con su luz y su misterio me acompañan. Camino solitario por el arcén de una carretera, la temperatura es más fresca y agradable que durante el día, llevo el frontal a mano para encenderlo y ser visible si se acerca algún coche. Voy pensando en mis cosas, los sentidos se agudizan, mi vista está perfectamente acostumbrada a la oscuridad, la sensibilidad es otra, cuando hacia las cuatro de la mañana siento que un coche se acerca por mi espalda, circula por el carril opuesto y al llegar a mi altura se detiene. Sólo lleva un ocupante, baja la ventanilla y me dice algo. Creo que quiere que suba al coche y llevarme. Le digo que no, indicándole con un gesto que voy caminando, y le doy las gracias. Entonces, abre la puerta, se baja del coche, se acerca hasta mí e insiste. Me doy cuenta de que ha bebido, pero a estas alturas de la película eso no es nada raro, cómo explicarle sin hablar serbio, en una carretera en mitad de ninguna parte a las cuatro de la madrugada, que estoy dando la vuelta al mundo caminando y no me puedo subir a ningún coche. En ese momento agarra mi carrito con fuerza por el manillar, se pone delante de mí y me cierra el paso. La situación toma un cariz que no me gusta nada y me empiezo a poner tenso, pienso que me he metido en un lío. Sin embargo, a los pocos segundos suelta el manillar, se mete en el coche y se va. Me alejo del lugar avanzando a buen paso, alterado por el desagradable suceso, pensando cómo reaccionar si por un casual me lo vuelvo a encontrar, y empiezo a dudar de que haya sido tan buena idea caminar de noche. Al despuntar los primeros rayos de sol hago un alto en las mesas de una gasolinera. Estoy tranquilamente disfrutando de un desayuno al amanecer cuando, tal como me imaginaba, lo vuelvo a ver aparecer en el mismo coche acompañado por un chico joven en el asiento del copiloto. Me ven, aparcan el coche, se bajan y se acercan, parecen venir en son de paz, pero hasta pasados unos instantes no me relajo. Se presentan, el tipo se llama Djordje y curiosamente es un político, miembro del partido Nueva Serbia; el chico se llama Pedja, habla inglés y resulta ser el novio de su hija. Charlamos un rato, les explico mi viaje, nos caemos bien y me invitan a su casa, apenas unos kilómetros adelante en la población de Šimanovci. Al principio soy un poco reticente, pero acabo aceptando.

Cuando llego, deben ser las seis o las siete de la mañana, están los dos esperándome en la puerta con una botella de *rakija* en cada mano y una sonrisa en la boca diciendo: «¡*Rakija* medicina, amigo!». Conozco bien ya ese hábito de sentarse en torno a una mesa y crear ambiente mientras la conversación fluye locuaz y los tragos van cayendo uno detrás de otro desde por la mañana. Me entrego al ritual sin oponer resistencia, disfrutando de la compañía y el excelente *rakija* casero elaborado por Djordje, bromeando sobre el encuentro de madrugada unas horas antes en mitad de la carretera, compartiendo experiencias, hablando del mundo y de la vida, sumergiéndome de lleno en esta nueva cultura hasta acabar perdiendo la noción de tiempo. Estalla una tormenta de granizo y rayos como no había visto nunca, trozos de hielo como pelotas de tenis cayendo del cielo, saltan las alarmas de los coches, los cristales rotos, carrocerías abolladas, se cae algún árbol, mientras observo impresionado y pienso que no somos nada comparados con las fuerzas de la naturaleza, tan sólo leves chispazos de vida con aires de grandeza. A la una de la madrugada, tras este peculiar día en casa de mis nuevos amigos, me despido agradecido y me pongo en camino con la intención de llegar a Belgrado por la mañana.

Alcanzo Belgrado, capital de Serbia, siguiendo el curso del Sava, muy cerca de su desembocadura en el Danubio, contemplando la gran cantidad de viviendas flotantes y barcos antiguos, oxidados y desvencijados, que hay fondeados en ambas orillas del río conformando un singular paisaje. Puesto que no conozco a nadie en esta ciudad no me detengo, paso la noche en un hostal y a la mañana siguiente prosigo la marcha hacia el sur del país. A mediodía alcanzo la población de Jacinci y me siento a comer algo junto a una fuente a la sombra de un árbol. Veo a un niño, un chico y un hombre mayor que llenan varias garrafas de agua, intercambiamos unas palabras y me invitan a su casa a tomar té. Cada vez que me detengo acaba suponiendo varias horas y al acabar el día tengo que dedicarme a la nada fácil tarea de buscar un lugar para dormir, pero ante su insistencia termino cediendo, soy consciente también de que no me puedo dedicar sólo a caminar y que la gracia del viaje está en compartir las cosas. La vida es corta, así que habrá que hacerla más ancha. Nos adentramos por un estrecho caminito entre plantas hasta la casa, dejamos el carrito a la entrada y subimos por una escalera hasta el piso de arriba, sólo por la dificultad del acceso intuyo que la salida no va a ser rápida. Son gente muy curiosa; el hombre mayor se llama Dragan, es un apasionado de la música clásica, fue locutor de radio y ha viajado por diferentes países, tiene la casa llena de discos y reproductores de música. El chico se llama Mica, un grandullón de buen corazón que trabaja puntualmente de payaso, y el niño Milan es su hijo, un travieso de dientes separados. Un entorno humilde, pero de lo más singular y variopinto y, tal como me imaginaba, trascurre toda la tarde y termino quedándome a dormir. Por la noche viene a conocerme la nieta de Dragan, Aleksandra, charlamos un rato y quedamos en vernos al día siguiente para recorrer juntos Belgrado y enseñarme la ciudad de la que iba a marcharme sin conocer.

Belgrado, la Ciudad Blanca, es la más grande y poblada de la antigua Yugoslavia, y una de las más viejas de Europa, con casi siete mil años de historia. Pasamos el día lluvioso paseando por sus calles, conociendo lugares emblemáticos como el templo de San Sava y la fortaleza Kalemegdan. Pensaba, qué curioso, cómo puedes estar un día solo, mojado y con hambre bajo la lluvia, en mitad de ninguna parte, y otro disfrutando a cubierto de un dulce momento en buena compañía. Y ésa es una de las lecciones de este viaje, un viaje de extremos: no desesperar un día malo porque uno bueno vendrá después, y viceversa, aprender a no retener porque nada permanece, todo es pasajero y lo que un día viene otro se va... Por la tarde, al despedirnos, ya que al día siguiente reanudo mi viaje, nos damos un beso y me dice una de esas frases que, sin apenas conocerme y refiriéndose a la odisea que tengo por delante, quedará grabada y el eco de sus palabras vendrá a mi pensamiento a lo largo de mi viaje en numerosas ocasiones: «Si hay alguien capaz de hacerlo, ése eres tú».

Compro comida en supermercados y tiendas que encuentro por el camino, comida que luego por la noche cocino en mi camping gas una vez que he acampado. Arroz, pasta, verduras y carne suelen ser mi menú principal, y a lo largo del día, durante la caminata, voy tomando fruta, embutido, chocolate y frutos secos. A veces, como no hablo el idioma ni entiendo lo que pone en los productos, hacer la compra es una aventura y saber qué hay dentro de los envases, un verdadero misterio. Los escojo por el dibujo de la etiqueta o señalo con el dedo al tendero lo que quiero. No se dan tampoco las circunstancias para llevar una alimentación idónea: no poseo el presupuesto necesario para cubrir un desgaste energético tan grande ni una nevera a mano repleta de comida para abrir cada vez que tengo hambre, por lo que a veces me levanto en ayunas o me acuesto sin cenar. Tampoco presto especial atención a las proteínas como más de uno podría pensar, simplemente me dejo guiar por mis sensaciones, observo y escucho mi cuerpo y llevo una dieta que he bautizado con las siglas CLQP: «come lo que puedas», y da gracias si hay algo. Más bien se trata de ir endureciendo el cuerpo y la mente, empujar los límites hasta convertirte en un tendón fuerte y resistente, descubrir el tremendo potencial que tenemos y demostrar que podemos cubrir largas distancias y realizar grandes esfuerzos con muy poco, alejados de la alimentación, el descanso y la higiene a los que estamos habituados en la cultura occidental. Cuanto mayores son las comodidades de las que nos rodeamos, más débiles y dependientes nos volvemos.

Camino contento y confiado por Serbia. Los primeros días tras entrar en un país uno siempre está alerta, pero por la buena gente que estoy encontrando confío en que ya no tendré ningún problema. Recuerdo que cuando atravesaba Croacia, me hablaban mal de los serbios, me decían: «Fíjate si son gitanos que al dinero lo llaman dinar». En Serbia me hablan mal de los croatas, me dicen que son nazis. Sin embargo, he cruzado a pie ambos países y sólo puedo contar cosas buenas de los dos, ajeno a rivalidades y discursos nacionalistas. Voy encontrando fuentes en mi camino en las que lavarme y llenar mis botellas de agua, un detalle que los que estamos en la calle agradecemos, ya que ni en Francia ni en Croacia recuerdo que hubiera ninguna. Además, estos días recibo la extraordinaria noticia de que Paz va a venir a verme y caminar unos días conmigo. El domingo 30 de junio nos encontramos al sur de Serbia, en una población llamada Nis.

Paz es una mujer única, especial, generosa en todo lo que hace, llena de sabiduría y amor hacia la vida y los demás, de esas personas que te hacen sentir capaz de lo imposible y tremendamente afortunado de conocerla y de tenerla a tu lado. Un talismán. Es un pilar fundamental del viaje y la primera persona que se acerca a verme desde que salí de España. Cree en mí desde el principio, ha visto crecer toda esta aventura desde que era sólo una idea y está ahí sin pedir nada a cambio. Estoy feliz de verla. Apenas han transcurrido tres meses desde que nos vimos por última vez, pero para mí han pasado un millón de cosas, y estoy impaciente por compartirlas con ella. Pasamos la tarde recorriendo la ciudad y a la mañana siguiente reanudamos juntos la marcha rumbo a la frontera con Bulgaria, que dista sólo tres jornadas de camino. El sur de Serbia es verde, montañoso y bonito, y caminamos con bastante calor por carreteras comarcales a través de poblaciones en las que se recoge ciruela verde para elaborar *rakija*. Vamos hablando, parando de vez en cuando a descansar e hidratarnos comiendo sandía y las famosas ensaladas de pepino, cebolla y tomate que venden por el camino, disfrutando del momento y la compañía. El domingo, 4 de julio, tras una travesía de quince días por este país que tan buenos momentos me ha regalado, cruzamos la frontera con Bulgaria y, levantando nuestros vasos en el aire, nos despedimos con un *¡hvala Serbia, živeli!*

Bulgaria

Como cada vez que entro en un nuevo país, vuelve a cambiar todo: la moneda, el idioma, la comida, la cultura y las costumbres. Resulta curioso cómo hace unos días llegaba a Serbia con cierta cautela e incertidumbre y dos semanas más tarde, después de todo lo vivido, me despido de ella con morriña. Una vez más, pena por dejar atrás lo conocido, pero el estímulo y las ganas de seguir avanzando, la curiosidad por descubrir qué me deparará el camino y la satisfacción de ir recorriendo países y cubriendo kilómetros. Por suerte, ahora no lo hago solo y puedo compartir estas sensaciones. Cruzamos la frontera con Bulgaria sin ningún problema y veo por primera vez un cartel que indica la distancia a Estambul: seiscientos quince kilómetros. Empiezo a atisbar con emoción el final de la travesía por Europa y a darme cuenta de lo lejos que estoy ya de mi casa.

Caminamos por una antigua pista adoquinada entre árboles, montañas y campos floridos con la carretera nacional a un lado, las vías del tren al otro y el sol brillando con fuerza en el cielo azul. Llevo puesto el segundo par de zapatillas del viaje, un par completamente nuevo que Paz me ha traído desde España. Era un cambio que ya me hacía falta, puesto que el primer par era uno que tenía yo antes de comenzar la aventura y a estas alturas las suelas estaban tan extremadamente desgastadas que me clavaba en la planta del pie las piedras que pisaba. Me gusta llevar unas zapatillas ligeras, flexibles y acolchadas, son miles los kilómetros que voy a recorrer, mucho el desgaste y cuanto mayor sea el impacto que absorba el calzado menor será el sufrimiento de mis pies y articulaciones. Además, llevo también en el carro unas botas con Gore-Tex más duras y pesadas para los días de lluvia y frío. Al acabar cada jornada, en mi tienda de campaña y antes de meterme en el saco a dormir, me gusta estirar y darme un masaje en piernas y pies para relajar los músculos, aliviarlos del esfuerzo y recuperarme mejor, como una recompensa al trabajo realizado. Aun así, no son pocas las veces, sobre todo los primeros meses tras cubrir habitualmente distancias superiores a una maratón diaria, que duermo mal y me despierto en mitad de la noche por el dolor de pies, sin saber en qué postura ponerme.

Pasamos la primera noche en Bulgaria, acampados a las afueras de Slivininska, bebiendo *rakija* bajo las estrellas y al día siguiente alcanzamos la capital de un país que se nos muestra apacible, tranquilo y desconocido: Sofía.

Pasamos dos días conociendo la ciudad, paseando por sus calles, el bulevar Vitosha, con sus comercios y tranvías, la bonita y pequeña iglesia rusa de San Nicolás, la mezquita de Banya Bashi, los Baños Centrales, la estatua de *Santa Sofía* y, por supuesto, la catedral de Alexander Nevsky, con sus cúpulas de oro y bronce, construida en agradecimiento al ejército ruso por la liberación de Bulgaria, último bastión de la resistencia europea frente a los turcos, tras la dominación del Imperio otomano, que la tuvo sometida desde finales del siglo XIV al XVIII. Al segundo día de haber llegado a la capital, de madrugada, tras una breve pero intensa visita y antes de que me dé cuenta, tal como vino, Paz regresa a España y me vuelvo a quedar solo. En Bulgaria es una hora más, la primera vez que adelanto el reloj; resultará curioso a partir de ahora comprobar físicamente los cambios de hora según vaya caminando hacia el este y rebasando meridianos, cómo mi reloj reflejará efectivamente que paso a paso estoy dando la vuelta a un planeta redondo. Esta noche acampo a las afueras de Elin Pelin y me lo tomo como un día tranquilo para salir y dejar atrás Sofía, escuchar mis sensaciones y volver de nuevo al camino solitario.

La moneda de Bulgaria es el lev. Voy sacando dinero en la moneda local de cada país en los cajeros ATM que encuentro por el camino, la máxima cantidad disponible, aun a riesgo de perderlo o sufrir un robo, porque cada vez que los uso me sangran a comisiones. Por eso, extremo las precauciones y llevo el dinero guardado en lugares diferentes, una pequeña cantidad a mano para los gastos diarios y el resto, junto con un remanente de euros y dólares para una emergencia, escondido en el interior del carrito. Sólo tengo una cuenta en un banco español con la que funcionaré durante todo el viaje y una tarjeta de débito que debo cuidar para evitar que se deteriore, se pierda o que me la roben. Se pueden imaginar la precariedad: cada vez que la introduzco en la ranura de un cajero cruzo los dedos para que me la devuelva una vez finalizada la transacción, no quiero ni pensar el contratiempo de quedarme sin ella. Además, abro una cuenta en PayPal, que uso únicamente para gestionar las donaciones que recibo a través de la web. Los días siguientes tomo una carretera pequeña y con curvas entre montañas, sorteando tormentas y refugiándome bajo los tejadillos que afortunadamente encuentro en el camino.

* * *

Después de Sofía, mi travesía por Bulgaria ya es un mero tránsito. Recorro estas últimas etapas con la mirada puesta en Turquía, que apenas dista unos días de caminata, dejo los macizos de Rila y Ródope al sur, disfruto de la belleza de sus tierras e imagino sus cumbres nevadas en invierno. En Svilengrad, prácticamente la última población en el extremo oriental de Bulgaria, preparo la entrada a Turquía, compro liras turcas y cambio por segunda vez en el viaje las ruedas del carro: las tenía tan desgastadas que el día anterior tuve que recorrer los últimos cuatro kilómetros con una rueda reventada. Camino solo hacia la frontera con mi carrito y con la sensación de que me estoy acercando a un lugar importante, a un centro neurálgico; me siento pequeño, con la incertidumbre de lo que me voy a encontrar y confiado en que me dejarán pasar. Realmente no hay ningún motivo para que no lo hagan, pero cuando uno va tan desprotegido y sabe que cruzar al otro lado es algo que no está sólo en sus manos, sino en las de una serie de agentes de aduana, no las tiene todas consigo. Por si acaso, llevo varios recortes de prensa con noticias en las que se habla de mi viaje para corroborar la veracidad de mis palabras. Prácticamente es el paso de Europa a Asia, se puede respirar en el ambiente el cambio de continentes, el embudo en el que confluyen todas las comunicaciones y tanto el control como las instalaciones son bastante grandes, parece un aeropuerto. Me piden el pasaporte en cuatro ocasiones, una por cada control. Un policía joven y altanero me exige explicaciones, que le enseñe qué llevo en el carrito, pero ya conozco el procedimiento y me limito a cumplir el trámite sin poner objeciones, lo llevo todo en regla y no tengo nada que esconder. Pago treinta y siete liras por el visado, me ponen el sello correspondiente y, tras un par de horas para cruzar los controles y un recorrido de trece días por Bulgaria, el 16 de julio cruzo la frontera y me adentro en Turquía, el primer país musulmán de mi viaje. De nuevo, un gran paso, siento que cada frontera que atravieso es una conquista...

Turquía occidental

Un vendedor de rosquillas y, al fondo, una mezquita blanca con dos minaretes y el canto del almuecín llamando a la oración me dan la bienvenida. Aunque el cielo está nublado, hace bochorno. Avanzo unos kilómetros y me detengo a comer algo en un restaurante que parece abandonado en un margen de la carretera. Tomo una ensalada de tomate en un plato de plástico, un sabroso kebab de cordero cocinado en brasas de carbón y un té por veinte liras turcas, y me marcho pensando que, a pesar de que la comida estaba buena, he pagado por la sombra y, a partir de ahora, he de tener cuidado para no meterme en la cueva de Alí Babá.

Alcanzo Edirne, primera población turca que encuentro a escasos seis kilómetros de la frontera, y estoy disfrutando de la belleza de este nuevo paisaje urbano que se despliega ante mis ojos cuando, al subir un escalón, se vuelve a partir el manillar del carrito por el mismo punto que hace unas semanas en Croacia: se ve que la soldadura que le hicieron en Vinkovci era provisional. Intento solucionarlo con una cinta adhesiva bastante fuerte que llevo en la bolsa de herramientas, pero no sirve de mucho, y justo en ese momento comienza a llover. Me refugio en un portal con el manillar en la mano, pensando en cómo continuar, cuando se acerca un hombre que ha estado observando la jugada desde el principio. Es el dueño de la tienda de al lado y, entre otros productos, vende escobas. Trae un magnífico palo de madera que cortamos en dos, afilamos las puntas con una navaja e insertamos en el carro a modo de manillar. No hablamos la misma lengua, pero no hace falta, nos comunicamos con gestos y casi diría que con gruñidos y sonidos guturales. Y a grandes problemas, soluciones sencillas. Quiero pagarle el palo, invitarle a tomar algo, pero se niega, nos damos la mano y me vuelvo a poner en camino, agradecido con el devenir de los acontecimientos y pensando, una vez más, en la suerte que tengo. Abandono la ciudad satisfecho con el apaño, empujando el carro con los palos, y buscando un lugar para acampar porque se ha hecho tarde. Me adentro por un camino de tierra en un campo de girasoles, monto la tienda de campaña y me dispongo a descansar después de un día tan ajetreado e intenso. En el cielo brilla una limpia y perfecta media luna.

* * *

A la mañana siguiente, tras un reparador descanso y una tranquila primera noche en Turquía —la primera noche siempre es especial—, pongo rumbo a Havsa, donde compro queso feta, pastas y *ayran*, el delicioso yogur turco. Me llama la atención cuántas gasolineras hay, paro en ellas a preguntar por un mapa de Turquía, pero no tienen. Me gusta viajar con mapas, el ser humano lleva viajando siglos sin GPS, son más ligeros, no necesitan pilas, puedes dibujar en ellos y, si los pierdes, no pasa nada. Hay países que estoy recorriendo incluso sin mapa, cuando tengo conexión a internet apunto en un pequeño papel donde hago mis anotaciones la ruta que seguiré durante los siguientes días y lo llevo a mano en el bolsillo. Con esas indicaciones, carteles, mi intuición y preguntando a gente que encuentro por el camino me oriento para llegar a mi destino. He mantenido conversaciones con pastores, tenderos y ancianos en todos los países recorridos hasta ahora mediante gestos con las manos, escribiendo números en un papel o dibujando signos en el suelo. No son grandes conversaciones filosóficas, pero quién las quiere, bastan para entenderse, satisfacer las necesidades básicas, compartir un momento agradable y comenzar a comprender el mundo del otro desde las raíces, de un modo muy primario, como hacen los niños. Resulta interesante la gran cantidad de información que se transmite con la comunicación no verbal, el lenguaje corporal y los datos del entorno que uno aprende a descifrar observando.

Al pasar junto a un puesto de fruta, el vendedor me saluda con la mano, me invita a acercarme y me ofrece unas rodajas de melón que acepto agradecido y como a la sombra del toldo que tiene instalado. Están deliciosas, dulces y jugosas, además hace bastante calor y las saboreo con fruición. Es un tenderete sencillo, improvisado con unas cañas y unas tablas sobre caballetes en las que apoya el género que expone; por el suelo hay algunas cajas más de madera. Es una ocasión perfecta para tomar alguna foto o grabar un vídeo, sin embargo, no quiero incomodar ni estropear la naturalidad del momento, estoy más a gusto charlando tranquilamente, así sin más, sabedor de que los mejores momentos son aquéllos de los que no hay fotografías. Me lavo las manos en un cubo con agua que tiene en el suelo, le doy las gracias, nos despedimos y continúo mi camino. Voy imaginándome la vuelta a España, ver de nuevo a mis amigos, dar algún día una charla contando mi viaje, reencontrarme con mi familia, lo que más fuerza me da, como si llevara un sedal anudado a mi carrito y tirara de mí recogiendo el hilo con el carrete de una caña de pescar... En las inmediaciones de Silivri, hablando con mi madre por teléfono, me dice que ha comprado un billete de avión para venir a verme a Estambul, justo en ese momento doblo una curva y vuelvo a ver el mar.

La última vez que vi el Mediterráneo fue en Génova, allá por el mes de mayo; en esta ocasión es el mar de Mármara el que sale a mi encuentro. Estamos en julio, es temporada alta y hay mucho turismo que, junto con el movimiento propio de una ciudad de más de catorce millones de habitantes, hace que llegar a Estambul sea una ardua tarea. Tras dos días entrando en Estambul, en pleno ramadán, con luna llena y justo a los cuatro meses de comenzar mi viaje, como si estuviera escrito, el 22 de julio de 2013, alcanzo el corazón de la ciudad: Sultan Ahmet. No me lo puedo creer, me parece estar en un sueño: frente a mí se alzan majestuosos los seis minaretes de la impresionante Mezquita Azul y Santa Sofía (Ayasofya), y la voz del almuecín convoca a la oración inundando la atmósfera con su canto. El sol brilla radiante en el cielo, se respira el ambiente festivo por las calles llenas de adornos, luces, banderas de colores y gente paseando y tumbada en los parques con mantas. La antigua Bizancio, la histórica Constantinopla, un momento único y mágico, y el hecho de haber llegado hasta aquí caminando desde España hace que cobre un significado aún más especial. Sonrío satisfecho y feliz porque el esfuerzo ha valido la pena, aunque mantengo la cautela, consciente de que esto no ha hecho más que empezar y lo mejor está todavía por llegar. Atrás queda Europa, mi primer continente, la piedra de toque, rodaje y referencia para lo que tengo por delante, no podía haber empezado de mejor manera. Pero no adelantemos acontecimientos, aún me quedan varios días descansando y disfrutando de esta ciudad. Unos periodistas de la agencia turca de noticias Anadolü me están esperando, me toman unas fotos y nos vamos a tomar té y hacer la entrevista en una terraza. Me siento como un explorador, un aventurero, un personaje histórico, Ibn Battuta o Ernest Hemingway, escribiendo mi propia historia, viviendo una película de aventuras. La entrevista es interesante, hablamos de todo un poco, de la situación actual del país, le pregunto a uno de ellos si es posible cruzar a pie el puente sobre el Bósforo y me dice que tal vez pueda conseguirme un permiso especial, pero que en principio está prohibido. Nos despedimos con la intención de volver a vernos durante esos días y me voy a buscar un lugar para dormir. La luna llena brilla sobre mi cabeza y los minaretes iluminados de la Mezquita Azul apuntan al cielo.

* * *

Al día siguiente llega mi madre; la voy a recoger al aeropuerto, y aunque sé que lo de menos es conocer Estambul, pasamos los siguientes días paseando juntos y descubriendo la ciudad. El palacio de Dolmabahçe a orillas del Bósforo en el que Atatürk, fundador y primer presidente de la Turquía moderna, pasó sus últimos años, la torre de Gálata, el bonito palacio de Topkapi, la plaza Taksim, los atardeceres desde el puente sobre el Cuerno de Oro... No es fácil aceptar que un hijo se va a dar la vuelta al mundo caminando, pero si hay algún protagonista en esta historia, unas personas enteras y pacientes, que caminan a mi lado cada día y cada noche, que sufren en los momentos de peligro y respiran con alivio cuando estoy en un lugar seguro y en buena compañía, que realmente merecen un monumento, esos son mis padres. Una mañana hacemos cola para entrar en la Mezquita Azul, cuando uno de los encargados del lugar me reconoce, ha debido de verme en alguna noticia o entrevista, y nos pasa directamente a los primeros puestos de la fila, ahorrándonos la espera. Nos quitamos los zapatos, mi madre se cubre la cabeza con un pañuelo y entramos al templo de altos techos abovedados, suelos cubiertos con alfombras, vidrieras de colores y enormes lámparas que iluminan la amplia y diáfana estancia. Visitamos una infinidad de lugares y rincones que hacen de Estambul una ciudad única e impresionante por su historia, su cultura y por la magia del enclave en la que está emplazada, a pesar de la multitud de gente y los elevados precios en esas fechas. Esos días también recibo desde España un manillar nuevo para el carrito y me corto el pelo en una barbería turca muy auténtica escondida entre callejuelas. El periodista que conocí a mi llegada me comunica que no ha podido conseguir el permiso para cruzar a pie el puente sobre el Bósforo y me hago con un mapa con el que preparar el itinerario por la parte oriental de Turquía. En cuanto a noticias de patrocinadores, sin novedad en el frente.

El 27 de julio, después de unos días excepcionales, acompaño a mi madre al aeropuerto, con intento de estafa incluida por parte del taxista, y nos despedimos con un abrazo y un hasta pronto intenso y emotivo. Recojo mi carrito del hotel y, sin mirar atrás ni dejar lugar para la tristeza, con convicción y determinación, cruzo el estrecho del Bósforo y pongo por primera vez en mi vida los pies lo más lejos que he estado nunca de mi casa. Asia, la prueba de fuego, el dragón. Un continente enorme en el que entran en juego nuevas variables, visados, idiomas, enfermedades, culturas y ecosistemas muy diferentes a los de mi tierra, y que afronto con profunda intriga y curiosidad. El viaje cobra una nueva dimensión, una nueva vuelta de tuerca, un peldaño más en la escalera de dificultad, no sólo no he estado nunca antes en estos países, sino que los voy a cruzar solo y caminando... Un escalofrío de emoción recorre mi cuerpo al imaginar con la mirada puesta en el horizonte lo que tengo por delante.

Parte II

ASIA, «EL DRAGÓN»

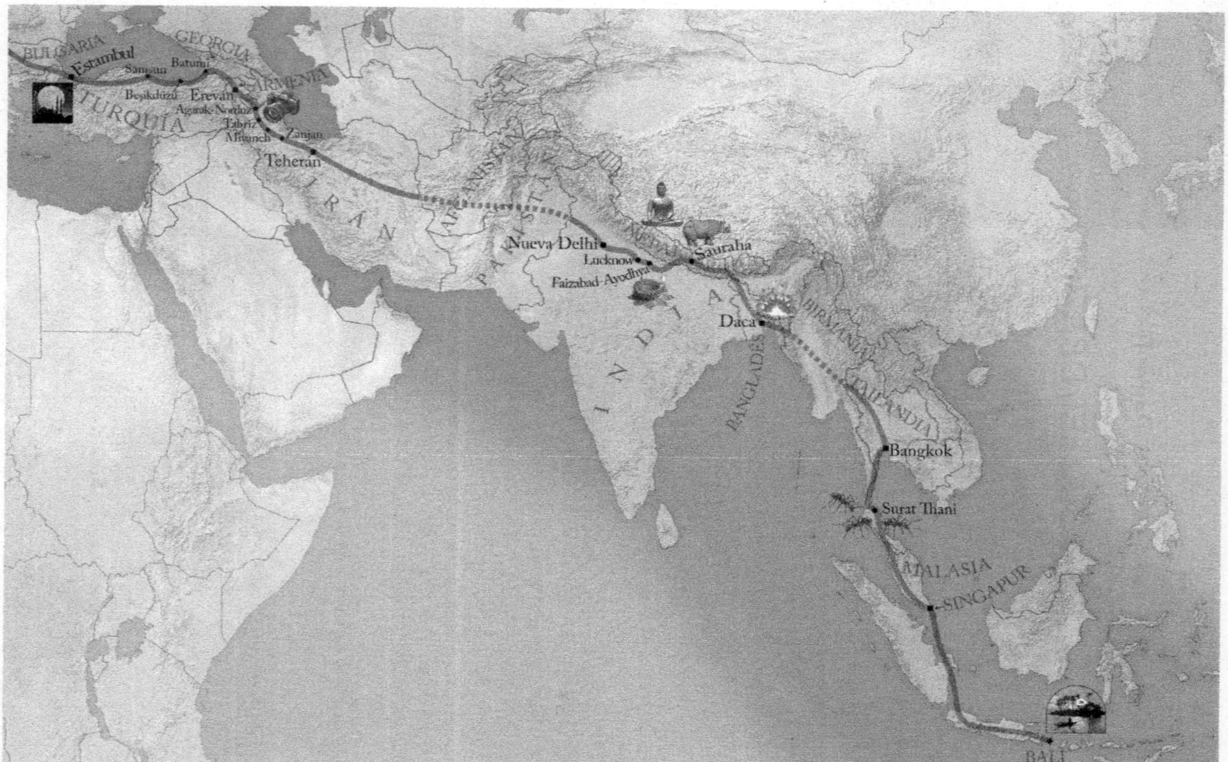

BULGARIA
Estambul
Samsun
Batumi
GEORGIA
Beşikdüzü
Erevan
ARMENIA
TURQUÍA
Agarak-Norduz
Tabriz
Mianeh
Zanjan
Teherán
IRAN
AFGANISTÁN
PAKISTÁN
Nueva Delhi
Lucknow
Faizabad-Ayodhya
NEPAL
Sauraha
INDIA
Daca
BANGLADESH
BIRMANIA
TAILANDIA
Bangkok
Surat Thani
MALASIA
SINGAPUR
BALI

Capítulo 3

El cercano Oriente

Turquía oriental

Voy en la cubierta del ferri que cruza el Bósforo, desde Eminönü hasta Üsküdar, sintiendo la suave brisa en mi rostro y el olor del mar con la mirada puesta al otro lado del estrecho, viendo acercarse lentamente la parte asiática de Estambul, imaginando las tierras remotas, las culturas milenarias y las fascinantes historias que me están esperando. La fortuna me sonríe, el viento sopla a mi favor y quiero desplegar aún más mi vela en esta gran caminata alrededor del mundo. Al llegar al muelle se abren las puertas, bajo con mi carrito por la pasarela y pongo por primera vez en mi vida los pies en Asia. Esta parte de la ciudad es menos bulliciosa que Sultan Ahmet. Doy mis primeros pasos por este nuevo continente con tranquilidad, bordeando la costa, observando a los pescadores y las barcas al atardecer. Aún es ramadán, todavía veo gente reuniéndose a partir de las ocho de la tarde en los parques y la playa para cocinar con sus hornillos y sus mantas, mientras suena el canto del almuecín en las mezquitas. Durante los días siguientes voy dejando atrás el estrecho del Bósforo y el mar de Mármara, alejándome cada vez más de Europa y adentrándome en el interior de Turquía con mucho calor...

Estoy acampado en medio de un campo de árboles frutales. Son las 3:32 de la madrugada y me acabo de despertar con los pies doloridos, pero no ha sido ésa la razón. Ha comenzado a llover, a lo lejos caen rayos como fogonazos blancos que iluminan la noche, los truenos cada vez tardan menos en llegar a mis oídos, y observo cómo la tormenta se acerca implacable. De repente, el almuecín irrumpe con su canto en la noche, convocando a la oración, inundando una atmósfera cargada de electricidad, y el momento cobra un cariz indescriptible, una fuerza y un misterio ancestrales.

Puedo percibir cómo avanzo hacia el este: va pasando el verano y los días son cada vez más cortos. El paisaje es algo montañoso y árido, con ligeros desniveles, bosques de pinos, matorral y cultivos ya secos por el sol. Por primera vez en el viaje, me veo obligado a llevar una garrafa con varios litros de agua en el carro. Cada vez lleno mi estómago con menos, apenas unos melocotones, un tomate, unas aceitunas y un yogur con galletas es mi frugal comida. En ocasiones paro en un *lokanta* (bar de carretera) y tomo un plato de *çorba* (sopa) o *misir* (maíz) hervido; el cuerpo pierde peso y se acostumbra a realizar largas distancias como un hábito diario. Mi intención es dar un pequeño rodeo y recorrer algunos países de la región del Cáucaso. Voy rumbo a Samsun y la costa del mar Negro. Llevo buen ritmo, Turquía es un país muy grande, la mente va con el paisaje y el paisaje ahora es amplio hasta el horizonte. Mis ojos contemplan vastas y extensas llanuras que se pierden en el infinito, bajo el inmenso cielo estrellado.

* * *

Hoy me he despertado a las siete de la mañana, como los últimos días, bastante tarde. No sé por qué, pero últimamente, a pesar de que pongo el despertador a las cinco, a esa hora estoy todavía cansado y no me apetece levantarme, por lo que aún me quedo un par de horas más en el saco. Puede que sea el calor que está haciendo o que no me estoy alimentando lo suficiente para los esfuerzos que realizo, el caso es que me pongo en marcha cuando el sol está ya alto y, créeme, a las nueve el sol pega de frente con bastante intensidad. Me puse en camino a las ocho, en ayunas y con sensación de fatiga. Apenas tenía quince liras turcas, unos seis euros, por lo que debía pensar bien en qué las gastaba. Al poco de caminar, compro una botella de litro y medio por una lira, el agua es lo más importante, sobre todo teniendo en cuenta el calor que hace y los desniveles que hay en esta zona de Turquía, que le hacen a uno perder bastante líquido. Al cabo de una hora compro dos manzanas y dos peras por dos liras en un puesto de carretera; me saben a gloria y me imprimen algo de energía mientras alcanzo un *kebabi* en el que decido detenerme a invertir el resto de mi capital. Consigo entenderme con la mujer que regenta el negocio que, como suele ser común, también es su casa, por lo que me siento en una especie de salón con mesas, una cocina adosada y decoración con paisajes y motivos turcos por las paredes. Me encuentro a gusto, salvo que uno nunca sabe qué cantidad de comida le van a dar por diez liras, lo que he acordado pagar. Como un plato de kebab de cordero, con una ensalada, pan y té. Me despido agradecido con un *teşekkür ederim* y vuelvo a la carretera. Voy subiendo puertos y bajando cuestas a lo largo de un valle por el que transito encajonado y, finalmente, alcanzo Gümüshacikoy, una población de quince mil habitantes, a las cinco de la tarde. Busco un cajero del que sacar dinero y me dirijo a una tienda para hacer algo de compra. Estoy hablando con el chico de la tienda cuando, en éstas, llega un hombre en una moto de *rally*, lleno de polvo y con pinta de estar realizando un largo viaje, y se detiene justo en la puerta de la misma tienda para comprar una botella de *red wine*. Inicio una conversación con el canadiense, un alto y curtido motorista de sesenta años que está dando la vuelta al mundo en moto por el paralelo 45°. Charlamos un rato a las puertas del establecimiento, en un pueblito de Turquía al que hemos llegado desde remotos lugares del planeta, él con su moto y yo caminando, ante la curiosa mirada de la gente que se va deteniendo en la entrada. Me cuenta que viene de Vladivostok (Rusia), que ha atravesado Kazajstán, Uzbekistán, Mongolia, Armenia... Lleva una garra de oso colgada del cuello, regalo de un cazador, y mientras me habla me parece ver todavía el fuego crepitando en sus pupilas, iluminando la noche en mitad de la estepa, o dentro de las jaimas de los jinetes mongoles... Lo escucho atentamente, le pregunto acerca de la ruta Panamericana, que hizo también hace unos años en moto desde Alaska a Tierra de Fuego, mientras sonríe henchido de vida con su mostacho y una sonrisa amplia, no sin cierta locura, la locura de aquel que ha vivido mil aventuras, sabe que el mundo es asombroso y que una vida no es suficiente para verlo todo. Nos despedimos con un abrazo y me dice en un español con acento mexicano: «Lo peor del viaje es cuando acaba amigo, ve con Dios». Vuelvo a la carretera, una vez más, a buscar un sitio donde pernoctar. Son las siete y media de la tarde, el sol está ya cerca del horizonte y me pega por la espalda mientras dibuja mi sombra alargada hacia el este, la dirección en la que camino, «siempre hacia el este muchacho, siempre hacia el este». Avanzo raudo, fuerte, pletórico, invadido por el sentimiento misterioso y profundo de la vida, afortunado de estar donde estoy, de sentirme en mi camino y querer más. Y lo más curioso es que apenas he comido, ya no tengo hambre ni me siento cansado, aún podría caminar muchos kilómetros subiendo montañas y cruzando desiertos, hacia el horizonte, siempre hacia el horizonte, porque tengo el espíritu lleno...

* * *

Recojo la tienda del pinar en el que he dormido y paro en el primer *lokanta* que encuentro a comer el típico plato con unos trozos de pepino, aceitunas y queso, *kofte*, unas rebanadas de pan con mantequilla y miel y dos tés. Siempre dejo el carro donde pueda verlo, me siento en la terraza para no perderlo de vista, pues cualquier golpe o despiste puede resultar fatal. La gente pasa mirándolo con curiosidad, hay incluso quien lo toca o intenta moverlo, me pregunta qué es, qué llevo dentro, de dónde vengo y adónde voy... Y así es, hablando con la gente, como voy poco a poco aprendiendo algo de turco. Cuando estoy comiendo se acerca un niño y me besa la mano, no entiendo muy bien por qué, creo que es una manera de expresar afecto, de considerar a un desconocido como de la familia, juego un rato con él, se esconde detrás de mi silla y yo hago como que lo pillo y se ríe. Avanzada la tarde acampo en mitad del monte y me dispongo a tener un reparador descanso; en el cielo, una luna creciente fina y delgada y una lluvia de estrellas fugaces me arropa: esta noche son las Perseidas, también llamadas Lágrimas de San Lorenzo. Al día siguiente, 13 de agosto, tras dos semanas de caminata por el interior de Turquía desde que abandoné Estambul, alcanzo Samsun y la costa del mar Negro.

El mar Negro baña las costas de seis países: Bulgaria, Rumanía, Ucrania, Rusia, Georgia y Turquía, y se comunica con el mar de Mármara a través del estrecho del Bósforo. Camino de nuevo hacia el este bordeando playas y pinares donde la gente acampa, hace fuego y cocina. Hace mucho calor y hay humedad; sin embargo, por una cuestión cultural, poca gente se baña y las mujeres lo hacen vestidas. Cuanto más avanzo hacia el este, me voy adentrando en un país más conservador. La costa va alternando salientes a modo de cabos con entrantes y bahías donde se asientan las poblaciones; es una región bonita, con preciosos amaneceres, a veces incluso veo delfines jugando con las olas. A pesar de ello, es una pena comprobar la cantidad de basura que hay por el suelo. Voy rebasando una a una y paso a paso, caminando, observando, aprendiendo, hablando con la gente, bañándome en el mar, comprando en los pequeños puestos y tiendas que encuentro por el camino, las poblaciones de la costa turca del mar Negro hasta Besikdüzü, donde celebro el 20 de agosto mi primer cumpleaños en el viaje.

Cumplo treinta y tres años, y para celebrarlo cojo una habitación en un hotel para descansar, me ducho, me afeito, lavo la ropa, pongo a punto el carrito y cargo la batería del móvil para hablar con los míos. Me invade la morriña, me acuerdo de mi familia y de mis amigos. Camino solitario, tengo mucho tiempo para pensar y experimento muchas vivencias nuevas y diferentes cada día que es una pena no compartir. Unas noches más tarde me despierto a las cuatro de la madrugada en mi tienda de campaña angustiado por una pesadilla en la que perdía a mi padre. Son días difíciles, me siento algo solo, echo de menos a mi gente y empiezo a tener ganas de terminar de recorrer Turquía, llevo ya mucho tiempo en ella. Me planteo incluso si merece la pena continuar el viaje, porque si algo me preocupa más que mi propia vida es perder a un ser querido mientras estoy lejos, no poder volver a verlo. Sólo espero que este mal sueño no sea una señal, recojo la tienda y me pongo en marcha cuando todavía es de noche. Poco a poco se me va pasando el sabor desagradable, voy volviendo a la realidad y, al rato de estar caminando, comienza a clarear y contemplo frente a mí los primeros rayos de sol despuntando en el mar sobre el horizonte, regalándome la naturaleza una vez más un precioso amanecer que disipa cualquier atisbo de duda. El nuevo día comienza con fuerza y optimismo, y pienso que, a veces, nos preocupamos más por lo que imaginamos que por lo que realmente ocurre.

Continúo avanzando por la costa, cada vez más cerca de Georgia. Pasado Arhavi monto mi tienda de campaña en una explanada de tierra frente al mar. Dejo el carro y bajo a las rocas a lavarme, me siento con cuidado en una de ellas a asearme y lavar algo de ropa. En ese momento llegan tres chicos a pescar, uno es profesor de inglés, se llama Ümit y estamos un rato hablando. Me dice que la frontera está apenas a veinte kilómetros, y en la que parece que va a ser mi última noche en Turquía me invita a dormir en su casa. Pescan *sargan*, un pez fino y alargado de unos veinticinco centímetros de largo, con caña y unos lazos de seda sin cebo en los que enreda el afilado morro, hasta que es prácticamente de noche. Dejamos mi carrito en una estación de pesaje de camiones cercana bajo el cuidado de los operarios, no sin cierto recelo y tras recoger mis cosas de valor, a pesar de que Ümit me asegura que los conoce, y nos dirigimos en coche a su casa. Me trata como un rey. Me doy una ducha mientras él prepara la cena, se ve que no está muy acostumbrado a la cocina, porque no sabe dónde están los utensilios, aun así la cena es excelente y el *sargan* recién pescado, fresco y sabroso. En la casa estamos descalzos, hemos dejado los zapatos fuera, junto a la puerta. Prepara un té y charlamos durante un rato sobre historia, economía, sociedad, religión, una interesante y en ocasiones delicada conversación con la que, en mis últimas horas en Turquía, sigo aprendiendo cosas de este país y aprovecho la cercanía para resolver algunas dudas que tenía. Él defiende su religión, piensa que Estados Unidos e Israel confabulan para desintegrar los países árabes y que así sean menos fuertes, me cuenta que Turquía tiene minas y reservas de petróleo que, por un acuerdo tras la Segunda Guerra Mundial, no puede explotar hasta el año 2020, los imanes que llaman a la oración cinco veces al día desde los minaretes de las mezquitas son contratados por el Gobierno... Tras esta conversación en la que también tocamos temas como el cristianismo, Atatürk o el Camino de Santiago, me voy a dormir agradecido con mi nuevo amigo y esta última muestra de hospitalidad.

A la mañana siguiente, tras desayunar temprano una nutritiva *çorba* y comprobar que me han guardado perfectamente el carro, nos despedimos con la intención de volvernos a ver algún día, tal vez en España, y seguimos cada uno nuestro camino. Rebaso Hopa, entro en Sarp, unos pueblitos algo sórdidos en el extremo oriental de Turquía, lugares de tierra y polvo, tráfico y miradas taciturnas, por una estrecha carretera pegada al litoral. Camino raudo y confiado y, al doblar una curva, me encuentro la frontera. Me ponen el sello de salida y avanzo por un pasillo como de aeropuerto hasta el control de entrada, específico para gente a pie. Me llaman la atención unas señales en la pared que prohíben llevar pistola —según tengo entendido, en Georgia no es raro tener una—, y hace que me ponga alerta mientras me voy fijando en las caras y la indumentaria de la gente. Me piden el pasaporte y, tras cuarenta y dos días en Turquía inaugurando mi travesía por Asia, me adentro en los países del Cáucaso.

Georgia

Resulta curioso cómo tras una simple línea imaginaria pueden cambiar tanto las cosas. Sigo en Sarp —la mitad de la población pertenece a Turquía y la otra mitad a Georgia—, estamos en verano, a finales de agosto y, mientras en el lado turco las playas del mar Negro estaban prácticamente desiertas, a este otro lado de la frontera me encuentro con una playa abarrotada de toallas y sombrillas, gente bañándose, saltando al agua desde las rocas y bebiendo alcohol, coches de lujo, hoteles, oficinas de cambio, taxistas y un ambiente absolutamente turístico y de lo más festivo. Turquía es un país musulmán, Georgia es cristiana ortodoxa; no es raro ver a algunos turcos pasar al otro lado de la frontera para tomarse unos días de «relax» o, simplemente, comprar tabaco. Tras varias semanas en un país en pleno ramadán, donde lo único que podía escuchar era el canto del almuecín y donde por mi vocabulario básico ya casi me confundían con un turco, este fuerte contraste, esta nueva atmósfera, me produce cierto aturdimiento e intranquilidad. Me han avisado de que tenga cuidado en la frontera con los ladrones y, junto con el hecho de ver carteles que prohíben el uso de pistolas, hace que no me sienta muy seguro. Pregunto en varios hoteles por una habitación para pasar la noche, pero la más barata son cien laris, cincuenta euros, por lo que decido continuar. Me detengo en una terraza a comer *kofte*, lo más familiar que encuentro, en mis primeras horas en Georgia trato de resolver mis necesidades básicas del modo más sencillo posible. La gente me mira curiosa, pido la comida en turco, les respondo en inglés, doy las gracias en español y me despido en italiano, cualquier cosa menos el idioma local.

Pudiera parecer que por el hecho de ir solo y a pie uno es muy vulnerable; sin duda, caminar es el medio de transporte más lento y expuesto, pero precisamente por eso también uno va más atento y alerta a los peligros, siempre en guardia, preparado para reaccionar, con los cinco sentidos puestos en el mundo que le rodea, con plena conciencia de lo que sucede, y de cómo actuar para solucionar los problemas y sobrevivir. Mientras que en la ciudad, en un entorno más cómodo, bajamos la guardia, nos relajamos, somos más dependientes y realmente nos volvemos más vulnerables. Además, creo que el hecho de ir caminando con un carrito, despacio, solo, sin armas, tan inofensivo y desprotegido, hace que mi propia debilidad sea a la vez mi fortaleza, que mi vulnerabilidad se convierta en mi protección. Nadie le presta atención a una hormiga. Estoy inmerso en estas reflexiones cuando paso junto a lo que debe de ser un viejo aeropuerto o una base militar abandonada herencia de la antigua Unión Soviética, grandes praderas y extensiones de hierba al aire libre sin vallas ni muros de ningún tipo, salpicadas de edificios vacíos y con los cristales rotos. Tras pensarlo un poco, me adentro en las instalaciones, dejo mi carrito escondido e investigo el lugar inspeccionando dentro de los edificios y buscando el mejor lugar para montar la tienda de campaña. Parece tranquilo, espero hasta el último momento y, cuando el sol se ha escondido prácticamente tras el horizonte y con los últimos rayos de luz, acampo entre unos arbustos en un ángulo desde el que no se me ve. Cerca hay una pista por la que pasan de largo los coches y, de repente, para uno, el conductor se baja con una escopeta de caza y pega dos disparos al aire. Pienso en recoger y marcharme, pero no se me ocurre un lugar mejor al que ir. Sólo espero que la noche no me salga más cara que los cien laris del hotel más barato.

Y son tantos los paisajes, las montañas, las llanuras, los mares, los valles, los desiertos, las ciudades... Y son tantas las culturas, los idiomas, los países, las gentes, las costumbres... Son tantos los cambios, es tan amplio el abanico, que la mente ha de estar muy fuerte y entera para no sucumbir a la locura y la soledad, para no perder el control de la nave y verse un día en medio de una pradera sin luz, ni estrellas ni aire, sin nada a lo que agarrarse. Uno crece y se educa en un lugar, una cultura, un discurso, una manera de ver, hacer y entender las cosas, y en esa posición se reafirma la persona. Pero cuando la mente viaja a lugares tan dispares y variados, llega un día en que quiere volver al hogar y no sabe dónde está, y queda condenado a vagar como un meteorito en el silencio, la soledad y la oscuridad del espacio.

Recojo el campamento cuando amanece. Es mi primer día en Georgia y no quiero ningún problema con nadie, no sé cómo funciona la gente, la policía, y prefiero ir conociéndolo e ir relajándome progresivamente. Hago unas fotos del lugar, que parece sacado de una película apocalíptica, y me pongo en marcha. Antes de entrar en Batumi me desvío hacia el este, rumbo a Akhaltsikhe, población por la que he de pasar de camino a Armenia. Dejo atrás el mar y me dirijo hacia el interior del país. Hay talleres y puestos de sandías, camionetas de color verde militar, y me llama la atención que las vacas anden sueltas por mitad de la calle, ajenas al tráfico. Poco a poco la carretera va ganando altura y se adentra entre montañas, ríos y bosques, un cambio que ya me pedía la mente, tenía ganas de dejar atrás el calor y la humedad de la costa. Me alegra ver la geografía verde y montañosa del Cáucaso a pesar del empeoramiento notable de sus comunicaciones y la dureza de los desniveles, que ya no son esas pistas anchas de varios carriles y bien asfaltadas de Turquía, transito por una pequeña carretera comarcal con baches en la que el tráfico también es menor, y al caer la tarde acampo en una pradera con bellas vistas junto al río Acharistskali.

Al día siguiente me despierto a las seis de la mañana, tras una buena noche, y el valle amanece inmerso en una niebla que poco a poco se va despejando y deja un cielo limpio en el que brilla potente el sol. Desayuno unas pastas, plátano y Nocilla, y me pongo en marcha. La carretera remonta el curso del río, que transcurre abriéndose paso entre cortados y meandros: debo estar atento porque avanzo entre paredes de piedra suelta y precipicios sin protección. Al rato, con el corazón en un puño, me parece ver un lobo a lo lejos saliendo de entre los árboles, y lo sigo con la mirada hasta que vuelve a perderse en el interior del bosque. Llevaba tiempo preguntándome si en esta región, con tanto bosque y montaña, no habría lobos y osos. Sé que las poblaciones de ambas especies están muy mermadas, pero mis sospechas se confirman y hacen que extreme las precauciones y pase las noches en duermevela, alerta ante cualquier sonido. Hacia las seis de la tarde me adentro por un camino y acampo de nuevo en una explanada junto al río.

* * *

Tras una buena noche sin noticias de lobos ni de ladrones me pongo en camino. Rebaso la población de Khulo y a partir de ahí la carretera se convierte en una tortura llena de baches, piedras y agujeros a la que no se puede llamar ni pista forestal. Voy ascendiendo lentamente y de manera lastimosa; mi carrito sufre mucho y temo que se le parta el eje de alguna de las ruedas y me deje tirado. Por fortuna, según voy ascendiendo el paisaje es más bonito, con buenas vistas sobre el valle. A las cuatro de la tarde, tras treinta kilómetros con rampas del 10% de desnivel, alcanzo el Alto de Goderzi, a 2.025 metros de altitud. Hay varias cabañas de madera, que son de los pastores que habitan estas alturas; sus mujeres visten con pañuelos en la cabeza y unas características faldas largas. Entro en una atraído por el olor a comida y un letrero en la puerta en el que imagino que pone «restaurante». Un hombre sale a recibirme y le hago un gesto de comer llevándome la mano a la boca. Debe de contarme lo que tienen, pero como no le entiendo señalo lo que están comiendo en una mesa, pasta con queso, y le indico que me ponga uno. Echo un vistazo rápido a la estancia y me siento en una mesa que hay al fondo con la espalda dando a la pared y desde la que puedo controlar mi carrito por la ventana. Me gusta dar la cara, que me vean y controlar qué ocurre y quién entra. En la mesa contigua hay un grupo de tres hombres, uno de ellos es policía; están de buen humor y beben cerveza. No entiendo nada, pero me gusta la situación, estoy a gusto. En estos momentos el lenguaje postural, los gestos, las miradas y la presencia, cobran gran relevancia. A veces parece el salvaje Oeste, miradas taciturnas, gestos fruncidos, pero en esta ocasión el ambiente es relajado. Termino mi plato, pago ocho laris, me despido y vuelvo al camino. A partir de ahora es cuesta abajo y ha refrescado, he de apresurarme para encontrar un buen lugar donde pernoctar. Toda la arista de la cumbre y el valle están salpicados por cabañas de cuyas chimeneas sale humo, algunos niños juegan mientras los adultos terminan la faena en los cultivos y las vacas vuelven al establo al atardecer: una bonita postal. Intercambio unas sonrisas con un anciano y unos niños que encuentro en la bajada y, al rato, me adentro entre los pinos y monto la tienda de campaña. Los pastores son los únicos que observan mis movimientos, siempre atentos desde sus atalayas, en la ladera de una montaña o en mitad del campo, al amanecer y al atardecer observan cómo me adentro por senderos en busca de un lugar tranquilo y oculto para acampar. Y yo confío en ellos, sé que no tengo nada que temer, pues son seres solitarios que pasan las horas en medio de la naturaleza, con la única compañía de los elementos.

* * *

Es una hora más que en Turquía y dos más que en España. Si bien hasta ayer atravesaba la sierra de Shavsheti, a partir de hoy me adentro en la sierra de Erusheti, ambas al sur de Georgia, frontera natural con Turquía y con altitudes entre los dos mil y los tres mil metros sobre el nivel del mar. Me encuentro fuerte, motivado, pletórico. Estar al aire libre, inmerso en la naturaleza y en contacto con los elementos me dota de una energía, una vitalidad y un espíritu con los que realizar grandes esfuerzos sin apenas cansarme. La naturaleza es vida, es salud, es belleza, es honestidad, es fantasía y en ella estoy en mi sitio. Y yo no sé si es un sentimiento limpio, puro o bueno, tal vez sólo sea un pensamiento crudo como la vida misma y certero como el rayo, pero yo no me he embarcado en esta aventura para ser políticamente correcto, no estoy poniendo mi vida en juego para decir lo que los demás quieren oír, sino para llamar a las cosas por su nombre y decir la verdad: hay gente que no me creía capaz de realizar lo que estoy haciendo, y yo creo que muchos juzgan sin saber y no ven en el mundo y en los demás más que el reflejo de sus propios miedos y limitaciones. La mayoría de los comentarios que recibo son positivos, de admiración y respeto; sin embargo, siempre hay alguno hecho desde la ignorancia y el desatino. Lejos de desanimarme, produce en mí un fenómeno que he denominado *inversión cerebral:* tal como ocurre con el sentido de la vista, en el que la imagen atraviesa la pupila, se proyecta de manera invertida en la parte de atrás de la córnea y luego es el cerebro el que interpreta la señal y le da la vuelta, mi oído escucha esos comentarios desacertados y mi mente les da la vuelta, convirtiéndolos en viento a favor, fuerza, motivación, empuje... Rebaso las poblaciones de Akhaltsikhe y Aspindza, y la frondosidad de los días anteriores desaparece y deja paso a montañas rocosas y áridos paisajes. Una tormenta oscurece el cielo al fondo del valle y las nubes poco a poco se ciernen sobre mí. Sopla un viento fuerte con olor a lluvia, busco un lugar resguardado y monto la tienda. Justo cuando he terminado rompe a llover con fuerza y me refugio en su interior.

ANIMAL HUMANO

Durante este viaje te vas asilvestrando progresivamente, asalvajando tal vez, pero sin perder nunca la educación y el respeto: tu integridad. Afloran los instintos más básicos, la vida se vive a flor de piel con una intensidad y una conciencia exacerbadas. Los sentidos se agudizan atentos a cualquier sonido, cualquier movimiento, cualquier gesto. Cosas que siempre habían pasado desapercibidas, sin importancia, se vuelven relevantes. Aprendes a descifrar con la mirada signos, señales, el sueño se vuelve ligero y algunas noches se pasan en duermevela, ruidos que no reconoces suenan a tu alrededor... El espíritu se despierta y la mente se pone alerta ante cualquier situación. Son muchas las nuevas situaciones a las que uno se enfrenta, nunca vividas con anterioridad, cientos de días y de noches adentrándote por senderos inexplorados. Elevado el grado de soledad y de desprotección, casi siempre solitario, fuera de tu cultura, lejos de tu gente y, a menudo, inmerso en la cruda naturaleza. Has de permanecer atento siempre ante la posibilidad de una amenaza y extremar las precauciones, pues pasas muchas horas a la intemperie, expuesto día y noche a los elementos. Las necesidades básicas se vuelven grandes preocupaciones que nunca has de desatender: alimentación, agua, salud y reposo. Tus escasas pertenencias son valiosas herramientas con las que afrontar el día a día, has de cuidarlas. Rozas la supervivencia. Las prioridades cambian de escalón, la mente se reorganiza y el mundo ocupa ahora un lugar distinto, más claro, más evidente, más profundo. Caes en la cuenta de que la comodidad aletarga, el confort anestesia, y que en la crudeza hay una honestidad a menudo olvidada, allí donde el hombre tiene la oportunidad de serlo de verdad, de demostrar lo que vale, de demostrar quién es, de qué está hecho. Impostores y embaucadores salen de entre las sombras y se vuelven rojo carmín sobre fondo blanco. Gente humilde, sencilla y buena, un oasis, sustento del alma en el frío espacial. Y la vida, un tesoro tan preciado que estás dispuesto a defenderla como una bestia.

El 2 de septiembre y tras una travesía de ocho días por Georgia, pongo rumbo a la frontera con Armenia. A mi izquierda queda el lago Madatapa, echo una última foto a un rebaño de ovejas pastoreado por una mujer a caballo que, al verme, se acerca al galope hasta mí. Es una guapa pastora de melena negra recogida en un moño; hablamos un rato tratando de entendernos con gestos y miradas, antes de decirnos adiós. Con este último encuentro me despido de Georgia. Se llama Nerine. Entonces, cruzo la frontera.

Armenia

Hay un primer control de salida en Georgia. Los policías que hay en la frontera observan con incredulidad aparecer de la nada a un tipo caminando y que empuja un carrito azul. Les cuento el viaje en el que estoy inmerso, les enseño el pasaporte y algunos recortes de prensa con noticias de mi aventura, y acabamos haciéndonos algunas fotos. Me encuentro con dos kilómetros inhóspitos de territorio neutral entre ambas fronteras. Pasa por mi cabeza acampar ahí, pues no me gusta entrar en un nuevo país al atardecer, pero no creo que sea el mejor lugar, así que decido proseguir y acabo entrando en la desaparecida república soviética de Armenia casi a las siete de la tarde, tras pasar la aduana y esperar que me estampen el correspondiente sello. Tras una jornada de cincuenta kilómetros y cuando ya es prácticamente de noche, planto la tienda de campaña en una humilde zona rural de ganado y pastoreo, cocino pasta con chorizo en el camping gas, me curo una ampolla que me ha salido en el pie izquierdo y me echo a dormir. En ese momento recibo una llamada: es mi primo Pablo, que me da la estupenda noticia de que se halla en Ereván y viene a encontrarse conmigo en algún punto del camino en los próximos días.

El verano va prácticamente tocando a su fin y, junto con el hecho de que tengo un saco de dormir fino y ligero y a esta altitud las temperaturas son más bajas, hace que lleve varias noches pasando algo de frío. Además de las palizas que me estoy dando, desde que abandoné Estambul y entré en Asia no me he tomado ni un día de reposo. Recojo la tienda al alba y me pongo en camino viendo el sol aparecer tras las montañas. Avanzo por largas rectas a través de extensas y áridas estepas, y subo y bajo cuestas por un paisaje casi desértico, vegetación arbustiva y sin apenas una sombra en muchos kilómetros salvo algún tejadillo puntual y pequeños pueblitos que encuentro en la carretera. Paro en una gasolinera destartalada y me siento en la escalera a comer algo de pan con embutido ahumado, cuando se acerca el hombre que regenta el negocio y me invita a un café en la oficina que también debe de ser su casa, un cuarto con dos catres, una mesa y un televisor. Prepara café en el hornillo eléctrico que tiene en el suelo mientras me enseña orgulloso unos dibujos que ha hecho. Parece que los hubiera hecho un niño. En ellos hay una cruz y gente, creo que tienen connotaciones religiosas; son su obra, su compañía en ese solitario lugar. Me regala unas ciruelas y una manzana, yo le regalo varias hojas de mi libreta, y continúo la marcha. Me llama la atención el circuito de tuberías amarillas que transcurre a la vista durante kilómetros, esquivando los accidentes del terreno. Más tarde me enteraría de que transporta el agua caliente a las casas. En otra ocasión veo a varios obreros que reparan la calzada, y en vez de usar una hormigonera y una apisonadora, llevan un horno en un remolque y con una tea rellenan a mano uno a uno los agujeros vertiendo una especie de asfalto líquido mientras otro peón va detrás tapándolos, echando tierra con una pala. Otro día, en un puesto de la calle en el que varias mujeres venden fruta, me detengo a comprar manzanas y melocotones, mientras me preguntan curiosas de dónde vengo y qué llevo en el carrito. Les cuento que vengo de España caminando y se quedan tan sorprendidas que cuando les voy a pagar no me quieren cobrar, es más, cogen la bolsa y meten en ella más ciruelas, manzanas, uvas... Les pregunto con un gesto, encogiéndome de hombros, por qué no quieren cobrarme y me responden apuntando con la mano al cielo, como queriendo decir: «regalo de Dios».

MESAS

Camino por una pequeña carretera de Armenia que atraviesa un bonito pueblo, no me preguntes cuál. A ambos lados de la carretera hay casas en cuya entrada suelen sentarse sus habitantes a vender sus productos. Se sientan en un banco o en sillas a la sombra de una higuera y sobre una mesa exponen su género. Unos venden fruta y verdura de su huerto; otros, miel y productos derivados de las abejas. Continúo avanzando y veo que sobre su mesa un vecino expone quesos, debe de tener vacas y ovejas; más adelante, otro ha colocado bebidas y alcohol. Y así a lo largo de la carretera, cada uno pone en su mesa aquello que fabrica o recolecta en su casa y lo vende a los que pasan por ahí. Yo voy caminando, observando, y compro alguna cosa mientras charlo con la gente. Cuando ya estoy casi a las afueras del pueblo y los puestos empiezan a escasear, veo a un hombre mayor sentado en su banquito, no tiene nada sobre la mesa y mira curioso mi carro. Me acerco, le cuento cosas de mi viaje y al final yo también le pregunto con curiosidad: «Y usted, ¿qué vende?». Me mira sonriendo y, tranquilamente, me dice: «Mesas, ¿no lo ves?».

Llevo un par de teléfonos móviles, ambos liberados. Uno lo traigo desde el comienzo de mi viaje con una tarjeta SIM española que reservo para emergencias. El otro fue un regalo de Aleksandra a mi paso por Serbia. Como todo móvil antiguo, la batería dura muchas horas y es el que llevo a mano y uso en mi día a día. En cada país compro una tarjeta SIM de la compañía local con mayor cobertura y se las voy cambiando a este último; los mensajes y las llamadas dentro del país salen muy baratas y cuando me llaman desde España no pago *roaming*. Es la mejor manera de estar comunicado teniendo en cuenta que no tengo internet en el móvil. Otra cosa diferente será tener saldo, cobertura y batería al mismo tiempo. Al no tener placa solar voy cargando la batería del móvil en tomas a la red eléctrica, y como en cada país los enchufes tienen un diseño diferente, llevo conmigo un adaptador universal para todos los tipos de entrada que me voy encontrando alrededor del mundo. En fin, como se podrá imaginar el lector, entre mi material llevo una bolsita llena de cables, cargadores y adaptadores sin los cuales no podría usar el ordenador portátil, la cámara de fotos y el teléfono móvil, y que parecen ser ya un elemento indispensable en todo equipaje. En una de esas rectas largas y solitarias me llama mi primo para decirme que viene a mi encuentro; quedamos en Mastara y, como si nos hubiéramos sincronizado, llegamos exactamente a la vez. No me lo puedo creer, voy bajando una cuesta a la entrada de dicha población cuando justo lo veo apeándose de un taxi. Nos damos un abrazo celebrando el encuentro en ese lugar perdido de la mano de Dios, compramos algo y nos sentamos a la sombra a comer, charlar y ponernos al día. Viene de pasar unos días en Irán, el siguiente país en mi ruta y en el que tengo puesta la mirada prácticamente desde que salí de España. Palabras mayores. Hay bloqueo bancario, no se puede sacar dinero del banco ni recibirlo a través de envíos, por lo que tienes que llevar en el bolsillo todo lo que vas a necesitar durante tu estancia en el país, con el consiguiente riesgo de perderlo o de que te lo roben. Internet también está bloqueado, no puedo acceder a mi web, *e-mail* ni redes sociales. Además, está la guerra de la vecina Siria: Estados Unidos y la Unión Europea acaban de decidir intervenir en el conflicto y, siendo Irán aliado de Siria, la situación para un occidental en Irán se podía complicar bastante. A esto hay que sumarle un visado de sólo un mes para recorrer más de dos mil kilómetros y para el que hace falta la carta de invitación de un iraní. Una de las dificultades de este viaje es atravesar a pie los países en el tiempo concedido en los visados, por lo que con total seguridad tendría que solicitar una extensión una vez estuviera dentro, algo que no veía muy claro que me fueran a conceder. Y para rematarlo, la sombra del terrorismo que planea sobre todos los países islámicos. Sin embargo, Pablo había venido a ayudarme. Nos ponemos a caminar mientras me cuenta que, a pesar de que Irán es un país árido de leyes estrictas, su población es muy hospitalaria, y que él se encarga de tramitar mi visado. Cuando prácticamente está anocheciendo, coge un autobús de vuelta a Ereván, se lleva mi pasaporte para realizar las gestiones oportunas y yo me dedico a buscar un lugar donde acampar. Quedamos en vernos en un par de días por la capital, donde afortunadamente un malagueño que lleva varios meses residiendo ahí ha contactado conmigo por internet y me acoge en su casa.

El viernes 6 de septiembre alcanzo Ereván. Tras tres horas entrando en la ciudad, alcanzo la calle donde vive Alejandro, el malagueño. Comparte casa con jóvenes de varios países, que me reciben con los brazos abiertos. Durante los próximos días aprovecharé para recorrer la ciudad y tener unas ligeras nociones sobre la interesante historia de este país. Además, tendré la fortuna de conocer a Simón, Araz y Mina, una familia de refugiados de la guerra de Siria, un ejemplo de los miles de personas inocentes que tienen que abandonar el país porque su casa en Alepo ha sido bombardeada, y que me abren las puertas de su hogar y me sientan a su mesa como un miembro más de la familia en una demostración de humanidad y hospitalidad. Y son esos momentos en los que sientes que la vida te está dando una verdadera lección de lo que es compartir en la escasez y de la belleza del ser humano. En compañía de mis nuevos amigos y de mi primo Pablo, visitamos el complejo de la Cascada, la Ópera, la plaza de la República, el Museo del Genocidio Armenio... Durante los años de la Primera Guerra Mundial, el Imperio otomano exterminó aproximadamente a un millón y medio de armenios, masacre en parte responsable de la gran diáspora —se calcula que de los doce millones de armenios que hay en el mundo, sólo tres millones viven dentro del país—. Durante estos días voy planificando también la travesía que tengo por delante, así como mi entrada en Irán. Mi primo ha conseguido el visado en un par de días y por noventa euros, tramitándolo a través de una agencia de viajes. Contacto con la Embajada española en Teherán para dejar constancia de mis intenciones, preparo con la mayor exactitud posible el itinerario por el país y pongo a punto mi carrito y el equipaje con el propósito de realizar largas jornadas con el menor peso posible. Envío a España un paquete con material que no uso mientras espero otro con equipo de invierno para los meses próximos. Voy a recorrer lo que me queda de Asia en los meses de otoño, invierno y primavera, para evitar precisamente los monzones de verano. Tras una semana en Ereván, me despido de Pablo y de mis nuevos amigos con algo de morriña —«difícil fue llegar, pero más difícil aún fue marcharse»—, retorno de nuevo al camino y continúo mi aventura rumbo a lo desconocido. El viaje sube un nuevo peldaño, da un giro de tuerca más.

Voy cruzando pueblos hasta pasado Artashat, donde acampo a última hora del día frente a la cumbre nevada del monte Ararat, la montaña sagrada de Armenia en territorio turco, un volcán inactivo de 5.165 metros de altitud en el que, según la tradición cristiana, se posó el arca de Noé tras el diluvio universal. Continúo mi ruta por un brazo alargado que se extiende al sur del territorio armenio, dejando el Alto Karabaj al este y la República Autónoma de Najicheván al oeste. Durante los días venideros voy rebasando áridas montañas y duros desniveles con bastante calor. Tras una larga y pronunciada ascensión alcanzo el Alto de Vorotán, a 2.314 metros de altitud, en la mítica ruta de la seda. Por estas vías transitaban desde el siglo I a. C. gran variedad de productos, como rubíes de Birmania, jade de China, perlas del golfo Pérsico, diamantes de Golconda, ámbar, marfil, porcelana, vidrio, lino..., (además de la mercancía más prestigiosa y a la que la ruta debe su nombre: la seda), conectando China con lugares tan remotos como Samarcanda, Alejandría o Constantinopla. Lejos de ser buen comerciante y ambicionar semejantes alhajas, compro algo de fruta, hago unas fotos y, tras un breve descanso, inicio el descenso. Voy cantando, inmerso en mis pensamientos, reteniendo con mis piernas el peso del carro durante el largo descenso, cuando de repente oigo por detrás que alguien me llama por mi nombre: «¡Nacho!». No doy crédito, me vuelvo sin saber todavía si la voz ha sido real o producto de mi imaginación, comienzo a sospechar que el viaje, el sol, los esfuerzos y la soledad van surtiendo efecto y haciendo mella en mi cordura, y veo a un singular viajero con un gorro de colores y una bicicleta con alforjas acercándose hasta que llega a mi altura. Se presenta, se llama Paco, es español y por lo que veo ya me conoce. Me cuenta que me ha escuchado en alguna entrevista de radio, que vive en Filipinas y que está de viaje por la región. Entablamos conversación hasta que termina bajándose de la bicicleta, caminamos juntos y acampamos al caer la noche frente a un lago en la reserva Spandarian. En el cielo brilla la luna llena, y me echo a dormir pensando en este curioso encuentro en mitad de ninguna parte y las sorpresas que me depara el camino.

Una mañana me despierta un pastor que me ofrece una pistola. Pudiera parecer recomendable, incluso necesario llevar una en mi viaje, sin embargo tener un arma de fuego encima sólo puede traerme problemas, aparte de tener que estar dispuesto a usarla llegado el momento, así que rechazo la oferta y le doy las gracias. Además, a saber si funciona... A partir de aquí, y por primera vez en lo que llevo recorrido por Armenia, el paisaje vuelve a ser frondoso, y a pesar de la dureza del terreno, las montañas y los bosques estimulan mi mente y me imprimen fuerza. Pasado Kapan, inicio la dura y kilométrica ascensión hacia el paso de Meghri envuelto en la niebla. Cuando llego arriba, a 2.535 metros, la máxima altitud alcanzada hasta la fecha en mi viaje, se disipan las nubes y se abren ante mis ojos unas hermosas vistas, recompensa al esfuerzo realizado: bosques mixtos de hayas y robles que cubren las montañas Zangezur con un manto de verdes, amarillos y ocres, y las águilas que planean en el cielo, dominando el paisaje desde las alturas. Inicio el descenso y al caer la tarde acampo en una pradera a poco más de treinta kilómetros de Irán. Es muy probable que, si todo va bien, mañana cruce la frontera... Me preparo algo de cenar, hablo con mis padres para comentarles la situación y al poco se desata la tormenta y comienza a llover. Cuando oscurece puedo oír en la ladera de enfrente el chasquido de las ramas en el suelo con el paso de un animal grande, contengo la respiración y confío en no tener ningún problema esa noche. La lluvia cae con fuerza repiqueteando sobre la lona y suenan ruidos extraños alrededor de mi tienda. Me imagino a nuestros antepasados agazapados, apretados unos contra otros en la entrada de una cueva con los rostros mojados, callados, asustados, expectantes, las criaturas contra sus madres, mirando el cielo, viendo caer los rayos, presas de miedos atávicos y de los instintos más básicos... No hace tanto tiempo de aquello.

* * *

Tras toda la noche lloviendo, me levanto a las seis y media de la mañana, tomo un frugal desayuno y me pongo en camino. Es 24 de septiembre, estoy emocionado, después de tanto tiempo dándole vueltas en la cabeza, tantos meses desde que salí de España, por fin parece que ha llegado el ansiado momento de entrar, nada más y nada menos, que a Irán. Desciendo los treinta y cinco kilómetros de fuertes pendientes hasta Meghri, donde paro en un restaurante a comer y cargar la batería del móvil mientras valoro si cruzar hoy o esperar a mañana. No veo ningún lugar para acampar y pasar la noche, además, me pueden las ganas: quiero cruzar la frontera y poner mis pies en Irán cuanto antes, así que, a pesar de que el día está ya muy avanzado, me dirijo a Agarak. Hay un cartel en el que se lee: «Prohibido hacer fotos», pero el escenario es tan interesante que no puedo sino echar alguna con disimulo, incluso grabar algún vídeo con la mano temblorosa; se palpa la tensión en el ambiente y yo me siento el protagonista de una película. Camino por una carretera entre garitas de vigilancia del Ejército armenio y una alambrada electrificada; al otro lado se encuentra Irán y unas montañas afiladas como sierras. Es la primera vez que estoy en este lugar, tal vez la última, y no puedo evitar tentar a la suerte y hacer alguna foto aun a sabiendas del riesgo que supone, cuando empieza a caer una fina llovizna. Cruzo Agarak, la última población, y me dirijo a la aduana armenia. Consta de dos controles, el primero lo paso saludando mientras que en el segundo me piden el pasaporte y revisan el contenido de mi carrito en una cinta de rayos X. Vuelvo a guardar las cosas diligentemente, me ponen el sello de salida y me dirijo a la aduana iraní...

Irán

He superado la mitad del trámite, estoy un poco más cerca de conseguirlo, pero todavía queda lo más difícil. Para entrar a Irán también hay dos controles. Un soldado con fusil me pide el pasaporte con una amable sonrisa, lo cual me inspira algo de tranquilidad, comprueba que todo está en orden, me lo devuelve y avanzo hacia el segundo control en el interior de unas instalaciones cerradas. Como estoy un poco nervioso casi me lo salto. El agente de aduanas me vuelve a pedir el pasaporte y le estampa un sello mientras otro agente revisa el contenido del carrito; está penado con latigazos llevar alcohol, material pornográfico, incluso una baraja de cartas. Finalmente, y sin mayores complicaciones para mi sorpresa, me dejan pasar. Observo los carteles, pero no entiendo nada, estoy un poco desorientado tratando de encontrar la salida. Me sale al paso el chico de una oficina de cambio, decido cambiar nueve mil drams armenios, por los que me da seiscientos treinta mil riales. Con la cantidad y el tamaño de estos billetes no sé si me cabrán en la cartera; de repente me siento millonario. Ya que habla inglés, aprovecho y le pregunto cuál es la mejor manera de ir a Tabriz, población a la que tengo que llegar en unos días para hacer una entrevista. Sé que hay dos opciones, la autovía y un camino más corto y montañoso que pasa por Kharvana. Me dice que este último no es muy seguro, le doy las gracias y abandono feliz las instalaciones, decidido a tomar la primera ruta, aunque dé un rodeo. Son mis primeros pasos en Irán, no me lo puedo creer. Sin embargo, aún no ha pasado lo peor...

Cada vez que cruzo una frontera me hago una fotografía junto a un cartel representativo para ilustrar que he entrado a ese nuevo país. No sé si sigue estando prohibido, el caso es que me echo un par de fotos junto a una señal de tráfico con la escritura en farsi, cuando dos militares me sorprenden *in fraganti* y con un gesto de la mano me llaman para que me acerque. Me hago el despistado y les indico si pueden echarme una foto con mi carro junto al cartel, ofreciéndoles la cámara, pero no funciona... Y una tensión que en ningún momento ha llegado a desaparecer, a pesar de haber cruzado la frontera, vuelve a aumentar. Se acercan, me piden la cámara e intentan ver la galería de fotos que he hecho con anterioridad almacenada en la tarjeta de memoria, pero no encuentran el botón correcto. En ese momento presiento el final de mi viaje. Sé de otros viajeros a quienes les han requisado la cámara, el ordenador portátil y el teléfono móvil, incluso han acabado en prisión acusados de espionaje, lo que ha acabado con su aventura. Pasan por mi mente los países recorridos, el esfuerzo realizado, el trabajo de la gente que me apoya, el ánimo de una comunidad de seguidores cada vez mayor y, sobre todo, cómo está a punto de esfumarse este sueño. Por unos momentos me veo en comisaría enseñándoles las fotos prohibidas o algo peor, fuera del país, de vuelta a España... Tengo que hacer algo. Obviamente, adivino perfectamente lo que están tratando de averiguar, pero no seré yo quien les indique el botón que buscan. Me piden el pasaporte, se lo entrego junto con unos recortes de prensa con fotografías y noticias en los que se habla de mi vuelta al mundo para que vean que no soy ningún espía. Apuntan mis datos en un cuaderno, y me preguntan qué ruta pienso seguir dentro del país. Observo cómo hacen unas llamadas mientras pasan lentamente los tensos minutos. No entiendo qué dicen y no me huele nada bien. Al final, tras media hora de infarto dilucidando qué hacer conmigo, me entregan el pasaporte, los recortes de prensa, la cámara de fotos y, milagrosamente, me dejan marchar. Guardo mis pertenencias y me pongo en camino tratando de disimular la urgencia por desaparecer de ahí. Es la primera vez en todo el viaje que me alegro de no hablar el mismo idioma, una señal inequívoca de que acabo de entrar en un país en el que los poderes religioso y militar son incuestionables y que he de dejar de hacer el idiota, adaptarme a las normas y respetar las costumbres si quiero que mi viaje continúe. ¡Menuda manera de empezar! Me alejo del lugar pensando qué hacer con la tarjeta de memoria, no sé si tirarla o tragármela. Al final me la guardo en los calzoncillos, preocupado por si cambian de opinión y vuelven a sorprenderme por la espalda, o si me va a suponer un problema a la hora de abandonar el país. Me imagino que ahora tendrán más controlados todavía mis pasos. Entre lo tarde que he cruzado la frontera y el reciente percance está prácticamente anocheciendo. Tras pocos kilómetros por una carreterita sinuosa y sombría en la que uno se siente realmente insignificante, encajonado entre montañas áridas y escarpadas, una alambrada electrificada y el río Aras, me meto por el primer hueco que encuentro entre unos arbustos y monto la tienda de campaña junto a una pendiente con piedras sueltas. No sé si por ser zona militar también estará prohibido acampar, pero espero no tener más problemas y que no me caiga una roca encima. Mañana a primera hora retiraré la tienda y me pondré en camino. Me voy a dormir todavía alterado, pero contento por estar ya en Irán, afortunado por haber conseguido salvar el percance con los militares y pensando que en un solo día de viaje tiene uno más emociones que en un mes entero de la vida cotidiana.

* * *

Recojo la tienda cuando el cielo comienza a clarear. Desde ayer estoy en Irán, pero hasta que no abandone este tramo de veinte kilómetros junto a la alambrada no me sentiré seguro. Cada cierta distancia hay puestos de vigilancia, como pequeñas fortalezas con militares en la torre. Al cabo de un rato me para un coche de la policía fronteriza, me saludan y se quedan mirándome, pensando qué hago a estas horas por aquí, esperando un gesto extraño. Es muy temprano para que haya cruzado la frontera hoy y caminado tanto. Creo que mi cara de sueño me delata y les dice que he dormido entre unos arbustos, el caso es que me dejan marchar sonrientes sin pedirme el pasaporte. Sigo avanzando y, a los pocos instantes, desde una garita al otro lado del río y de la alambrada, en el lado armenio, unos soldados armados con fusiles me vociferan algo que no entiendo señalando hacia atrás, como queriendo decir que me dé la vuelta y deshaga el camino, o que me he pasado el control fronterizo. Deben de ser cerca de las siete de la mañana y la carretera sigue en sombra y desierta. Les grito que voy a Tabriz y continúo hacia delante con la incertidumbre de no saber si estoy desobedeciendo una orden militar mientras siguen gritando. No creo que tengan autoridad a este lado de la alambrada, pero ya espero cualquier cosa, que vengan por detrás y me arresten. Desde que crucé ayer la frontera estoy en constante tensión: deseo alejarme de esta zona y adentrarme en el país cuanto antes, pero caminando lleva tiempo... Pienso que en coche, incluso en bicicleta, ya habría salido de aquí. Al cabo de otro rato paso por una garita iraní y el soldado me saluda amablemente, lo que me tranquiliza sobremanera y me hace entender que todo está bien, que todo está en su sitio. Continúo avanzando y al pasar frente a otro castillete varios soldados me vuelven a pedir el pasaporte. Son chavales jóvenes y el ambiente es distendido. Hacen las comprobaciones pertinentes y me dejan marchar. A partir de aquí abandono el estrecho y sombrío corredor entre montañas, la alambrada electrificada, y el cielo y los campos vuelven a abrirse con amplitud ante mis ojos. Entonces, respiro aliviado con la sensación de que, ahora sí, ya puedo decir que he superado la frontera y estoy en Irán. El resto del día transcurre tranquilo: voy disfrutando del paisaje, del sol, de los cultivos y de la gran variedad de montañas, montañas de todos los tamaños, colores, formas y texturas. Impresionante escenario, a un lado Irán, y al otro Armenia y Najicheván. Al caer el sol acampo en una explanada rodeado de un paisaje lunar, viendo un precioso atardecer y sintiéndome un privilegiado por poder contemplar esta región del mundo.

Tras una noche excelente, desayuno una manzana y unas cucharadas de miel y me pongo en camino. Tras varios kilómetros cuesta arriba alcanzo un pueblito en el que hay un local donde ofrecen comida, pero está cerrado, así que pregunto al vecino. Éste llama al dueño del local y enseguida se presenta un chico con algunos chavales. Hablamos un poco, me prepara un kebab y una ensalada, y les cuento el viaje en el que estoy inmerso mientras aparece más gente. Nos hacemos unas fotos, me regalan pan y comida, y reanudo la marcha fortalecido y agradecido con sus habitantes. Fue éste el primer contacto real que tuve con la población iraní, esa gente amable de la que había oído hablar.

En Tabriz coincido con un par de ciclistas de Alemania y Eslovaquia que hablan con desprecio e ignorancia de la sociedad persa, una actitud típica de aquel que cree venir de una cultura superior, y empiezo a sentir que cada vez tengo menos en común con esa Europa acomodada y etnocentrista de la que procedo. Otros viajeros me comentan también que hace poco, en la zona de Zanjan, han atracado pistola en mano a varios ciclistas, comentarios que vierten gratuitamente en tus oídos y hacen que estés alerta, temeroso, y no disfrutes en absoluto de los lugares por los que pasas. Tras este breve contacto con la cultura occidental, resuelvo continuar solo y a mi aire. Si algo voy aprendiendo durante mi caminata es que no hay una cultura mejor que otra; son simplemente diferentes, y ésa es la magia. Has de viajar y visitar los países desde el respeto y la humildad, sin juzgar, cambiando la mentalidad para poder comprender, acercándote con curiosidad a sus gentes y a su historia, tratando de aprender y fundirte con las costumbres que cada país te ofrece para no perderte las maravillas y los misterios que esconden en su interior. Si hay alguien débil e inferior cuando está fuera de la cultura y el ecosistema en el que ha crecido, ése eres tú, todavía más cuando viajas solo y a pie, el medio de transporte más desprotegido y vulnerable que existe.

Camino por las ajetreadas calles absorbiendo detalles como una esponja, aprendiendo mis primeras palabras y los números en persa, comprando en los puestos de fruta, verdura, especias y frutos secos mientras me familiarizo con el uso de los riales y los tomanes. Me llama la atención la gran cantidad de talleres que hay, talleres de ladrillo en medio de descampados, pues la mayoría de los vehículos son tan viejos que requieren constantes reparaciones: los camiones Amico, las camionetas azules Zamyad, los coches Saypa y Samand echan un humo tan negro y pestilente por el tubo de escape que pasa incluso por mi cabeza la idea de llevar una mascarilla. Aprendo que cruzar de una acera a otra es deporte de riesgo y hay que tirarse entre el caótico tráfico si quieres pasar. Trato también de ir allanando el terreno que tengo por delante y comienzo a pensar en los visados para los siguientes países de mi itinerario, la India y Bangladés, así como en ponerme la vacuna contra la fiebre tifoidea y conseguir un medicamento de emergencia en caso de contraer la malaria, pues me voy acercando a la región de Asia Central y no hay vacuna para esa enfermedad. Del mismo modo, hablo con Pari y Freydoum, un matrimonio de médicos iraníes que me espera en Teherán para alojarme, amigos de Mina y con los que contacté a mi paso por Ereván. Inmerso en estas primeras sensaciones y pensamientos voy caminando por una suerte de valle algo verde, entre áridos y calurosos parajes.

Estamos en otoño y los días cada vez son más cortos, amanece a las seis de la mañana y a las siete de la tarde es de noche. Apenas hay doce horas de luz y cada jornada tengo que caminar hasta el atardecer para alcanzar Teherán antes de que expire el mes de mi visado. Por lo general, si es tarde cuando alcanzo una población, acampo a la entrada, así al día siguiente aprovecho para asearme, desayunar y comprar comida al cruzarla. Sin embargo hoy, en vez de quedarme a la entrada, cometo el error de rebasar Miyaneh cuando está anocheciendo y con cincuenta kilómetros en mis piernas, lleno de polvo y suciedad, me adentro por un camino de tierra prácticamente a oscuras y acampo en lo alto de una loma donde sopla fuerte el viento. Es un lugar muy expuesto, pero es tarde para buscar algo mejor. Además, el cansancio dificulta los movimientos, tanto que, montando la tienda, con fuerte viento una de las varillas se ha partido. He maldecido mi torpeza y la he arreglado como he podido con cinta adhesiva, un apaño precario para salvar la noche. Estoy metido en el saco, tratando de dormir, el viento sacude con fuerza la tienda, las varillas se doblan, las paredes aletean y se comban, parece que voy a salir volando, trato de enderezarla desde dentro con piernas y brazos, y pongo peso en las esquinas porque el suelo es arenoso y ni siquiera se sujeta bien. A ver cómo paso la noche, mañana terminaré antes la jornada y trataré de arreglarla.

* * *

Al día siguiente camino con un fuerte viento en contra cargado de arena; el paisaje es árido y casi puedo masticar la tierra crujiente con los dientes. A las cinco de la tarde decido acampar en las inmediaciones de Rajein, con la intención de arreglar la varilla de la tienda. Cuando tengo la tienda ya montada, se acerca un hombre mayor que andaba por los cultivos y durante prácticamente un cuarto de hora nos comunicamos mediante gestos y sonidos. Me invita a su casa en el pueblo a cenar y dormir, pero no me apetece desmontar otra vez la tienda. Él insiste hasta que prácticamente es de noche, momento en el que ante mi negativa desiste y se marcha por un caminito. Justo cuando el hombre desaparece, el sol se ha escondido tras el horizonte y me he quedado solo, aparece un grupo de unos diez chavales con motos, me rodean y empiezan a importunarme, coger mis cosas y zarandear la tienda de campaña. En ese momento recuerdo los ciclistas asaltados pistola en mano en Zanjan, y entiendo por qué el hombre insistía con tanto ahínco hace unos instantes que fuera con él. Es una situación tensa que no sabes cómo resolver, si van a ser los típicos chavales de pueblo molestando simplemente al extranjero o si la cosa va a ir a mayores y en la oscuridad y el jaleo va a salir un arma de por medio. Es la primera vez que estoy en una situación así en el viaje, y realmente te das cuenta de que estás vendido, solo, en un rincón perdido del mundo. Recojo como puedo el campamento, ahora sí, corriendo y me dirijo a un negocio abierto junto a la mezquita del pueblo. Lo lleva un chico joven, le explico la situación como puedo y le pregunto por un lugar para pasar la noche a resguardo. Me lleva a su casa, donde vive con su mujer y sus dos hijos. Es la primera vez que entro en un hogar iraní, lo hago descalzo; es una estancia diáfana sin muebles y con la cocina al fondo. Me siento en el suelo, en una alfombra con cojines, y me invitan a cenar arroz con carne que como con las manos con unas hojas de *lavash* y un té ante la curiosa mirada de los niños, que se ríen cuando me ven remover el *gant* con una cucharilla. Conforme vayan pasando los días aprenderé que el terrón de azúcar lo colocan entre los dientes y lo van diluyendo dando sorbos al té caliente. Después paso a la casa de en frente, la de los padres, gente amable que me salva la noche. Allí dejo el carrito y me acuesto en una habitación sobre una manta en el suelo pensando cómo, en apenas unos instantes, mi suerte ha cambiado de un extremo a otro en varias ocasiones. A la mañana siguiente me despierto tras un reparador descanso, he dormido vestido, me lavo y desayunamos unos huevos con *peynir* y *çai*; de nuevo los niños atentos a mis movimientos, esta vez les hace gracia cómo me ato los cordones. Me despido agradecido y vuelvo a la carretera.

Tras una jornada preocupado por la seguridad de la zona caminando a través de kilométricos tramos sin poblaciones, comienzo a preguntar por un lugar para acampar en varias granjas con olivos y frutales que encuentro por el camino. Es algo nuevo en mi aventura, nunca hasta ahora me había acercado a la gente pidiendo cobijo para la noche, y no es sencillo sin hablar el idioma. Hago gestos explicando que viajo a pie, tratando de representar la forma de una tienda de campaña e indicando con las manos que me meto en ella a dormir. Tras varios intentos, me invitan a pasar a una de las fincas. El terreno pertenece a Hamdolla, un amable señor en silla de ruedas, y lo cuida una humilde familia que vive en una pequeña construcción dentro de la propiedad. También están su hijo Farhad y algún otro amigo. Tomamos té, charlamos, les enseño los recortes de prensa y les explico que sólo quiero un lugar entre los frutales para acampar. Hamdolla y Farhad viven en Zanjan, población que dista una jornada de camino y en la que me brindan alojamiento cuando pase por ella. Esa noche, a pesar de mi reticencia, me ofrecen la casita de la finca para pernoctar; la familia que vive en ella con un niño pequeño la deja vacía y conmigo se quedan Farhad y otro chico. Preparan algo de tomate con cebolla y pan para cenar y nos vamos a dormir. Hay un único catre que yo rehúso, pero ante su insistencia y para no ser descortés —al fin y al cabo no estoy en mi casa—, acabo aceptando con algo de vergüenza y ellos dos duermen en el suelo. Una vez más, un derroche de hospitalidad y humanidad que me conmueve y me hace sentir pequeño al observar cómo gente pobre y humilde me abre las puertas de su casa y comparte sin ningún reparo y con una sonrisa lo poco que tiene.

Al día siguiente he quedado con Hamdolla y Farhad en una mezquita a la entrada de Zanjan. Tras una etapa de treinta y cinco kilómetros llego a las cinco de la tarde, pero como no conozco la ciudad ni sé el nombre del templo no lo encuentro. Me acerco a un taller a preguntar y me ponen por teléfono con un iraní que habla inglés, pero se oye fatal y no consigo entender nada. Al final me llama Farhad y me dice en inglés el color de la mezquita: *blue*. Al cabo de un rato nos vemos allí y vamos a su casa, que, para mi sorpresa, es enorme. Cenamos abundante arroz y un cuenco con lentejas y tajín en el suelo de una salita con televisor; la mujer no come con nosotros y el hijo se encarga de recoger. Duermo en el suelo, sobre un futón, y acepto encantado la invitación de quedarme también mañana descansando. Vamos a visitar el Museo de Historia, el bazar y subimos a lo alto de unas montañas desde las que se divisa toda la ciudad. Después de la cena vienen su primo Amir y tres chicas cubiertas con hiyab: Parisa, Fátima y una tercera, que no me puede decir su nombre por estar casada, intuyo. Son hermosas, curiosas y me preguntan muchas cosas. Fátima habla inglés muy bien y hace de traductora. Llevan los ojos pintados y me parecen muy atrevidas y desenvueltas, en contraste con lo que tenía entendido. Me tratan de míster, me dicen que soy guapo y valiente, y que a ver si, cuando termine mi viaje, vuelvo con mi familia y me caso. Mantenemos una conversación agradable de media hora tras la cual se marchan y, como es tarde y mañana continúo mi viaje, nos vamos a dormir. Cada día es una aventura repleta de cosas nuevas y excitantes, y uno está como en un constante estado de conmoción, descubriendo el mundo como lo haría un niño, conquistando con cada paso nuevos territorios lleno de sorpresas. A la mañana siguiente me regalan una bolsa con fruta de la huerta de Hamdolla en la que dormí hace unos días, los hombres nos despedimos con tres besos en las mejillas. Le iba a dar la mano a la madre, pero Farhad me indica con un gesto que no, simplemente le digo: *Joda Fes*, y deseándonos volver a vernos pronto me pongo en camino. *Insha'Allah.*

Sopla un viento fuerte y gélido proveniente del norte, de Rusia y del mar Caspio, que se extienden tras los montes Elburz, cubiertos por una masa de nubes y aire frío, y me veo obligado a ponerme la chaqueta cortavientos porque la parte izquierda del cuerpo y en concreto el oído se me están quedando congelados. A media mañana me encuentro con Nasser, un hombre al que conocí hace unos días en un restaurante y me invitó a su casa cuando pasara por Hidaj, población que alcanzaré mañana. Me da su teléfono y dirección y repite su propuesta. Tras una noche fresca pero tranquila, acampado en un edificio en construcción en mitad de ninguna parte, prosigo el camino. A las pocas horas vienen de nuevo a encontrarme al camino Hamdolla con su esposa y Farhad.

Me alegro de volver a verlos; tomamos té y, al despedirnos, me regalan otra bolsa de comida y un millón de riales que me cuesta aceptar. Vuelvo a la carretera tratando de entender por qué soy tan afortunado... Cuando llego a Hidaj llamo a Nasser, que viene a buscarme, y por el camino me presenta a medio pueblo que es familia suya. Me lleva a su lugar de trabajo, un taller en el que hacen figuras de bronce para ornamentación, y me presenta también a sus compañeros. Cuando nos vamos a hacer una foto saco el pulgar de la mano hacia arriba como he hecho en tantas ocasiones con anterioridad y uno de ellos me indica con discreción que lo baje: por lo visto es un gesto feo equivalente a un corte de mangas, una muestra más del choque cultural. Lejos de ser un problema, es motivo de broma y en la siguiente foto sacamos todos el pulgar hacia arriba sonrientes. Afortunadamente, lo he aprendido en un ambiente informal... Ha venido una gran parte de su familia y pasamos a cenar en una habitación. Me llama la atención cómo algún miembro de edad avanzada se sienta con absoluta comodidad y naturalidad en el suelo. Comemos *pilow* con kebab, *tuh*, fruta y zumo de manzana. Después, pasamos al salón donde, para mi sorpresa, me encuentro con que hay más invitados esperándome, son estancias espaciosas y la gente se sienta sobre cojines a los lados. Me preguntan cosas relacionadas con mi trabajo, estudios, dinero, el viaje. La jornada ha sido larga y estoy algo cansado, pero accedo a responder de buen grado. Ojean mi pasaporte y mi diario con verdadera curiosidad. Tras una agradable velada, nos despedimos y me voy a dormir sobre una manta en el suelo. Aún me quedaría un día más en Hidaj disfrutando de una jornada de campo con mis nuevos amigos, echándoles una mano a guardar alubias en sacos y descansando a la sombra mientras pensaba mirando un trozo de tierra labrada en la magia de la evolución y la diversidad del ser humano, cómo a lo largo de la historia y del ancho mundo ha ido construyendo culturas y levantando civilizaciones tan diferentes cada una con sus artes y tecnologías.

En esta época es la recogida de la uva, el tomate y la alubia, puedo ver a los jornaleros trabajando en el campo mientras camino. Siento un pequeño malestar generalizado, congestión y dolor de articulaciones. Sin embargo, no me puedo quedar quieto acampado en mitad de ninguna parte, y creo que la actividad física es el mejor remedio para combatirlo. En toda enfermedad hay un componente psicológico, y en este viaje tienes que seguir hacia delante de todas maneras, con dolor de pies, de cabeza, diarrea o fatiga. Vas empujando los umbrales del dolor y cambiando el significado de qué es estar enfermo, si lo estoy es para ir directamente al hospital. El 15 de octubre, una semana antes de que expire mi visado, tras una travesía de más de ochocientos kilómetros por el país y una difícil entrada a la ciudad por la contaminación y el tráfico, alcanzo Teherán.

A partir de aquí tenía tres opciones. La primera, subir hacia el norte rumbo a Turkmenistán, país en el que conceden un visado de tránsito de cinco días, tiempo en el que es imposible cruzar a pie, solo y empujando un carro todo el territorio. La segunda, continuar hacia el este y adentrarme en los peligrosos Afganistán y Pakistán, opción que descarté desde un principio por cuestiones obvias de seguridad. La opción que barajaba era avanzar hacia el sur del país a través de Isfahán y Shiraz, y alcanzar Bandar Abbás, desde donde coger un ferri a la India a través del golfo de Omán. Para cualquiera de las tres variantes necesitaba por lo menos una extensión de visado de un mes más, sin embargo, el dinero con el que entré en el país se estaba agotando y no tenía suficiente para sobrevivir tanto tiempo, por lo que, en vez de llegar a la India en barco, resolví hacerlo en avión desde Teherán a Nueva Delhi. Me pongo en contacto con Pari y Freydoum, quienes me dejan las llaves de su consulta médica para que la use de campamento base durante mi estancia en la ciudad. A la mañana siguiente, sin más demora, me dirijo a la oficina de Asuntos Exteriores en compañía de Pari para gestionar la extensión de visado, ella hace de interlocutora y estoy seguro de que sin su ayuda me hubiera resultado mucho más difícil. Tras varios trámites me conceden una extensión de dos semanas, tiempo que requiero para gestionar el visado a la India y que aprovecho también para conocer la ciudad.

Teherán es una ciudad abigarrada de más de doce millones de habitantes, tráfico constante y mucha polución. Al sur se extienden los barrios organizados por gremios, mientras que al norte se encuentran las oficinas, las embajadas, las calles de moda y una mayor calidad de vida. Una mañana, Pari me lleva a visitar el mayor bazar de la ciudad cerca de la plaza del imán Jomeini, fundador de la República Islámica de Irán, cuyo sucesor es el líder supremo y actual ayatolá Alí Jamenei y su presidente, el recientemente elegido Hasán Rouhaní. Otro día, paseando por el parque Sahr, descubro el Museo de la Paz. Entro a curiosear y acabo haciéndome amigo del técnico informático, Ahmad, quien me lleva a conocer el alto del monte Tochal, desde donde hay unas vistas increíbles sobre toda la ciudad, y Dargban, un curioso lugar entre las montañas al norte de Teherán, con escaleras y terrazas en las que tomamos té y fumamos narguile mientras me habla de las diferencias entre los musulmanes suníes y los chiíes. Allí, el fin de semana son los jueves y los viernes. Me llama la atención cuántas personas veo con la nariz vendada y descubro con asombro que Irán es uno de los países líderes en todo el mundo en operaciones de estética y rinoplastia. En contra de lo que tenía entendido, veo parejas caminando de la mano y besándose en los parques, mujeres conduciendo, incluso gente jugando a las cartas y bebiendo alcohol en sus casas... Me gusta perderme por las ciudades, caminando lentamente sin un rumbo fijo, dejándome llevar donde los pies y la curiosidad me lleven, observando detalles, las fachadas de los edificios y a través de las ventanas, adentrándome por callejuelas, entrando en las tiendas, hablando con la gente local y tratando de orientarme para volver a casa por un camino diferente al que inicié. Pasear es la mejor manera de conocer los sitios, sus rincones más auténticos y no sólo los turísticos, como un habitante más, tomándole el pulso a la ciudad, echando fotos, sentándome a escribir, tratando de comprender la idiosincrasia de esta manera de vivir, a pesar de que muchas veces no entiendo la escritura de los carteles, no sé los lugares en los que he estado y soy incapaz de volver a encontrarlos.

Durante estos días y por primera vez en sesenta años, los presidentes de Estados Unidos e Irán mantendrían una conversación telefónica.

LA SOLEDAD
Estoy solo, escuchando música, y me siento algo triste, melancólico. Echo de menos a mi familia, a la que siento lejos. Son ya siete meses desde que salí de España, poco más de medio año, pero aquí el tiempo tiene otra medida, y el viaje va poco a poco dando vueltas de tuerca, poniendo a prueba mis nervios, mi entereza y mi convicción. Me encuentro con culturas muy diferentes en las que cuesta encontrar similitudes y reconocer algo que te recuerde a tu hogar, y una soledad que va lentamente mellando tu espíritu, como va limando las rocas el mar con su oleaje. Voy conociendo multitud de personas que quedan atrás, en su tierra, en sus hogares, con los suyos. Muchos me preguntan si tengo familia, y qué piensan ellos de este viaje, si no los echo de menos, si camino solo y cómo hago para combatir la soledad, mientras sujetan a su niño en brazos y me invitan a comer en la misma mesa y de la misma comida, como un miembro más de la familia. Yo les respondo ingenuamente que cantando... Pero últimamente, en el fondo, estoy aprendiendo que la soledad no se combate, con la soledad se convive, y no hay más remedio que llevarla como un bulto más del equipaje, mientras siento envidia al verlos a todos juntos y observo cómo en todo el planeta, a lo largo y ancho del mundo, independientemente del país, la cultura, la religión o el clima, la gente se agrupa en familias. Y entonces pienso que si hay algo importante en la vida, además de comer y estar saludable, es sentir el calor de los tuyos. Pero sigo caminando, y el hecho de que la gente vaya quedando atrás y en la distancia esconde una verdad aún más profunda, la de saberte solo en un camino por el que nadie te acompaña, la que produce mirar alrededor y ver que no hay nadie comprendiendo ni compartiendo tu sentido de la vida. Ésa es la verdadera soledad.

Pasados diez días consigo el visado para la India que, para mi sorpresa, es de sólo un mes, cuando yo lo había solicitado de tres. Los últimos días de mi estancia en Irán me ponen en contacto con un periodista de Bangladés y se me presenta la oportunidad de tramitar también el visado para este país, ya que hace falta una carta de invitación de un bangladesí. Una mañana, sentado en la Embajada de Bangladés con el cónsul, míster Nazzmul Hassan, le cuento mi viaje con los ya famosos recortes de prensa sobre la mesa y en apenas un momento me expide un visado de tres meses. La ayuda de María y Eugenia, funcionarias de la Embajada española en Teherán, sería fundamental esos días y un gran apoyo cuando estás solo y lejos de tu hogar. El 28 de octubre, tras estar prácticamente desaparecido un mes por estas tierras y comprobar la hospitalidad de sus gentes, me despedía de Irán rumbo a la India con la mirada puesta en una nueva y enigmática región del planeta: Asia Central.

Capítulo 4

Asia Central

La India

Estoy en un hotel en el barrio de Paharganj, en Nueva Delhi, mirando por la ventana de la habitación y no sé muy bien por dónde empezar, cómo describir el espectáculo... Siempre oyes y ves cosas en la distancia sobre esta fascinante y milenaria cultura; una de las regiones más pobladas del planeta, donde multitud de religiones y creencias, con el hinduismo a la cabeza, conviven juntas; donde la pobreza roza lo insoportable, mientras la economía del país parece crecer junto a la de los demás países denominados BRIC (Brasil, Rusia, la India y China); donde coexisten la productiva industria cinematográfica de Bollywood, Gandhi, el Taj Mahal, las vacas sagradas campando por las calles, frentes con lunares rojos y dioses con cabeza de mono y elefante, el críquet como herencia de haber sido durante años colonia inglesa, el país de Mowgli, los faquires, el karma y el *Kamasutra*, los muertos que bajan flotando por el Ganges, los hare krishnas, Shiva, los chamanes y un largo etcétera conformando un complejo escenario. Sin embargo, el viaje ha dado de repente tres vueltas de tuerca, he bajado cuatro peldaños y he caído en un pozo de miseria y enfermedad. Gente en la más absoluta pobreza y el mayor de los abandonos, mugrientos y harapientos, tirados por el suelo, bajo los coches, en los rincones, con moscas en la boca, con los pies negros y la ropa hecha jirones, o desnudos y tapados con una miserable sábana. Gente que se autolesiona en una demostración de fortaleza mental, o para implorar caridad, aún no lo sé, cruza las piernas en posición de loto durante años hasta que se atrofian y caminan por el suelo con las manos, o a cuatro patas, apoyando las rodillas y los codos. Gente agolpándose en las ventanillas, abriéndose paso a codazos y empujones como los animales para subir a un autobús, o echando un enorme escupitajo marrón cuando pasan a tu lado. Familias viviendo en vertederos, los llamados *slums*, niños descalzos rebuscando entre la basura, contentos por haber encontrado un alambre. Macacos, ardillas, ratas correteando y perros callejeros cubiertos de sarna, el otro día vi entre unas chabolas un pollo de gallina luchando por sobrevivir mientras un cuervo le daba picotazos y se lo iba comiendo vivo por el lomo. Y todo esto con un fuerte olor a orina, humedad e incienso que carga el aire con una constante y densa neblina. El tráfico es insoportable, calles llenas de humo donde los coches, los camiones, las bicis, las vacas, las personas tirando de carros y las motos se meten por todos los huecos, pitando sin respeto alguno, y hacen que Teherán me parezca ahora una ciudad de lo más civilizada. Estoy impactado, tratando de encajar lo que estoy viendo y de asumir que tengo que recorrer este país caminando, a la par que intento ser práctico, centrarme en mi viaje y resolver aquellas cuestiones a las que voy a tener que hacer frente en los próximos meses. Una atmósfera agresiva para todos los sentidos —oído, vista, olfato...—, junto con el riesgo de contraer malaria o dengue por una simple picadura de mosquito o fiebre tifoidea por ingerir alimentos en mal estado, son los responsables de que extreme las precauciones y quiera salir de aquí lo antes posible.

Hago una lista de tareas y durante los primeros días en Nueva Delhi voy cumpliéndolas una a una. Me dirijo a la Embajada de España para dejar constancia de mi presencia en el país y mis intenciones de atravesarlo a pie, así como para pedir algunos consejos y recomendaciones. Acto seguido, voy al Primus Super Speciality Hospital a vacunarme de la fiebre tifoidea. Después acudo a la Embajada de Nepal; puesto que tengo un visado de tan sólo un mes, tiempo insuficiente para llegar a Bangladés recorriendo el norte de la India, decido agradecido con las circunstancias tramitar el visado del país con las montañas más altas del planeta, uno de los que más ganas tenía de conocer y al que espero ahora como un bálsamo sanador. El trato es tan amable que casi parece una agencia de viajes y salgo encantado de la Embajada de Nepal con un visado de noventa días estampado en mi pasaporte, un par de contactos e información de primera mano sobre la geografía, las carreteras, el clima, la moneda y otros aspectos que me interesan del país. Me quedé en particular con el hecho de que, si bien al norte se alza majestuosa la cordillera del Himalaya, el sur de Nepal está repleto de junglas habitadas por tigres, rinocerontes, elefantes y poblaciones distanciadas que hacen peligroso, no ya pernoctar, sino simplemente caminar solo. Hay varias vías de entrada a lo largo de la frontera de la India con Nepal, mi idea era hacerlo a través de Mahendranagar-Banbassa, la más cercana a Nueva Delhi, pero debido a que sólo hay una carretera que recorre Nepal de oeste a este, y es precisamente por el sur, resuelvo realizar un mayor recorrido en la India y entrar a Nepal por el transitado punto fronterizo de Siddhartha Nagar-Sunauli.

Al estar tanto tiempo expuesto en zonas con malaria no tomaré la profilaxis de doxiciclina, sino que trataré de adoptar las medidas de prevención oportunas: durante esos días me haría con una tela mosquitera para dormir, elemento indispensable a partir de ahora entre mi material, parches antimosquito y una camisa de manga larga para dejar expuesta la menor superficie de piel posible, además de pastillas potabilizadoras de agua y una cámara nueva para las ruedas del carrito.

Cojo mi carrito y me pongo en marcha dispuesto a abandonar esta ciudad, deseoso de que el tiempo me muestre una mirada diferente del país, más agradable y acorde a esas cosas de las que había oído hablar. La salida es infernal: atravieso calles llenas de gente, bañado en humo, ruido y basura por todas partes, de vez en cuando veo a alguien sentado en mitad de la carretera entre el tráfico, con la vista perdida en el horizonte, mientras trato de familiarizarme con un país, una cultura y una realidad tan ajenas y dolorosas, un espectáculo tan dantesco que da ganas de llorar. Aprieto los puños alrededor del manillar y me concentro en avanzar y salir raudo de este escenario, un paso tras otro, concentrado mirando al suelo, o tal vez sean los sentidos que se van embotando, sólo espero que el viaje no siga complicándose más, pues, si lo hace, no sé si seré capaz de continuar... Y comienzo a temer que el sueño que buscaba se transforme en una cárcel.

Durante los días siguientes realizo etapas lo más largas posible, tratando de terminar siempre en una población con alojamiento: camino por una carretera con arrozales, cultivos de caña de azúcar y vegetación frondosa a ambos lados, ríos, vacas, macacos cruzando la carretera, trepando por los árboles y subiéndose a los puestos de comida, serpientes, mosquitos, murciélagos como balones de fútbol colgando de las ramas de eucaliptus, no me parece un entorno fiable para acampar por los animales grandes ni por los pequeños. Además, un par de comentarios nada halagüeños han llegado a mis oídos en varias ocasiones: el primero, que la región de Uttar Pradesh, al norte de la India y por la cual camino, es el distrito con mayor índice de criminalidad de todo el país. El segundo, que tenga cuidado por las noches con los musulmanes de esta zona, pues no deben de ser muy amigos de los occidentales. Algún chaval me sigue con su bici o andando hasta que se cansa: son todos muy curiosos e indiscretos, no tienen ningún reparo a la hora de quedarse mirando incluso cuando me escondo detrás de algún arbusto a hacer mis necesidades. Como en restaurantes que encuentro puntualmente por el camino a pesar de la dudosa salubridad de los alimentos, evitando los puestos de la calle y me aseguro siempre de que la comida esté cocinada y la fruta entera, sin pelar ni partir. Me limito a comer dos platos que me sientan bien, *veg pulao* y *veg chowmein*, tratando de ser práctico, no quiero experimentar ni hacer turismo gastronómico. Suele haber por las calles unas bombas de mano a modo de palancas metálicas con las que extraer el agua que hay bajo tierra, pero no las utilizo ni para lavarme los dientes, de momento voy comprando el agua embotellada en tiendas que encuentro sobre la marcha. Los primeros días prestaría especial atención a mis sensaciones, con el temor y la incertidumbre de no saber si son los primeros síntomas de la malaria, la fiebre tifoidea, o simplemente el malestar, la congestión y el cansancio derivados de hacer largas jornadas con un descanso tan justo y en unas condiciones ambientales tan agobiantes. Todos los días termino con flemas, dolor de cabeza de estar escuchando durante horas el claxon de los vehículos, la garganta irritada de respirar una atmósfera contaminada, y la necesidad de asearme y lavar una ropa que termina negra cada jornada. Rebaso la población de Ganga y, al poco, paso por un puente sobre el río Ganges, enorme y tranquilo, con barcas y gente bañándose en las escalinatas de una de las orillas. Me siento afortunado de poder contemplar con mis propios ojos este rincón del mundo y me detengo durante unos instantes a disfrutar del momento. El río Ganges nace en el manantial Bhagirathi, en el Himalaya occidental, y, tras más de dos mil quinientos kilómetros fluyendo hacia el este por las llanuras del norte de la India y recibiendo el caudal de numerosos afluentes, desemboca en el mayor delta del mundo: el golfo de Bengala, región de manglar y hábitat del famoso tigre de Bengala. Para los hindúes es un río sagrado, suelen hacer frecuentes peregrinaciones para meditar, beber o bañarse en sus aguas, depositar ofrendas y cenizas de muertos con las que detener el ciclo de las reencarnaciones del difunto; sin embargo, también es uno de los ríos más contaminados del planeta y beber sus aguas puede mandar al hospital a cualquier turista. Voy alejándome de la capital con el paso de los días y adentrándome paulatinamente en zonas más rurales. Debido a la gran vegetación, los ríos y la humedad que hay en esta región del planeta el aire está cargado de una constante neblina que, junto con el misticismo de una cultura y una religión que se me muestran ininteligibles y los oníricos escenarios que atravieso, tengo la sensación de estar inmerso en un sueño, viviendo algo irreal, en un constante estado de *shock*. El sol aparece en el cielo cada mañana como una gran esfera naranja difusa en la neblina, mientras veo algunos seres en cuclillas, delgados hilillos de vida en las puertas de sus cabañas de bambú, como sombras o espíritus calentándose al amanecer junto a pequeños montones de basura a los que prenden fuego, haciendo que la atmósfera sea más densa e irrespirable todavía. Observo gente que amasa en el suelo con las manos una especie de obleas hechas con paja y heces de vaca que posteriormente apila al sol y utiliza una vez secas como combustible, veo árboles adornados con telas de colores y ofrendas con velas y pétalos de flores, ruidosos y llamativos templos hindúes con altavoces desde los que suenan canciones a todo volumen, paso junto a pequeños altares a orillas de la carretera en los que se erigen estatuas e imágenes de divinidades como Ganesha, Visnú, Hanuman, Krishna... con cabezas de animales, varios brazos, tocando la flauta y de color azul; de vez en cuando me cruzo con algún brahmán con báculo vestido con telas rojas, naranjas y amarillas, que me saluda extendiendo la palma de la mano derecha, y todo un mundo de luz, color y fantasía que voy recorriendo mientras trato de entender esta religión, el hinduismo, y sus textos sagrados, los Vedas, ligados a la naturaleza, a una sociedad de castas, a la creencia en un ser supremo (Brahma), a la reencarnación y a dejar que las cosas sigan su cauce y ocurran tal como son porque no se pueden cambiar.

Un día, camino de Moradabad, comienza a atardecer cuando todavía no he encontrado dónde dormir; está oscureciendo y me empiezo a agobiar. Estoy en un pequeño pueblito buscando la cara más fiable a la que acercarme y preguntar antes de que sea demasiado tarde, y finalmente termino haciéndolo en una tienda en la que reparan radios y televisores viejos. En apenas un momento una multitud de chavales se congrega en torno a mí, analizándome; me doy cuenta de que estoy algo aturdido, con la vista perdida fruto del cansancio. En las ciudades es fácil encontrar gente que hable algo de inglés, pero en el medio rural hablan hindi, idioma que desconozco, pero del que también estoy aprendiendo algunas palabras. Afortunadamente, uno de ellos habla inglés de maravilla y me invita a su casa; se llama Rahman. Su hogar es una granja que dista varios kilómetros del pueblo al que se llega por un camino de tierra. Cuando llegamos, me presenta a su padre, míster Sharma, y a su hermana de quince años, encargada del hogar. Aún hay un chico más, que por lo visto es el sirviente de la familia y ayuda a la chica en las tareas. Nos sentamos a la entrada de la cuadra sobre una especie de camas tejidas con cuerda sobre un bastidor de madera, y me invitan a tomar té y a cenar. La niña cocina en cuclillas en un horno de barro en la explanada que hay frente a la casa, tiene el pelo largo y negro recogido en una trenza y me mira de vez en cuando con curiosidad, iluminada por la luz del fuego. Hay mosquitos revoloteando alrededor, por lo que no me quito la chaqueta a pesar del calor; además, trato de explicarles con delicadeza que hiervan el agua y cocinen bien la comida, ya que si no, puede ser peligroso para mi salud, una situación un tanto incómoda, ya que estoy en calidad de acogido y encima con exigencias. Charlamos y al cabo de un rato me voy a dormir en la planta de arriba sobre una cama de tablas ante la curiosa mirada de los chicos que observan atentos cómo cuelgo del techo mi tela mosquitera y me meto debajo de ella a dormir. A la mañana siguiente nos levantamos temprano, desayuno té con leche tibia de búfala que acaba de ordeñar la hija y una taza con sopa de arroz en la que me caen dos moscas, mientras hablo con míster Sharma. Me está contando que es militar y le gusta tomar whisky cuando viene un vecino suyo. Vamos a una de las plantaciones de caña, parten una y me la dan a probar, la muerdo y compruebo que sabe totalmente a azúcar. Luego sacan algo de *dop* (marihuana) de un bolsillo y lían un cigarrillo. Me explican que adoran a Ganesha y fuman la planta de Shiva, es una costumbre arraigada en su cultura. Me ofrecen, pero lo rechazo, quiero mantener mi mente y el cuerpo lo más despejados posible. Me despido agradecido por su amabilidad y justo cuando giro la cabeza para volver al camino reparo en una frase que hay escrita en inglés en la pared de la casa y que no había visto: «Merécelo antes de desearlo».

Durante los días siguientes voy realizando etapas de cincuenta y sesenta kilómetros. Al acabar las jornadas no me encuentro nada bien, y me cuesta diferenciar mi malestar de los primeros síntomas de la fiebre tifoidea. Me llamaba la atención cómo tosía la gente, ahora toso yo también, siento flojera y un dolor en el costado derecho a la altura del pecho, estoy atento por si tengo fiebre o la lengua se torna de color tostado. Tras dos días sin asearme me doy una ducha y el agua del pelo sale marrón y los mocos negros. Las calles, incluso las habitaciones, están llenas de escupitajos marrones de la gente que masca tabaco y no tiene educación, a veces no sabes si es mejor dormir en la selva con la tienda, los monos y las serpientes, o en una habitación con pulgas, chinches y cucarachas, y las sábanas y las toallas usadas. No es un viaje de lujo, cada día tiene su noche y tras caminar ciertos kilómetros tienes que buscar un lugar para dormir en mitad de ninguna parte, y en estos países las condiciones higiénicas y de salubridad dejan bastante que desear. Me aseo como puedo con mis chancletas, tratando de tocar lo menos posible las paredes y el suelo del baño, el agua sale fría por un grifo en el que al acabar cada jornada tengo que lavar la ropa a mano con una pastilla de jabón, confiando en que se seque para el día siguiente; si no, camino con la muda que uso para descansar y cuelgo la ropa *de caminar* del manillar del carrito para que le den el sol y el aire. Cuando entro en una habitación, lo primero que miro, además del ancho de la puerta para que pase el carrito, es que haya en el techo un gancho, un ventilador o una lámpara de donde colgar mi tela mosquitera. Si no lo hay, tengo que buscar otra habitación. Con frecuencia son varios los kilómetros extras que realizo al acabar cada jornada exhausto buscando un lugar, y al día siguiente deshacerlos para retomar la ruta. Sin embargo, no todo son penurias, todavía está por entrar en escena una persona que me ayudará mucho en mi travesía por la India...

Camino a la altura de Jang Bahadur Ganj cuando comienza a oscurecer, pero no encuentro ningún lugar para pernoctar ni a quién preguntar, y la ansiedad por estar en mitad de ninguna parte haciéndose de noche y no tener dónde dormir se vuelve a repetir una vez más. Sólo hay jungla y ya me veo caminando toda la noche a pesar de los peligros, cuando paso junto a un banco de madera y un hombre cuyo rostro apenas distingo en la oscuridad me pregunta adónde voy. Llega un punto, cuando rebasas un límite de cansancio, el ambiente es tan ajeno y la situación se escapa a tu control, que la suerte desempeña un gran papel, te entregas en manos de la providencia y que sea lo que Dios quiera... Y comienzas entonces a comprender ese principio hindú de dejar de oponer resistencia al entorno, de luchar contra las circunstancias y permitir que las cosas sigan su curso, dejar actuar al destino porque él ya tiene trazado un plan maestro para ti. En ese momento, aparece alguien que cambiará mi suerte, y mi travesía por la India dará un giro. Le cuento algunos detalles de mi viaje, no sé quién es, pero aprovecho para preguntarle si sabe de algún lugar donde pasar la noche. Me dice que espere un momento y se acerca a una casa en lo alto de una colina cercana, al poco vuelve y me dice que lo siga. Es una casa de dos plantas con terraza en la que vive un importante cargo público y el hombre con el que yo he hablado es su sirviente. Hay más gente en la puerta, y cuando esta persona sale a recibirme, todos se ponen en pie, cosa que me sorprende bastante. Nos estrechamos la mano, se presenta, se llama Udayan Parmar y es el director general de la policía IC de Uttar Pradesh. Habla perfecto inglés y conversamos un rato sentados en la terraza ante la curiosa mirada de los sirvientes que permanecen de pie a nuestro lado. Me cuenta que ha estado varias veces en Europa, le escucho atentamente mientras observo su fisonomía: tendrá unos cincuenta años, su rostro es jovial y luminoso, su sonrisa franca, me recuerda a un personaje de película de los años veinte, perfectamente peinado, con un bigote fino y gestos elegantes. Le cuento la odisea en la que estoy inmerso y comprende perfectamente mi situación en la India, ve con total normalidad que beba de mi propia agua embotellada o instale la tela mosquitera antes de dormir. Me permite usar su baño en la planta superior, me invita a cenar y antes de despedirnos me da su tarjeta y me dice que me puede proporcionar alojamiento en bastantes de las localidades por las que voy a pasar en mi camino hacia Nepal. Esa noche dormiría a cubierto y aseado sobre una mesa de madera con el sentimiento de haber encontrado un aliado en mi travesía por la India. A partir de ahora conocería otra cara de la realidad de este país, y en mi mente quedaría grabada una de las frases que pronunció durante la conversación que tuvimos: «En el mundo hay dos clases de hombres, los caballeros y los maleducados».

Y así fue que al día siguiente, tras desayunar té, chapati y un nutritivo *dal* atendido por uno de los sirvientes, me pongo en camino y tras una etapa de cincuenta kilómetros alcanzo la población de Sitapur, donde Manzil Saini, comandante del II Batallón de las PAC, me proporciona una habitación en una residencia militar ajardinada y custodiada por soldados al más puro estilo colonial, con telas mosquiteras, cama, ducha, cena y desayuno atendido por sirvientes. Como es sabido, en la India hay un sistema social basado en las castas, en cuyo nivel más bajo están los campesinos *(shudras)*, luego los comerciantes *(vaishyas)*, los guerreros *(kshatriyas)* y los sacerdotes e intelectuales (brahmanes) en los superiores, correspondiendo cada uno a diferentes partes del cuerpo del dios Brahma. Aún hay un escalafón inferior, fuera del sistema de castas: son los *dalits* o intocables. Tras una noche excelente, a la mañana siguiente me despido de sirvientes y militares, abandono el cuartel y vuelvo al camino completamente renovado e inevitablemente con cierto aire de aventurero en la época de las colonias.

Cuando alcanzo Safadarganj me dirijo a varios policías que hay sentados en unas sillas, en la calle, en un cruce de caminos entre el tráfico y el ajetreo, y me ofrecen una para que me siente. Llamo a míster Udayan y le paso el teléfono al rango con más estrellas en el uniforme para que se pongan de acuerdo. Cargamos mi carrito, nos subimos a un todoterreno y vamos al cuartel, un par de kilómetros tierra adentro por un camino inmerso en la jungla. Llegamos a una especie de fortaleza entre los árboles, con un patio interior alrededor del cual se disponen las habitaciones y en el que hay más policías y sirvientes, y macacos saltando por las ramas y los tejados. El oficial tiene un sirviente a su cargo que prepara la cena en cuclillas en un horno de barro en el suelo mientras me aseo y me enseña dónde voy a dormir. Hace tiempo que las duchas consisten en una jarra con la que recojo agua fría de una alberca y me la echo por encima desnudo en un patio, y las letrinas, en un agujero en el suelo. El cuartel cuenta con un templo en el que vive un sacerdote hindú. Antes de acostarnos se acerca a nosotros con una vela encendida y nos pinta en la penumbra un lunar rojo en la frente para protegernos de los malos espíritus en la noche, momento mágico, único e irrepetible. Una vez que estoy en la cama de madera, prendo un incienso con forma espiral para ahuyentar a los mosquitos y me acuesto sin saber muy bien si tengo que dormir para soñar o si ya estoy inmerso en el sueño.

A partir de mi encuentro con míster Udayan, mi travesía por estas tierras pasa por un punto de inflexión, da un giro importante, y esa primera impresión tan desoladora que me llevé como una bofetada nada más llegar al país se va difuminando y dejando paso a otra más benigna. Es por ello que me siento en deuda y encuentro justo y necesario mostrar también el lado amable de mi recorrido y reconciliarme con la India, un país de gran tamaño en el que conviven diversidad de culturas, religiones e idiomas diferentes, rodeado por varios mares y con una naturaleza exuberante. De hecho, exceptuando los núcleos urbanos, la práctica totalidad de mi itinerario transcurre entre árboles y jungla, huertos y cultivos. A pesar de los comentarios que pude escuchar de desconfianza, no he tenido ningún problema hasta la fecha, es más, la gente es pacífica y alegre, a menudo me saludan con un *welcome to India*, y los niños salen corriendo de sus cabañas entusiasmados al ver el carro; una vez le hice un gesto simpático a un chaval y me estuvo siguiendo durante varios kilómetros. Me sorprende lo trabajadora y dura que es la gente, incluso comiendo un plato de arroz al día y en las condiciones más humildes, puedo verlos trabajar vestidos con telas de colores recogiendo caña de azúcar o sacudiendo hatos de arroz para separar el grano. Camino sin música, me gusta prestar atención al entorno, pero todas estas canciones que voy escuchando cuando me siento a comer en un restaurante, paso junto a un templo, a través de la ventana abierta de una casa o de alguien que pedalea a mi lado con una pequeña radio, van conformando una especie de *collage* único y muy auténtico, a modo de banda sonora de mi viaje. Hacia las cinco de la tarde, los niños salen del colegio y jalean el aire con sus gritos y sonrisas, pedaleando de vuelta a casa mientras los campesinos ultiman sus labores en el campo y carros tirados por bueyes vuelven también al hogar cargados hasta arriba. Un día a mediados de noviembre voy caminando por las calles de una población llamada Ayodhya cuando comienzo a darme cuenta de que cada vez hay más gente, y más gente, y más gente, gente con todo tipo de atuendos y vestimentas de colores, velos, túnicas, barbas, pañuelos, lunares rojos, trenzas, turbantes, bastones, personas que cargan sacos sobre las cabezas, niños, ancianos, mujeres y hombres de todas las edades... A los pocos minutos estoy metido en una peregrinación de millones de personas en la que me es imposible avanzar o retroceder y en la que estoy envuelto con mi carrito durante dos horas, buscando una salida sin saber muy bien hacia dónde nos encaminamos, dejándome llevar pacientemente entre la multitud, disfrutando del curioso momento hasta que consigo encontrar un hueco, salir por una callejuela adyacente y alejarme del lugar. Al pasar sobre un puente enorme puedo ver cómo la peregrinación desemboca en la orilla del gran río Karnali, donde todos depositan sus ofrendas y hacen una hoguera. Poco después me enteraría de que se trata nada más y nada menos que del Diwali, también llamado Festividad de las Luces, la fiesta más grande e importante del año, que puede durar hasta cinco días y con la que se celebra el triunfo del bien sobre el mal. Y yo justo tenía que estar ahí... Poco a poco uno va adoptando una mirada diferente y vislumbra luz, alegría, color y magia. Me voy lentamente sumergiendo en un mundo fantástico mientras una pregunta me asalta desde la humildad: ¿qué sería capaz de hacer yo en su misma situación?

A partir de Basti enfilo una carreterita pequeña y estrecha rumbo al norte, entre la jungla, atravesando poblados de cabañas, bueyes, niños jugando desnudos, macacos y telas de araña como sábanas colgando de las ramas de los árboles hasta el suelo, a través de Mehdawal, Campierganj y Anand Nagar, cada vez más cerca de la frontera con Nepal. El 21 de noviembre, tras una etapa de cincuenta kilómetros con un final apocalíptico de noche a la desesperada entre camiones, ruido, nubes de humo y polvo, alcanzo la población fronteriza de Sonauli en plena oscuridad y en la más absoluta suciedad. Al día siguiente, cruzaría la frontera y me despediría de este país con la satisfacción de haber superado el tramo más difícil hasta la fecha, pero con la sensación de no haberme enterado apenas de nada y necesitar al menos un año en la India para empezar a comprender un poco su cultura, historia y religión, poniéndole el punto y final a una intensa travesía, tan dura como mágica, y que sólo por sí misma podría constituir perfectamente un libro o una película.

Nepal

Tenía una visión romántica de Nepal: montaña, aventura, naturaleza, budismo... Miraba este país como una salvación tras la dureza de la travesía por la India, como si de un modo mágico y por el simple hecho de cruzar la frontera todo fuera a cambiar al otro lado; sin embargo, me dirijo a la Oficina de Inmigración para que me sellen el pasaporte, trámite que si yo no me preocupo de realizar nadie me reclama; podría haber cruzado la frontera de largo tranquilamente. Mi primera impresión es que no ha cambiado nada, apenas he cruzado una raya imaginaria en el suelo, pero la atmósfera y el escenario siguen siendo absolutamente iguales. Tráfico, bicicletas, camiones, motos, tierra, polvo y el aire cargado exactamente con la misma neblina que en la India, ¡qué ingenuo! Veo un cartel con las distancias a Katmandú, Pokhara y Lumbini, y decido dirigirme a esta última, ciudad natal de Buda, aunque diste veinticinco kilómetros y esté fuera de mi ruta, quiero darme un merecido descanso y el placer de conocerla.

Paso dos días en esta hermosa población, propuesta capital mundial de la paz. Cada nuevo escenario que contemplo parece sacado de un cuento de fantasía. Visito los templos budistas en una atmósfera de armonía y tranquilidad que ya echaba de menos. Preciosas pagodas y estupas doradas, altares, estatuas y diferentes representaciones de Buda, coloridas pinturas en las que se muestran distintas escenas de su vida, mientras paseo por las calles entre monjes budistas que viven en los templos con sus túnicas rojas y naranjas, visito la *Llama de la paz eterna* y me siento un verdadero privilegiado al poder contemplar este universo que se despliega ante mis ojos completamente nuevo y que cobra un significado aún más auténtico y especial por el hecho de haber llegado hasta aquí caminando miles de kilómetros con mis propios pies, como un auténtico peregrino. Conozco a Nattakhan, budista tailandesa que me enseña algunas nociones de esta nueva religión y juntos visitamos el lugar de nacimiento de Buda, una construcción blanca y cuadrada en cuyo interior hay unas ruinas rodeadas por un corredor por el que paseamos orando con las manos juntas sobre el pecho. Justo enfrente hay un estanque y un gran árbol adornado con telas de colores o banderas de plegaria bajo el que meditan y rezan varias personas sentadas en posición de loto. Es un espacio en el que se percibe una intensa energía, resulta emocionante ver a tanta gente dedicando sus plegarias por un mundo mejor, pero sin duda alguna alcanza su punto álgido cuando se hace de noche, iluminan el lugar con miles de velas y decenas de personas comienzan a orar recitando mantras en voz alta y caminando en torno al estanque, convirtiendo el momento en algo único.

* * *

Al día siguiente alcanzo la intersección de Butwal, hacia el norte llegaría a Pokhara, y hacia el este, a Katmandú. En el viaje, como en la vida misma, se presentan bifurcaciones y cruces de caminos, en ocasiones las razones por las que escogemos uno u otro no son muy claras, sin embargo, cada uno de ellos esconde un destino diferente... A pesar de sentirme atraído por los lagos de Pokhara, me decanto por el que pone rumbo a la capital por ser más corto y pasar junto al Parque Natural de Chitwan, Reserva de la Biosfera. Por citar algunos datos representativos de la riqueza de Nepal, con sólo un 1 % de la superficie terrestre alberga en su territorio más de ochocientas cincuenta especies de aves, once de las quince familias de mariposas del mundo, seiscientas familias de plantas endémicas y trescientas diecinueve especies de orquídeas exóticas.

* * *

En el Parque Natural de Chitwan, un grupo de siete personas y varios guías armados con palos cruzamos en canoa el río Rapti, frontera natural del parque lleno de cocodrilos, y hacemos un safari en *jeep* de varias horas por el interior de la jungla. Según nos vamos adentrando los guías cuentan que en esta región los elefantes hacen de vez en cuando estampidas y arrasan las aldeas. Vemos una cierva, jabalíes, monos langur, cocodrilos gavial, una anaconda, varanos y numerosas aves, un ecosistema en el que reinan en equilibrio la tensión y el miedo, pero ni rastro de los tigres y los rinocerontes. Hago buenas migas con un par de chicas del grupo, Anne y Luca, y al terminar el safari nos quedamos dando una vuelta por el pueblo, vemos varios elefantes por la calle y me quedo impactado por su tamaño: resulta espectacular ver estos animales al aire libre. Disfrutamos de un bonito atardecer y nos sentamos en una terraza cerca del río a cenar algo. Tal como ocurría en la India, debido a la humedad, los ríos y la vegetación, al ponerse el sol comienza a caer una niebla densa que impide ver lejos y no se disipa hasta entrada la mañana del próximo día. La conversación transcurre tranquila, disfrutamos de la comida, el entorno y la compañía, nos reímos, cuando súbitamente oímos unos gritos. Al principio no entendemos qué ocurre, pero comprendemos que nos están avisando de la presencia de un rinoceronte. Todo el mundo, locales y turistas, sale corriendo, pero yo no veo nada, según parece se acerca siguiendo la orilla del río precisamente hacia donde nosotros estamos, mientras pienso que es curioso, que no lo vemos en la incursión por la jungla y aparece ahora, cerca de la aldea. Desconecto de los gritos y del temor de los demás y aflora en mí la curiosidad de querer verlo. Voy bajando lentamente la pendiente hacia el río cuando de repente comienzo a distinguir su silueta dibujándose y acercándose lentamente entre la niebla como una gran sombra. Ahí está. Me quedo quieto, es enorme, como un tanque, contengo la respiración atento a sus movimientos, con todos los sentidos alerta, todavía se acelera mi pulso cuando escribo estas líneas. Sé que son animales muy territoriales y veloces a pesar de su gran tamaño, ven muy mal, pero tienen muy buen olfato. Sin embargo también sé que son herbívoros, no tienen por costumbre matar y éste no me va a atacar para comerme; además, confío en mis piernas en caso de necesitar salir corriendo. Me parece que está desorientado, veo cómo cabecea a los lados, se detiene un instante, puedo ver los pliegues de su piel, debe de estar a escasos veinte metros, no sé si me ha visto, permanezco inmóvil observándolo. En estas situaciones el tiempo se dilata, tiene otra medida, no sé cuántos segundos trascurren... cuando al cabo de un instante se mete lentamente en el río desplazando el agua con su tonelaje y se pierde de nuevo en la jungla y la oscuridad de la noche regalándome uno de los instantes más bellos del viaje. Me quedo sin palabras, tratando de retener en mi memoria cada detalle de este momento único: nunca antes había estado frente a un rinoceronte salvaje. En ese momento se acerca un nepalí a recriminarme mi temeridad, pero no lo escucho, vuelvo con mis amigas y comprobamos todavía algo excitados que estamos los tres bien tras este increíble acontecimiento. Todos los niños son exploradores, aventureros que se adentran en territorios nuevos y desconocidos, aprenden a caminar, a hablar, a reconocer los objetos e interpretar el mundo que los rodea, pero conforme nos vamos haciendo mayores comenzamos a encerrarnos en una idea, en una verdad, y a dar por supuesto que las cosas son de una manera. Qué interesante sería mantener ese mismo espíritu aventurero de adultos, esa curiosidad, dudar de todo, no dar nada por sentado y dar un margen para que las cosas puedan ocurrir de un modo diferente. Donde los demás vieron un peligro yo vi una oportunidad y la vida me obsequió un momento mágico. Esa noche dormiríamos Anne y yo en la misma cabaña bajo la misma tela mosquitera sintiendo el calor de nuestros cuerpos y el tacto suave de la piel tibia, arropados por los sonidos procedentes de la jungla y la magia de Nepal.

> Creer saber algo es negar que las cosas puedan ser de mil maneras diferentes.

Al día siguiente retomo la marcha remontando corriente arriba el curso del río Narayani por una carretera estrecha rumbo a Katmandú. Camino entre montañas por un cañón que el río ha ido horadando con el paso de los siglos y un paisaje espectacular, verde y exuberante. Al rebasar Mugling puedo ver cómo varios chavales pican la roca a mano en una cantera que más bien es un desprendimiento de ladera, envían las piedras mediante una tirolina con canasto a esta otra orilla, y otros las lanzan dentro de un camión sin palas ni excavadoras de ningún tipo. Poco después dos niños alegres de unos diez años me acompañan caminando durante varios kilómetros ayudándome a empujar el carrito, nos sentamos en una piedra a compartir unas galletas, tras lo cual desaparecen sonrientes por donde vinieron. Los rasgos y la fisionomía van cambiando, y mientras que la tez sigue siendo morena, comienzo a ver rostros con los ojos más rasgados. Descubro un nuevo alimento, el momo, una especie de bolsitas de pasta a modo de *tortellini* rellenas de carne de búfalo *(buff momo)* o verduras *(veg momo)* y prácticamente me alimento de ellas, junto con el *veg chowmein*. Rebaso Malekhu y tras una etapa épica de más de setenta kilómetros subiendo y bajando montañas, bañado en una nube de polvo y tierra, alcanzo Katmandú de noche y sin saber muy bien cómo, preguntando y guiándome por la intuición entre el tráfico y el jaleo, termino en una habitación por seiscientas cincuenta rupias cerca de la Durbar Square, frente al antiguo palacio real de Katmandú. Estoy molido, pero como en trance, ni sufro ni padezco, aún me quedarían fuerzas para darme una ducha, salir a cenar y dar mi primer paseo de reconocimiento por esta milenaria ciudad a los pies del Himalaya, la cima del mundo.

Recuerdo lo que eché de menos a alguien con quien compartir la belleza y el misterio de esta apasionante ciudad, fue la primera vez en todo mi viaje en la que realmente extrañé a una persona a mi lado. Estaba viendo infinidad de escenarios increíbles en mi largo peregrinar por el mundo, acumulando un bagaje sin igual, pero lo estaba viendo y viviendo yo solo, me iba adentrando por una senda larga y solitaria, y comencé a darme cuenta de que la gracia de la vida está en compartir las cosas, pues qué sentido tienen si no. El mundo es un lugar para conocer acompañado y la vida un camino para recorrer de la mano.

* * *

Me quedo varios días en Katmandú recorriendo la ciudad, lugar de tránsito en la mítica ruta Transhimalaya entre China y la India. Me dirijo al templo de Swayambhunath, también conocido como el templo de los Monos, en lo alto de una colina al oeste de la ciudad y al que llego tras subir 365 escalones donde los macacos campan a sus anchas. En uno de ellos hay una mujer que vende brazaletes y le compro dos; es la primera vez que compro algo así. Al viajar a pie no puedo llevar más equipaje que el necesario; además, tampoco me lo puedo permitir económicamente. De hecho, estos días lanzo una campaña de *crowdfunding* en internet para tratar de recaudar algo de dinero, ya que mi capital está llegando a su fin y todavía no llevo ni la mitad del viaje. Durante estos días tramito también un visado de tránsito para la India, puesto que tengo que recorrer un breve tramo a través de la región de Darjeeling en mi camino hacia Bangladés, abro una nueva cuenta en PayPal, ya que la anterior me la cerraron al intentar consultarla en Irán, e intento trabajar con el ordenador siempre que los cortes de luz no me lo impiden. Gran parte de la electricidad la generan mediante energía hidráulica, es decir, con el caudal de los ríos, pero como estamos en la época seca y los ríos llevan menos agua, todos los días cortan la luz por barrios durante varias horas. Claro, no ha sido una, ni dos, ni tres las veces que estoy trabajando, cortan la luz y se me va toda la labor al carajo. Son cosas inherentes al viaje, como la diarrea con la que llevo ya varios días. Paso los últimos días en Katmandú visitando templos como el de Janabaha, donde los seguidores de todas las religiones son bienvenidos, familiarizándome con objetos como los cuencos tibetanos o los molinillos de oración con mantras grabados, sorprendido con el enmarañado cableado eléctrico, con gente que se aplica crema para blanquear el rostro mientras en Europa queremos estar morenos, o la cantidad de personas que veo con mascarilla por la polución, tocando las piedras desgastadas, imaginando cuántas personas habrán pasado por ahí antes, perdiéndome por callejuelas y descubriendo rincones, sentándome en la escalera de una pagoda a compartir unas mandarinas con una niña, mientras observo el ir y venir de la gente, metiéndome en una sastrería donde los monjes budistas compran las telas para confeccionar sus vestimentas, maravillado con la arquitectura de los edificios, las celosías, la rejería, las tallas de madera y un largo etcétera, tratando de descifrar el significado y ahondar en la historia de esta cultura que se muestra ante mis ojos, hasta que me conceden el visado de tránsito para la India, regalo algunos medicamentos de mi botiquín a gente que seguro los necesita más, y me vuelvo a poner en camino.

Pongo rumbo al sur siguiendo agradablemente el curso del cada vez más caudaloso río Sunkoshi hasta que desaparece la carretera y se convierte en una pista de tierra y piedras por la que caminar es un verdadero suplicio. En la capital una persona me dijo que este tramo lo habían terminado de construir los japoneses: me gustaría ver a esa persona empujando ahora mi carro. Me llaman la atención las banderitas y los carteles comunistas con la hoz y el martillo que veo en las zonas rurales, por lo visto la Unión Soviética colaboró con Nepal en la construcción de puentes y en la reparación de tramos de carretera en 1972, y Japón a partir de 1998. Voy rebasando bonitas aldeas con cabañas de madera, adobe y bambú, y gente pacífica y sonriente por un terreno duro de montaña con constantes subidas y bajadas, bosques, ríos y naturaleza salvaje, alejado ya del ajetreo y del tráfico de Katmandú, sudando y en manga corta a pesar de las nubes y el viento frío que sopla a estas alturas, dando tragos pequeños a la botella de agua que siempre llevo en la mano, comiendo nutritiva carne seca de búfalo, cruzándome con personas que portan cargas de leña a sus espaldas y las sujetan con una cinta que pasan por la frente, viendo especies de pájaros que nunca antes había visto y durmiendo en cabañas que encuentro por el camino. Noticias no muy halagüeñas me llegarán estos días de Bangladés, manifestaciones y revueltas en época preelectoral jaleadas por la oposición y en las que hay ya más de cien muertos, fábricas textiles incendiadas, huelgas en sanidad, educación, transporte y cortes en las carreteras que, sumados a las ya de por sí difíciles condiciones para cruzar el país a pie, pintan un panorama nada atractivo. Tal vez existía otra variante, y es la de llegar a Tailandia evitando Bangladés y trazando un rodeo a través de Laos, Vietnam y Camboya, pero el hecho de ir solo, con unos medios tan escasos y apresurado por los tiempos tan cortos de los visados hace que no pueda organizar mejor la ruta y tenga con frecuencia que ir improvisando sobre la marcha. Así que una vez más, haciendo acopio de valor, con la mirada puesta al frente y evitando el pensamiento trágico, resuelvo proseguir con mi aventura y afrontar las dificultades que me presente el camino con corazón espartano. Durante este tiempo contactaré con Kamrul, un chico de Bangladés que me ofrece alojamiento y comida cuando llegue a Daca.

El pensamiento trágico es aquel que nos impide ver el lado positivo de las cosas, sólo el lastimero, triste y fatídico, aquel que nos ancla en el victimismo, hace a la gente sufridora y la vida un drama, el que nos hace enfocar la atención en las dificultades y magnificarlas, obviando lo bonito y positivo. Está en todas partes y durante mi viaje es uno de los frentes psicológicos en el que más tengo que luchar. Este viaje es un intento de desterrar de nuestras mentes cualquier indicio de tragedia, el miedo con el que parecemos vivir la vida, los ayes y las penas, las quejas y los *yonopuedos*, esa predisposición a sufrir y sentirnos inválidos que domina el pensamiento generalizado de la sociedad, un pensamiento que nos ata de pies y manos, y nos convierte en víctimas, pero de nosotros mismos, y hace que sean otros los que rijan nuestras vidas... Este viaje es un canto a la vida y a la libertad, una demostración de que no hay nada imposible ni más límites que aquellos que queramos asumir. Como decía Nelson Mandela, no tenemos miedo a la oscuridad, sino a nuestra propia luz, a reconocer que somos capaces de lo más grande y hermoso.

Cruzo el enorme río Sapta Koshi, que recoge el caudal de varios afluentes provenientes del Himalaya y cuya ribera está plagada de plantaciones bananeras, de hecho, las frutas que más abundan en esta época son las bananas, las mandarinas y las manzanas. Circunvalo la Koshi Tappu Wildlife Reserve y afronto las últimas y kilométricas jornadas por este país con la mirada puesta ya en Bangladés. Tras una travesía de un mes por este país mágico alcanzo Kakarvitta, cruzo de nuevo la frontera con la India y me adentro en la región de Darjeeling. Dispongo sólo de tres días en mi visado de tránsito para recorrer y abandonar esta región, por lo que me veo obligado a levantarme temprano y cubrir largas distancias, algo a lo que ya estoy acostumbrado.

No me lo podía creer, estaba en aquella parte del mundo con la que soñaba cuando me encontraba aún en España antes de comenzar mi aventura y me preguntaba si para ir de Nepal a Bangladés había que pasar por la India. La respuesta es sí, y ahí estaba en ese lugar del planeta descubriéndolo con mis propios ojos, viviéndolo en mi propia piel, recorriéndolo con mis pies como una clara señal de que el sueño se estaba haciendo realidad, un pequeño corredor de ciento cincuenta kilómetros aproximadamente a través de esta zona famosa por sus plantaciones de té. Me resulta curioso volver a estar otra vez en la India. Camino entre grandes extensiones de té perfectamente cortadas y cuidadas y una bonita luz; me da la sensación de que esta parte está más limpia que Uttar Pradesh y Nueva Delhi. Rebaso Siliguri, dejo a mi derecha Fulbary, una entrada a Bangladés sólo abierta para locales, y prosigo hasta Changrabandha, donde se ubica el punto fronterizo con Bangladés. Nada más llegar salen a recibirme unos chavales que me explican amablemente adónde me tengo que dirigir y me guían en todo el proceso. Estoy tan cansado que no pongo pegas, pero ya temía que me quisieran cobrar algo al finalizar. Un militar me sella el pasaporte y los mismos chicos me cambian dinero; descubro que la moneda de Bangladés es el taka. Avanzo unos metros y el 21 de diciembre, justo cuando cumplo nueve meses de viaje, empieza el invierno, en vísperas de las que serán mis primeras Navidades en esta aventura y tras pisar tres países en tres días, cruzo la frontera más austera en la historia de mi viaje, apenas una barrera de bambú y unas cabañas, y me adentro en Bangladés.

Bangladés

Avanzo por una pista de tierra hacia el control de entrada ante la atenta mirada de varios hombres vestidos con *sarongs* y algunos porteadores en bicicleta. Un hombre sella mi visado mientras se tira varios eructos, comprueba el interior de mi carrito y me deja proseguir. Para mi sorpresa, a un kilómetro escaso hay una *guesthouse* llamada Some Times, limpia y barata, en la que sin dudarlo decido hospedarme por quinientos takas. Como es país musulmán he de entrar descalzo, una rutina con la que ya estoy familiarizado, y tras insistir un poco me permiten subir el carro a la habitación. Aprovecho para asearme y lavar ropa: el agua sale negra tras un par de días sin pasar por la ducha. Hay un mapa de Bangladés en recepción. Tanto en la frontera como ahora en el hospedaje pregunto cómo está la situación para recorrer el país mientras consulto la ruta que voy a seguir en los próximos días y me responden que mal, pero, a pesar de las huelgas y las manifestaciones violentas, como extranjero no debería tener problemas...

La República Popular de Bangladés es uno de los países más poblados del planeta, con cerca de 170 millones de habitantes y, a pesar de ser el segundo país mundial exportador de textiles, también es uno de los más pobres. Antiguamente conocido como Pakistán Oriental, fue un mismo país cuando se separó de la India en 1947 por cuestiones religiosas, pero en 1971 se separó de Pakistán y formó una nación independiente. Actualmente está en período de elecciones, con dos principales partidos, el Partido Nacional de Bangladés (BNP, por sus siglas en inglés) y la Liga Awami, y enfrentamientos entre partidarios de ambos bandos. Y en medio de esta convulsa coyuntura social y política me dispongo a atravesar a pie este desconocido país... Es media hora más que en la India, continúo rebasando meridianos y, como esta vez no tengo urgencia por el visado y tampoco quiero cometer el error de que la noche me sorprenda en mitad de ninguna parte cuando todavía es mi primer día en Bangladés, decido caminar sólo veinte kilómetros y alcanzar Patgram, en la que creo que es la etapa más corta hasta la fecha. Me alojo en una habitación del hotel Paradise con un colchón sucio, las paredes manchadas con escupitajos marrones de tabaco y que dista mucho de ser un paraíso. Pregunto ingenuamente a unos chicos por un ciber y me llevan a una tienda de móviles donde compro una tarjeta SIM de Bangladés y el amable dependiente, Bappi, me deja un *pendrive* con el que puedo conectarme a internet desde la habitación. Habla inglés; a mediodía está libre en el trabajo, así que cierra la tienda y vamos a comer juntos a un restaurante, una amplia sala con mesas, una cocina con un gran fogón al fondo y grifos alrededor en las paredes para lavarse. Hablamos de la situación actual que vive el país y traza un mapa explicándome el mejor camino para seguir en las siguientes jornadas, mientras observo cómo la gente come con las manos haciendo bolas de arroz y *dhal*; yo, como todavía no manejo muy bien la técnica, pido una cuchara ante la curiosa mirada de los comensales, a quienes les llama la atención ver a un tío comiendo con cubiertos y bebiendo agua embotellada. Allá por donde paso tengo que acostumbrarme a ser el centro de todas las miradas, debo de ser como un marciano, del mismo modo que para mí todo lo que veo es nuevo y en ocasiones extraño, he de acostumbrarme a realizar mis actividades con naturalidad. Has de aprender a hilar fino y mostrarte seguro y confiado para que te respeten sin dejar tampoco de disfrutar. Al día siguiente, guiado por el mapa que me hizo Bappi y unas anotaciones que suelo hacer en un papel cada vez que tengo la oportunidad de consultar internet, alcanzo Jal Dhaka, entre cultivos de arroz, patata, tabaco, palmeras cocoteras y plataneras.

Los primeros días transcurren tranquilos mientras camino por una estrecha carreterita cortada al tráfico, adaptándome a este nuevo país, seguido por grupos de niños que salen corriendo de sus cabañas y me rodean, otros vienen en bicicleta, se ponen a mi lado y me preguntan las tres mismas preguntas de siempre: de dónde vengo, cuál es mi nombre y qué es eso, refiriéndose al carro. Yo creo que son las tres preguntas que han aprendido todos en un inglés macarrónico; tengo que hacer un esfuerzo por entender qué dicen y en cuanto me salgo del guion la conversación no prospera. Son gente pacífica y curiosa, lo único que temía era pinchar en mitad de una población, no me quería imaginar tener que arreglarlo rodeado de tanta gente. El hindi que aprendí en la India y Nepal aquí no sirve, tampoco entiendo los números ni las fechas de caducidad. Me limito a comer arroz con pollo, pescado o cordero *(mutton)*, además de chocolate y fruta, como manzanas y mandarinas. Cada vez que entro en un restaurante en el camino a comer dejo el carrito justo a la entrada, en un ángulo desde el que lo puedo vigilar, no han sido una ni dos las veces que me he tenido que levantar con firmeza para echar a los curiosos que se acercan con la intención de levantar su capota y ver el interior. Los hombres tienen los dientes naranjas del tabaco que mascan, —hacen una pelota que apelmazan con la mano, se la meten en la boca y van escupiendo gargajos marrones—, visten *sarongs*, van descalzos o en sandalias, llevan un pañuelo atado en la cabeza y orinan en cuclillas. Me fijo también en la gran variedad de usos que le dan al bambú: lo emplean para fabricar bombas con las que sacar agua de los pozos, construir cabañas y canoas, los andamios de los edificios, pasarelas a modo de puentes, rejillas y celosías, lo usan para fabricar pértigas y herramientas, cestas, capotas y remolques..., creo que hasta estudian el bambú como elemento de construcción e ingeniería en la universidad. El hecho de haber atravesado en los meses anteriores la India y Nepal me sirve de aclimatación y hace que esté ya familiarizado con las condiciones ambientales, la comida o la neblina que envuelve el paisaje al amanecer y atardecer.

A partir de Rangpur abandono ese tramo tranquilo de cabañas, bambú y niños correteando y enlazo la autovía N5 rumbo a la capital, que dista unos cuatrocientos kilómetros. Obviamente, la autovía en estos países es una carretera comarcal en Europa, sin embargo, el tráfico es infernal. No hay arcenes, los camiones y los autobuses conducen como locos y se encuentran en unas condiciones penosas, a veces no tienen ni cristales, echan un pestilente humo negro y en muchas ocasiones no me queda más remedio que tirarme a la orilla si no quiero que me atropellen. De hecho, junto al conductor y asomado por la puerta va el copiloto con medio cuerpo fuera del autobús gritando a la gente que se aparte y abra paso; no es raro encontrar de vez en cuando algún vehículo volcado en el ribazo. Tal como ocurría en Turquía, el almuecín llama a la oración con bastante frecuencia desde las mezquitas, y al ser país eminentemente musulmán no se celebran las Navidades. El 25 de diciembre alcanzo la población de Pirganj y sólo hay un alojamiento, una especie de pasadizo con un patio y un agujero en el suelo a modo de letrina al fondo y las habitaciones a los lados, habitaciones mugrientas con las camas sucias, el techo lleno de telarañas y cucarachas correteando. Extiendo el saco sobre la cama, me meto bajo la tela mosquitera y me acuesto con la sensación de estar en un pesebre y faltar todo el mundo, menuda manera de pasar mis primeras Navidades.

Prosigo mi camino mientras veo pasar con frecuencia vehículos del ejército y militares con metralleta que controla la situación, incluso llego a ver varios tanques blancos de las Naciones Unidas circulando por la carretera. Estoy grabando un vídeo cuando sale un soldado del tanque y me prohíbe filmar. Y yo me siento como un periodista presenciando la actualidad internacional de los países que cruzo, en otras ocasiones, un antropólogo sumergiéndome en la historia, los hogares y la diversidad de culturas de los territorios que atravieso en mi largo caminar, o un biólogo descubriendo especies y estudiando el estado medioambiental del planeta.

El día que abandono Sirajganj me pongo en camino a las siete de la mañana inmerso en una niebla muy densa rumbo al puente Bangabandhu, que recibe su nombre del político bengalí líder de la Liga Awami y fundador de Bangladés, considerado el padre de la patria, y que cruza sobre el gran río Jamuna. Es un puente de cinco kilómetros de largo. Me hubiera gustado hacer fotos del río, pero hay tanta niebla que no se ve apenas ni el puente. Unos kilómetros más adelante, en su curso, el río Jamuna se une al Ganges, sin embargo, éste baja prácticamente seco por la presa Farakka, construida por la India en 1975 a dieciocho kilómetros de la frontera con Bangladés, lo que provoca un desastre ecológico, además de los ciclones que ya azotan el país y la amenaza de la subida del nivel del agua por el cambio climático. Durante estos días hablo con Kamrul, un contacto que tengo en Daca y que me va a alojar durante mi estancia en la capital, para organizar mi ya inminente llegada. Me dice que la situación está caliente en la ciudad, y en el telediario y en las calles se ven revueltas violentas. Rebaso las poblaciones de Mirzapur y Savar, y el 31 de diciembre, como colofón y poniéndole el punto y final al año, alcanzo Daca.

A la entrada de la ciudad, al pasar por un puente sobre uno de los numerosos ríos, veo varios barcos fondeados, observo cómo han montado pasarelas con tablones de madera y bambú desde las cubiertas hasta la orilla y hombres cargados con cestos sobre la cabeza van vaciando una a una las bodegas llenas de sacos y grano. Debido a las huelgas previas a las elecciones convocadas para el 5 de enero, la ciudad está más despejada y resulta algo más fácil moverse por ella; aun así, para qué nos vamos a engañar, es un auténtico caos. Veo autobuses rojos de dos plantas como los que circulan por Londres, negocios, carteles y anuncios, puestos de comida, los famosos y coloridos *rickshaws* que se mueven entre los vehículos a golpe de pedal y mucha mucha gente. Me adentro hasta el barrio de Azimpur, donde he quedado con Kamrul, estudiante universitario de ingeniería civil en BUET. Cuando nos encontramos nos damos un abrazo como si nos conociéramos de toda la vida, y nos dirigimos a la residencia en la que vive y comparte habitación con dos chicos más. La primera impresión que me causa la habitación es de cochambre, con polvo, telarañas y cables por todos lados. Luego, con el paso de los días, me iré acostumbrando, agradecido al fin y al cabo por tener un lugar donde dormir. Durante los primeros días del nuevo año 2014, de la mano de Kamrul y varios amigos suyos, conoceré la ciudad y profundizaré algo más en la historia del país. Tras la escisión de la India en 1947, Pakistán quiso imponer en su facción oriental el urdu como lengua oficial, pero ésta se negó y defendió el uso del bangla. Son años de tensión y rivalidad creciente entre ambas regiones, hasta que en 1971 se separan definitivamente y conforman un país libre e independiente, el actual Bangladés. Sin embargo, tuvieron que pagar por ello un sangriento precio. En una noche, los pakistaníes mataron a un elevado número de intelectuales y universitarios bangladesíes, el motor ideológico y cultural del país, a sabiendas de que son las ideas y el conocimiento los que hacen libres al pueblo. Sheikh Mujibur Rahman (*Bangabandhu*, «amigo de Bengala») fue el líder de la Liga Awami en aquellos años y el fundador de la nación de Bangladés. Con la independencia nace el Shahbag, un movimiento de liberación que reivindica y exige la condena de aquellos criminales de guerra pakistaníes que en 1971 mataron a miles de bangladesíes. La mayoría de esos criminales conforman en la actualidad un grupo ilegal llamado Jamaat-e-Islami, que busca de nuevo la anexión a Pakistán, con frecuencia mediante atentados. En Bangladés, como en Irán, existe la pena de muerte, y algunos han sido condenados y ejecutados. Con este panorama histórico y en días de elecciones se imaginará el lector que el ambiente está caldeado, huelgas, manifestaciones... El partido en la oposición (BNP, liderado por Zia) exige al Gobierno (de la Liga Awami) reformas en la Constitución y amenaza con no presentarse a los comicios hasta que no se realicen... Una tarde voy por una de las principales avenidas con Kamrul, subidos en un *rickshaw*, dando una vuelta por la ciudad mientras otros amigos nos siguen de cerca. Kamrul es un chaval delgado y sonriente, de mirada viva y alegre, inteligente y curioso, abierto y hospitalario, transmite la tranquilidad de aquel que está donde quiere y en paz consigo mismo, fluyendo con el entorno, como inmune a las agresiones externas. La calle está llena de gente, ruido y jaleo, peatones, motos, bicicletas y vehículos circulan con normalidad. Junto a nosotros pasa una furgoneta con numerosos policías armados con fusiles, mientras al otro lado de la calle desfila una manifestación a favor del Gobierno. Hablando tranquilamente con mi amigo cuando, de repente, una explosión al final de la avenida sacude la escena y una nube de humo y polvo se eleva en el aire. La gente sale corriendo hacia todos lados, la manifestación que hace unos instantes desfilaba se disuelve y desaparece, los coches y los autobuses echan marcha atrás intentando salir de la zona por las calles adyacentes, cuando a los pocos segundos explota otro artefacto más cerca. Todo apunta a un atentado terrorista. Los policías que hay por la calle cargan los fusiles sin saber muy bien dónde encañonar, mirando hacia las azoteas y las ventanas, buscando de dónde caen los explosivos, cuando un tercer artefacto explota a escasos metros de nosotros, haciendo un ruido ensordecedor y echando una gran humareda. En ese momento salimos de allí corriendo entre el jaleo y el desorden, una situación en la que ves peligrar tu integridad y apenas te da tiempo a pensar, una reacción instintiva en la que te agazapas cubriéndote la cabeza, tapándote los oídos y sales de ahí milagrosamente con la sensación de estar en el lugar y el momento equivocados. Aún habría alguna detonación más, pero nosotros ya nos habíamos alejado lo suficiente. Entre el tumulto y el bullicio nos cuesta encontrar a los demás; cuando lo hacemos, al cabo de un rato, regresamos al lugar de los acontecimientos. La atmósfera está tensa, policías y militares controlan la zona, un soldado nos cuenta que ha sido un motorista arrojando artefactos explosivos, por eso habían sido en cadena, provocando daños materiales y algún herido, pero ninguno grave. Afortunadamente, todo queda en un susto.

En contraposición a esta agitada situación política, me sorprende lo abierta que es la juventud y la manera tan libre con que viven su religión. Tal vez en las zonas rurales son más estrictos, pero en la ciudad me he encontrado con que no son demasiado practicantes. Por poner un ejemplo, la mayoría de las chicas no llevan hiyab y suelen estrechar la mano cuando les presentan a alguien. Como dicen, ellos creen en la buena gente, independientemente de su raza, nacionalidad o religión, sentimiento que comparto y que nos hermanó como habitantes de este lugar común llamado mundo. Puedo sentir un impulso y una nueva fuerza en la población, en la sociedad y, en concreto, en la juventud, clamando por un Bangladés libre, abierto y moderno. Durante mi estancia en Daca, tengo la suerte de visitar de la mano de Bushra y Fahad, estudiantes de Políticas y Relaciones Internacionales, el International Book Center, centro en el que se realizan numerosas e interesantes actividades culturales; visito también con Kamrul y Tanvir el *Monumento de cristal*, el Museo de la Liberación, el Museo Lalbagh Fort... La verdad es que el viaje, al igual que depara momentos duros, te sorprende con experiencias y te descubre lugares y personas tan especiales que hacen que las penurias pasen a un segundo plano y te sientas afortunado, no ya sólo de estar en tu camino, sino simplemente de estar vivo, disfrutando de este regalo que es la vida, recorriendo este crisol de culturas, de compartir en la escasez, de aprender, de ver cómo la gente te lo da todo y se encariña de ti, tanto que uno tiene la sensación de que podría estar una temporada larga conociendo cada lugar y disfrutando de todos aquellos que se cruzan en el camino. Y el viaje podría durar una eternidad, y resulta difícil continuar la marcha, pero hay que partir, volver a la carretera, la aventura continúa, y cada vez son más los que vienen conmigo empujando este carro. El siguiente país en mi ruta es Myanmar. Sin embargo, tiene cerradas las fronteras y es imposible entrar a pie. La única frontera abierta en estas fechas es la que da a Tailandia, es decir, en el sentido inverso de mi marcha. Me despido de mis nuevos amigos, de Bangladés, de Asia Central, y pongo rumbo al Sudeste Asiático. En el último momento me llamará por teléfono Tanvir diciéndome adiós entre lágrimas y deseándome un buen viaje.

Buda, Mahoma, Jesucristo, todos ayunaron durante largos días, se enfrentaron a otra realidad rompiendo el marco de lo habitual, de lo común, de lo establecido. Exploraron nuevos territorios, se enfrentaron a demonios y tentaciones, empujaron los límites más allá de lo convencional y le fueron quitando capas a la cebolla del pensamiento, deshaciéndose de lo accesorio hasta quedarse con lo esencial y llegar a la verdad, la única que subyace en el corazón de todas las cosas y al final de todos los caminos: el amor. Y pienso que si los tres hablaban de bondad, de respetar a los demás y de vivir con poco, no debían entonces decir cosas tan distintas, y que si coincidieran en el tiempo se sentarían en torno a la misma mesa a tomar un vino y charlar tranquilamente.

Capítulo 5

El Sudeste Asiático

Tailandia

«¿Qué hago viendo a unas chicas coreanas con faldas rosas bailando?», me pregunto mientras pienso en las vueltas que da la vida. Desde ayer, 8 de enero de 2014, estoy en Bangkok, capital de Tailandia, tierra de libertad, el antiguo Siam. Y hoy, Yok, tailandesa cuyo contacto me facilitó uno de los estudiantes de Daca, me ha invitado a la universidad con unas amigas a ver este espectáculo. Había oído que Bangkok era una ciudad de lo más caótica, pero cuando vienes de países como la India o Bangladés, este entorno te parece de lo más cómodo y amable, casi occidental. Es cierto que ningún país, por hospitalaria que sea su población y bellos sus paisajes, es fácil de recorrer a pie; sin embargo, contemplo el itinerario que tengo por delante en los siguientes meses con un suspiro de alivio. En cierta manera y aunque todavía me aguardan miles de kilómetros y aventuras en Asia, comienzo a fantasear ligeramente con Australia.

Una de las cosas en las que llevaba tiempo puesta la mirada y quería conocer al llegar a este país es el masaje tailandés. Creo que me he ganado uno y mi cuerpo lo va a agradecer después del esfuerzo tan intenso y continuado. Me dirijo al templo Wat Pho, donde por cuatrocientos baths me dan un auténtico masaje sobre unas tablas en el suelo, algo doloroso, clavándome rodillas y codos, pero del que salgo completamente renovado. Durante los días siguientes visito también el Grand Palace y el templo del Buda Esmeralda, el barrio de Chinatown, el templo budista Wat Saket, desde el que hay unas vistas espectaculares al atardecer sobre la ciudad, y soy testigo del movimiento Shutdown Bangkok Restart Thailand, con barricadas, revueltas y manifestaciones de miles de personas que colapsan las calles de la capital en protesta contra la corrupción del Gobierno y contra la primera ministra Yingluck Shinawatra, en vísperas de las elecciones. Es curioso, atravieso diferentes regiones del globo y observo cómo en prácticamente todos los países las sociedades están a disgusto con sus Gobiernos, y los problemas son siempre los mismos: políticos corruptos y pérdida de confianza en las autoridades e instituciones en el poder que se dedican a lucrarse y atender sus propios intereses antes que los de la población; la falta de ética y moral es un mal generalizado.

Tengo permitida una estancia de treinta días en Tailandia, para recorrer los mil kilómetros que distan a la frontera con Malasia, así que sin perder más tiempo, tras pasar seis días en Bangkok, el martes 14 de enero abandono la capital y por primera vez en el viaje dejo de avanzar hacia el este y pongo rumbo al sur. Frente a mí se despliega cautivador el Sudeste Asiático.

En Tailandia hace bastante calor, estamos en la estación seca y por primera vez en mi viaje me encuentro por debajo del trópico de Cáncer, es decir, en la región intertropical y aproximándome al ecuador, con temperaturas de día que rondan los treinta grados y mucha humedad, que me obligan a beber aproximadamente cinco litros diarios de líquidos. Además, ahora el sol me da de frente todo el día, por la izquierda por la mañana y por la derecha al atardecer, a lo que hay que sumar el calor que refracta la carretera, lo que hace que a mediodía tenga la sensación de estar caminando sobre una plancha de freír. Camino con una camisa de manga larga para llevar cubierta la máxima superficie de piel posible, gorra, gafas de sol y crema solar del factor cincuenta. Suele haber puestos de comida a ambos lados de la carretera en los que es fácil encontrar mango, sandía, cocos, piñas, plátanos, mangostán y el maloliente durian. La fruta es la base de mi alimentación, es fácil de encontrar en prácticamente cualquier país, suele ser barata, hidrata y es fuente de glucosa, fibra y vitaminas. También hay pequeños restaurantes en los que paro a comer arroz con verdura o pollo y *noodles* por apenas cincuenta baths, mientras me acostumbro a usar los palillos y al picante. A la altura de Cha Am vuelvo a encontrarme con el mar desde que me despedí la última vez, en Georgia, del mar Negro. Camino entre el golfo de Tailandia, el Parque Nacional Kaeng Krachan y las montañas que hacen frontera al oeste con Birmania, observando por primera vez en mi vida las vacas de orejas largas y el enorme *jackfruit* que cuelga de los árboles y que, curiosamente, es la fruta nacional de Bangladés.

* * *

En las inmediaciones de Bang Saphan y, tras tres meses desde que lo hiciera por última vez en Irán, vuelvo a dormir en mi tienda de campaña, esta vez entre palmeras y cañas de bambú. Me gusta dormir en la tienda, me hace sentir más salvaje, hace que el viaje se acerque más a la aventura y la supervivencia, asilvestrado, en contacto con la naturaleza. Caminas y plantas tu hogar en cualquier parte, libre e independiente, esa burbuja protectora, tu espacio, resguardo y cobijo, apenas una lámina de tela dentro de la cual te sientes como en casa... Y recorrer el mundo como un sin tierra, un vagabundo, ave de paso, y estar a gusto en cualquier sitio porque tu hogar está en tu interior y tu casa en todas partes.

La religión predominante en Tailandia es el budismo, aunque también hay cristianos y musulmanes. De hecho, en las tres provincias del sudeste del país, Narathiwat, Pattani y Yala, hay grupos islamistas radicales que reivindican la independencia violentamente, con bombas y atentados, por lo que decido trazar mi itinerario para entrar en Malasia por la costa oeste. Precisamente estos días recibiré un *e-mail* de René, un chico que vive en un barco en el archipiélago de Langkawi, invitándome a pasar varios días cuando me encuentre por ahí, una atractiva oferta que no puedo rechazar y me hace sentir que el viaje va viento en popa. Voy dándome baños en la costa del golfo de Tailandia que me saben a gloria para aliviar el calor y limpiar el sudor, playas desiertas en las que puedes tomar un pescado a la parrilla por poco dinero. Mi camino va atravesando lugares recónditos y poco frecuentados, sitios auténticos donde se respira la verdadera atmósfera del país, pequeños caminos y carreteritas entre aldeas y cabañas, lugares en principio sin ningún atractivo impresionante que encierran el verdadero espíritu de la región y sus gentes. Camino de Chumphon me cruzo con el segundo viajero a pie que encuentro en mi viaje, Cédric, un francés que va caminando desde Singapur hasta Francia en el sentido inverso de mi marcha. Intercambiamos algo de material, información, me cuenta que ha pasado andando sin ningún problema ni autorización el puente que une Singapur con Malasia y nos despedimos. Se nota que esta región es mucho más amable y propicia e invita al turismo por la cantidad de viajeros que encuentro. También contacta conmigo Javier, un español residente en Kuala Lumpur que espera mi entrada en Malasia para brindarme su ayuda. El viaje se comporta como una onda, como el propio desnivel del terreno, a veces arriba y otras abajo en todos los sentidos: alimentación, descanso, estado anímico... Y ahora, sin duda, estaba recuperándome de la dureza de los meses anteriores. Sin embargo no puedo relajarme, tengo que realizar jornadas maratonianas para poder salir de Tailandia antes de que expire mi permiso. Una noche me despierto sobresaltado por la luz de potentes linternas y las pisadas de varias personas que rastrean la zona en la que estoy acampado. No sé si son policías, traficantes... Debido al calor y a la humedad duermo prácticamente desnudo, me visto lo más rápidamente y en silencio que puedo, y aguardo dentro de mi tienda, esperando a que se acerquen, pero el momento no llega y pasado un rato de tensión desaparecen. Obviamente, esta noche tampoco duermo mucho. Al día siguiente descubro que he acampado en una plantación del «árbol de la goma» *(Ficus elastica)*, árboles a los que les practican un corte en el tronco para almacenar en cuencos el látex que gotea, y lo que yo había visto eran los trabajadores que lo recogen por las noches. Tailandia está repleta de estas plantaciones para cubrir la gran demanda global de caucho, entre otras, de la industria del automóvil, plantaciones de millones de hectáreas que han cambiado el paisaje del país, afectando al estilo de vida de las poblaciones locales, degradando el suelo y destruyendo la biodiversidad de los ecosistemas.

Otro día, al caer la tarde cerca de Than Pannara, me meto por un camino de tierra y acampo en una plantación de palmeras datileras cuando ya prácticamente es de noche; son plantaciones destinadas a la fabricación de aceite. Dormir al aire libre no siempre resulta tan romántico como parece, pero siempre es emocionante. Hay serpientes, arañas del tamaño de una mano, y con el sudor y el pringue tampoco es lo más agradable. Cerca del ecuador y entre los trópicos te ensucias más rápidamente y al acabar cada jornada necesitas una ducha y lavar la ropa, más aún cuando caminas cincuenta kilómetros bajo el sol. Sin embargo, cuando se hace de noche, el sudor se seca y tan sólo te quedas un poco pegajoso. Hago unos estiramientos, escribo unas líneas y caigo rendido sobre el saco. Me despierto en mitad de la madrugada con un ligero picor en el cuerpo, como pequeños mordisquitos, enciendo el frontal y veo que tengo la tienda llena de hormigas, no me lo puedo creer. Al acampar casi de noche no he reparado y he debido de hacerlo cerca de un hormiguero. Han entrado por un pequeño agujero en el suelo de la tienda y ahora desfilan a sus anchas por el interior. Localizo el punto de entrada, lo tapo y las barro con una bolsa, están por todos lados, pliegues y resquicios. Cuando las tengo amontonadas en un rincón las aplasto y las voy tirando fuera en pequeños puñados. Repito la operación varias veces hasta que la tienda está limpia y trato de volver a conciliar el sueño. La tienda va sufriendo un desgaste con el uso y tengo que cuidarla, de hecho, llevo una varilla partida desde Irán. Al día siguiente tapo con cinta aislante los pequeños agujeros apenas perceptibles que se han hecho en el suelo para evitar que se repita la misma situación. Y una vez más, el descanso por la noche ha sido escaso.

Los últimos días de mi travesía por Tailandia rebaso las poblaciones de Na Bon, Huai Nang, Trang, Palian..., inmerso en el calor, la humedad y jornadas maratonianas que termino acampando en los jardines de algún templo budista y en plantaciones de caucho. Hay tantas plantaciones que es difícil hacerlo en otro sitio, por lo que algunas noches me despiertan la policía o los trabajadores. La escena suele ser curiosa, contándoles de madrugada y a la luz de los focos mi viaje, enseñándoles el pasaporte y recortes de prensa, antes de regresar a la tienda para intentar seguir durmiendo. Los monjes budistas gozan de una gran consideración en el país y viven de la generosidad de la gente. Observo con frecuencia cómo se acercan a los restaurantes con una bolsa y los dueños se la llenan, alimentos que luego repartirán a su vez entre aquellos que lo necesitan; ellos me dejan acampar tranquilamente e incluso me ofrecen comida. Al estar en época preelectoral pasan coches con altavoces haciendo campaña, hay mítines y veo alguna carretera cortada de vez en cuando. Yo voy hablando con René y Javier, poniéndoles al tanto de que mi entrada a Malasia es inminente. El jueves 6 de febrero, apurando mi permiso en Tailandia hasta el último día, alcanzo Satun, me dirijo al muelle en el puerto de Tammalang tras cruzar una zona de manglar y pongo rumbo al archipiélago de Langkawi, la joya de Kedah, un conjunto de cien islas bañadas por el mar de Andamán, en el estrecho de Malaca, la mayoría deshabitadas. Cuenta la leyenda que los piratas enterraron en ellas sus tesoros...

El único dueño de tu tiempo eres tú.

Malasia

Voy en la cubierta del ferri rumbo a la mayor isla del archipiélago, Pulau Langkawi, «Águila Marrón Rojiza» en malayo. El viento sopla en mi cara mientras contemplo cómo la embarcación discurre entre verdes islas y playas desiertas en este hermoso rincón del planeta. Me siento afortunado de haber llegado hasta aquí, un privilegiado al poder contemplar el escenario que se despliega ante mis ojos. Tengo un visado de noventa días en este nuevo país y presiento que me lo voy a tomar con calma, mientras aprovecho para recuperar fuerzas y doy tiempo a que se marche el verano austral.

Al llegar a puerto cambio moneda, la moneda de Malasia es el ringgit, me ponen el correspondiente sello en el pasaporte y me dirijo al Royal Yacht Club donde se encuentra fondeado el velero en el que vive René. Sale a recibirme con bermudas y un sombrero de paja, nos saludamos amistosamente y cargamos mi carrito en el barco, un bonito velero blanco de unos doce metros de eslora llamado *Little Do*. El club es un puerto deportivo y cuenta con todo tipo de comodidades, restaurante, piscina, duchas, internet... Me aseo y me pongo cómodo mientras miro alrededor y pienso en los giros que da la aventura. Vamos a dar una vuelta rápida y cenar algo, pero no nos demoramos en regresar, pues la jornada ha sido larga y estoy fatigado. El puerto está en silencio y la noche en calma, el cielo estrellado, el mar respira suavemente meciendo las embarcaciones que ya duermen y, a pesar de los mosquitos, me entrego lentamente a un reparador descanso en este lugar de ensueño.

Tú eliges el camino,
luego el camino te forja a ti,
hasta que más tarde te das cuenta de que ya estaba todo escrito
y que sólo podía ser así.

Me quedo varios días en estas islas donde me tratan como a un auténtico rey, conociendo los mejores lugares de la mano de René y Vijay, excelente guía que viene a recibirme con un cartel de bienvenida y un collar de orquídeas, y a quien tengo el gusto de conocer gracias a Javier. Javier es un español que lleva en Malasia más de veinte años, empresario del mundo del turismo y la hostelería, y experto en el Sudeste Asiático. Actualmente reside en Kuala Lumpur y para mi fortuna me brinda desinteresadamente su ayuda a lo largo de toda mi travesía por esta región del planeta. La suerte no me puede sonreír más. Será Vijay, tras mis infructuosos intentos en Bangladés, quien me enseñe la manera correcta de comer con las manos mezclando el arroz y la salsa con la yema de los dedos y llevarme la comida a la boca con la ayuda del dedo pulgar sin mancharme. Será él también, fruto de un nivel más profundo de entendimiento, quien por primera vez se refiera a mi viaje con el acertado término de *misión*... Porque hay personas que parece que vienen al mundo con un destino, un camino ya escrito, y para los que resulta inevitable seguir los dictados de su espíritu. Tengo la suerte de degustar la sabrosa barracuda preparada con salsa de pimienta, el rico *nasi lemak* envuelto en hoja de plátano y tomar agua de coco viendo atardecer desde la playa de arena blanca y fina Pantai Cenang. Esa misma noche, bañándome en el mar a la luz de la luna, me pica una medusa y me deja la marca de varios de sus tentáculos en el costado. Asisto a la celebración del Año Nuevo chino, entra el año del caballo, y al bonito espectáculo de ver cómo desde la playa se elevan en el aire farolillos voladores de papel impulsados por el calor de una vela y arrojan mandarinas al mar. Realizo entrevistas para un periódico y una cadena de televisión, y una larga lista de actividades, mientras recorro la isla a pie, que hacen de mi paso por este archipiélago un verdadero placer, un lindo rincón del mundo que está perdiendo poco a poco su riqueza natural por culpa de un turismo con un impacto ambiental cada vez mayor. El sábado, 15 de febrero, tras este regalo a modo de pequeñas vacaciones y no sin antes despedirme de mis amigos René y Vijay, retorno a la península a la altura de Kuala Perlis y prosigo con mi misión rumbo al sur.

* * *

Malasia es uno de los países con mayor biodiversidad del mundo; su territorio está dividido en la Malasia peninsular y la Malasia oriental. Su jefe de Estado, conocido como «el rey de Malasia», es elegido durante cinco años entre los sultanes de los Estados malayos. De religión eminentemente musulmana, es habitual ver mezquitas y mujeres con velo; sin embargo, hay un gran sincretismo cultural, un pasado colonial y conviven en paz con otras religiones: cristianos, budistas e hindúes. Mi segundo par de zapatillas, aquéllas con las que vengo caminando desde Bulgaria, están en las últimas, llevo miles de kilómetros en mis piernas, el final de la travesía por el segundo continente se acerca, y me parece increíble no tener siquiera una marca que me patrocine las zapatillas. Sin embargo, no me preocupa, porque llevo el mejor calzado posible, el que está hecho de sueños y me da alas para volar sobre las dificultades. Un día al atardecer, a la altura de Butterworth, me adentro por un camino y pregunto mediante señas a unos jornaleros que trabajan el campo si es seguro acampar en las inmediaciones. Me dicen que no es buena idea hacerlo a ras de suelo por las serpientes y los varanos, pero me indican una especie de chamizo elevado y fabricado con cañas y madera en el que sí es seguro dormir. Dejo mi carrito, se sientan a mi alrededor y comienzan a conversar conmigo. Les hablo de mi viaje y las dudas que tengo sobre si visitar o no Penang, población que dista apenas una jornada. Son musulmanes y no beben vino, pero cuando el sol se ha escondido, sacan un brebaje elaborado con la fermentación de las hojas de un árbol cuyo nombre no recuerdo y empiezan a beber, mientras pienso en el ingenio del humano para transgredir la norma y esa tendencia a buscar estados alterados de conciencia independientemente de su cultura o religión. Me lo dan a probar en un vaso: no sabe mal y los efectos son parecidos a los del alcohol. Mientras el ambiente se va distendiendo y cada vez arman más jaleo, no sé si descansaré mucho esta noche y tampoco me fío completamente, conviene estar siempre alerta y no bajar nunca del todo la guardia. Cuando se van, extiendo la esterilla en el chamizo, guardo las cosas de valor dentro del saco, cuelgo como puedo la tela mosquitera y trato de dormir algo. La noche es calurosa, y yo sudando, creo que mañana me desviaré y visitaré Penang.

Penang es una isla del estrecho de Malaca comunicada con la península por un puente de más de trece kilómetros de largo. Finalmente, y a pesar de que mi dinero se está agotando, decido quedarme dos días y conocer esta ciudad. Fue el punto de llegada de los ingleses y, por tanto, la colonia británica más antigua del estrecho de Malasia, después de que lo hicieran portugueses y holandeses en los siglos anteriores. Busco un alojamiento barato, dejo mi carrito y salgo a recorrer la ciudad. Visito el fuerte

Cornwallis, la torre Komtar, la mezquita árabe, el *Buda durmiente*... Ésta es la mejor época para contemplar el templo chino Kek Lok Si, también conocido como el templo de la Felicidad Suprema, decorado con miles de farolillos para celebrar la entrada del nuevo año chino. Paseo por las calles de Georgetown entre edificios clásicos ingleses y casas coloniales, templos budistas, hindúes, escuelas e iglesias metodistas, las hermosas y originales pinturas de Ernest Zacharevic que decoran muros y paredes, una gastronomía y una enriquecedora mezcla cultural coexistiendo pacíficamente que hacen de este lugar un escenario único y lleno de color.

* * *

Realizar entrevistas para los medios de los países que atraviesas tiene la ventaja, además de poder difundir la causa por la que camino, de que la población te reconoce, te saluda, te ofrece su ayuda y te proporciona cierta seguridad. Guardo los recortes y los ejemplares de aquellos diarios con noticias en los que se habla de mi viaje, en idiomas que por lo general no entiendo, pero que puedo enseñar, por ejemplo, a policías que se acercan inquisidores y acaban haciéndome fotos. En las cercanías de Bagan Serai me aproximo a la puerta de una casa y le pregunto a un grupo de mujeres con gestos si me dejan acampar en su parcela; entre el calor y el esfuerzo tengo un aspecto bastante deplorable. Al principio no entienden muy bien qué quiero decir y me miran sonriendo, pero ver mi carrito y los recortes de prensa acaba por generarles confianza y acceden. Mientras monto la tienda de campaña me presentan a sus familias, son indios cristianos que viven en Malasia, y me llevan a visitar la iglesia en torno a la cual hay varias casas que conforman una especie de pueblito. Son muy devotos y hospitalarios: dentro de sus hogares tienen altares, fotos e imágenes religiosas, de hecho, me regalan un colgante con la Sagrada Familia y un tríptico de madera con una imagen de la Virgen. Tienen nombres occidentales: Sonia, María, Rubén, Teresa, Carolina, pero son indios y llevan pintado un lunar en la frente. Me invitan a cenar y nos hacemos algunas fotos mientras percibo que tratan de emparejarme con una de las chicas solteras, Yobin. Finalmente, a las diez y media de la noche me voy a dormir a la tienda de campaña sudando y cansado. Tengo la ropa mojada y el interior de los muslos irritados del roce y la humedad. Me tumbo sobre el saco desnudo, tengo la sensación de que una hormiga corre por mi piel, pero son las gotas de sudor que resbalan por mi cuerpo. Llevo un saco de dormir invernal grueso y pesado que abro y extiendo sobre la esterilla a modo de colcha; además, mi tienda de campaña tiene la peculiaridad de que sólo se puede montar con la capa impermeable, no da la opción de montar únicamente la mosquitera, por lo que es un auténtico invernadero. Me quedo quieto, tumbado bocarriba tratando de captar la más leve brisa que pueda soplar. Fácilmente estoy bebiendo entre seis y siete litros diarios de líquidos. Al día siguiente me levanto a las seis y media de la mañana, cuando todavía no ha amanecido, me invitan a tomar un té y me pongo en camino tras despedirme agradecido por su hospitalidad.

En las inmediaciones de Sungai Siput voy caminando absorto en mis pensamientos, cuando de repente para a mi lado un Mercedes negro con las lunas tintadas. Se baja un chino con traje, corbata y gemelos, y me dice en inglés que quiere hablar conmigo. Abre el maletero, saca un maletín y de su interior extrae un recorte de periódico que, curiosamente, es una noticia de mi viaje. Me sorprende bastante. Me cuenta que es doctor en medicina alternativa y me explica cómo ha curado a pacientes sin necesidad de operarlos sólo con la ayuda de unas algas. Le pregunto qué puedo hacer por él, me da su tarjeta y me dice que cuando llegue a Kuala Lumpur lo llame porque puede ayudarme mucho. Guardo la tarjeta y fantaseo por unos instantes con la posibilidad de haber encontrado un filántropo patrocinador. Dicen que Malasia es una tierra de oportunidades y con un golpe de suerte puedes hacerte millonario. Yo creo que lo que fácil viene fácil se va, y tengo mis dudas de que no se trate literalmente más que de un cuento chino. Lo único que sé es que lo que tengo que hacer es seguir caminando.

Durante este tiempo voy hablando con Javi, que me espera en Kuala Lumpur, informándole de la progresión de mi marcha. Me pone en contacto con Rosa, una española que me acogerá durante mis primeros días en la capital. Me comunico con la Embajada de España en Malasia para intentar tramitar una autorización con la que cruzar caminando el puente que une el país con Singapur, aunque, según tengo entendido, mucha gente lo cruza a diario para ir a trabajar. En estas fechas no está lloviendo absolutamente nada y, junto con la reciente erupción del volcán Sinabung al norte de la vecina Sumatra, hace que la atmósfera se llene de ceniza y las temperaturas asciendan provocando incendios y obligándome a extremar las precauciones a la hora de acampar. Indonesia está ubicada en una zona crítica de fallas geológicas y alberga más de cien volcanes activos en su territorio; en Kuala Lumpur son varios los días que cierran las escuelas y recomiendan no salir a la calle para evitar trastornos graves en el sistema respiratorio. Durante los días siguientes rebaso las poblaciones de Sungkai y Slim River, paso junto a Batu Caves, y el 1 de marzo alcanzo la capital de Malasia: Kuala Lumpur.

Javier consigue que un hotel de cuatro estrellas me hospede gratuitamente durante mi estancia en la ciudad y salimos varias noches a cenar paella, tortilla de patata y otros platos de la gastronomía española con unas buenas copas de vino, manjares que no probaba desde que comencé el viaje hace casi un año. Otro día vamos a Jalan Alor, una calle llena de chiringuitos, a comer ranas. Hay varias peceras en la puerta del restaurante llenas de ranas vivas de gran tamaño, escoges la que quieres y al cabo de un rato te la traen frita y caramelizada en una bandeja; nunca hubiera imaginado que podía estar tan buena. Durante estos días conozco también a Lolo y Rahim, amigos de Javier, y visitamos las impresionantes torres Petronas y me regalan unas cubiertas nuevas para las ruedas del carro. Quiero darles algo de rodaje en los kilómetros que me quedan por Asia antes de adentrarme en el corazón de Australia. Durante estos días doy una charla en un club de *fitness*, realizo entrevistas para numerosos medios de comunicación, tramito por internet el visado electrónico para Australia y, como tomo la decisión de recorrer algunas islas de Indonesia antes de adentrarme en Oceanía, Paz compra un billete de avión de Singapur a Yakarta para el 24 de marzo. También me reúno con aquel hombre del maletín que encontré en la carretera, pero no me inspira ninguna confianza, trata de embaucarme con una especie de negocio piramidal en el que yo debo promocionar y distribuir sus famosas algas por todos aquellos lugares del mundo que atraviese, cuantos más clientes consiga mayores serán mis ganancias. Le doy las gracias y le digo que no me interesa, obviamente no estoy dando la vuelta al mundo para vender algas. A lo largo del viaje, como en la vida, te encuentras con gente que tras la falsa apariencia de querer ayudarte lo único que quiere es algo de ti, por lo general, sexo o dinero. Por eso aprendes a estar alerta, a dudar de todo, a creer en ti mismo y a valorar tanto a aquellas personas de buen corazón que te ayudan desinteresadamente. Digamos que, con el tiempo, aprendes a distinguir una mirada limpia. Tras algo más de una semana en Kuala Lumpur, me despido de mis amigos y me vuelvo a poner en camino, esta vez acompañado por Rahim.

La primera jornada caminamos cuarenta kilómetros achicharrados bajo el sol. Hace dos meses que no llueve y las temperaturas son muy altas, las plantas amarillean, el suelo se seca e incluso llegan a cortar el agua en la capital, es un país donde normalmente llueve mucho y no están preparados para la sequía, no han construido embalses ni pantanos en los que almacenar el agua. Acampamos en una explanada en las cercanías de Bandar Tasik Kesuma, hacemos una hoguera y al rato llegan Javier y Lolo en coche con comida, una parrilla y preparamos una barbacoa de época; no hay nada en la vida como disfrutar de los pequeños placeres en compañía de buenos amigos. Al día siguiente continuamos la marcha, esta vez caminamos tan sólo veinticinco kilómetros mientras vamos conversando bajo el sol y aprendo de lo que Rahim me cuenta. Es iraní, hablamos de su país, que por fortuna conozco, cómo se escapó de joven con su hermano, cruzaron clandestinamente la frontera con Pakistán y hace unos años llegó a Malasia. Tuvo problemas con las drogas en el pasado, su mujer murió de cáncer hace tres meses y se quedó viudo con cuatro hijos. Y ahora, aquí está, caminando a mi lado. Yo lo escucho mientras pienso cómo detrás de cualquier persona hay un pasado lleno de historias, a menudo difícil, mucho más difícil que mi aventura. Durante los días siguientes atravesamos las poblaciones de Tampin y Sungai Petai bajo un sol abrasador, a Rahim le han salido unas ampollas enormes en las plantas de los pies que le voy curando antes de comenzar y al acabar cada jornada. Camina sin quejarse, apoyándose en una vara con un dolor que a más de uno le habría hecho parar el primer día, es más, cuando te salen ampollas tiendes a pisar mal para evitar el daño, por lo que acaban molestándote también los tobillos y las rodillas. La gente no imagina la dureza de mi viaje, yo llevo ya muchos meses y kilómetros de rodaje, pero cuando caminan conmigo largas jornadas sobre el duro suelo bajo el sol abrasador, la lluvia y la humedad, durmiendo en una tienda de campaña, alejados de una ducha, una higiene y unas comodidades, les empiezan a doler los pies, las rodillas y lo comprueban en sus propias carnes. Cuando llegamos a Malaca me despido de Rahim con un fraternal abrazo, fruto de haber compartido estos días de dura caminata, pero incapaz de proseguir coge un autobús y regresa a Kuala Lumpur.

Malaca es una ciudad con mucha historia y un pasado colonial. Fundada a principios del siglo XV, vio pasar también por sus tierras a portugueses, holandeses e ingleses. Me quedo un par de días paseando por sus calles y reponiendo fuerzas antes de proseguir. Curiosamente, quien está también estos días en Malaca es René. Quedamos para tomar algo y decide acompañarme el tramo que me resta de Malasia hasta Singapur, pero de una manera muy original: patinando. La verdad es que va muy mal preparado sin saco de dormir, sin esterilla y con una mochila cilíndrica con una sola asa muy incómoda para llevar, pero, gracias a que va patinando, empujándose con la ayuda de un palo y su buen espíritu, podemos hacer etapas de más de cuarenta kilómetros. Estos días comienza a llover sistemáticamente, el cielo se va oscureciendo a lo largo de la mañana y a mediodía rompe con fuerza la tormenta con rayos y truenos, creando riadas en las calles y obligándonos a refugiarnos bajo los tejadillos o los aleros de las casas que, por fortuna, abundan en esta región.

* * *

Estos días me llaman de la Embajada de España y me comunican la mala noticia de que no han conseguido el permiso por parte de la Embajada de Singapur para que pueda cruzar a pie el puente que une ambos países; sin embargo, yo estoy decidido a hacerlo. Tras una semana atravesando Sungai Balang, Batu Pahat, Simpang Renggam y Johor Bahru, recorriendo los últimos cientos de kilómetros por Malasia, aguantando chaparrones y durmiendo con la tienda de campaña en jardines y templos, llegamos a la entrada del puente y me despido de este país que tan buena acogida, gente tan estupenda y tan increíbles momentos me ha brindado. Echo la vista atrás por última vez y me despido con un sentido y profundo *terima kasih*. Justo hoy, 21 de marzo de 2014, cumplo mi primer año de viaje.

Singapur

Para cruzar el puente hay que entrar en unas instalaciones y subir varias plantas. Subimos con el carrito, nos sellan la salida de Malasia en el pasaporte y preguntamos a los policías de la aduana si es posible cruzarlo a pie. Puede que Asia, en general, sea un continente mucho más desordenado que Europa y los países anglosajones, sin embargo, no son tan estrictos en el cumplimiento de las normas y abren la posibilidad de que las cosas se puedan dialogar con naturalidad desde el sentido común. Les explico el viaje mientras hojean mi pasaporte y les enseño varias noticias de diarios malayos en las que se habla de mi vuelta al mundo. Acceden sonriendo y de muy buen grado, no me piden ninguna autorización, incluso nos hacemos varias fotos con ellos y nos dejan pasar. El día ya está avanzado, es un puente de un kilómetro y medio, caminamos raudos entre los coches y los autobuses que están parados en un atasco sin avanzar, y llegamos al otro lado cuando ya es de noche. Nos sale al paso una policía de Singapur y nos dirige a las oficinas de entrada para rellenar un formulario y ponernos el consiguiente sello. Sin mayores problemas, entramos en Singapur.

La República de Singapur es un país formado por sesenta y tres islas, y uno de los cuatro tigres asiáticos junto a Taiwán, Hong Kong y Corea del Sur, regiones que en la segunda mitad del siglo XX mantuvieron unas altas tasas de crecimiento e industrialización. Una ciudad-Estado a caballo entre la cultura asiática y el desarrollo occidental, cuenta con el tercer mayor centro financiero del mundo y también es el tercer país mundial con mayor renta per cápita. Cuando salimos de las instalaciones, cerca de las nueve, no encontramos ningún lugar donde pasar la noche. Es una ciudad bastante grande y desde el puente hasta el centro hay unos treinta kilómetros, y si le sumamos que en el día de hoy llevamos ya sesenta caminados son noventa. Hemos cometido el error de cruzar la frontera muy tarde y sin investigar qué nos íbamos a encontrar al otro lado o mirar un mapa siquiera, pero la temperatura es agradable, y la ciudad pacífica y civilizada, así que continuamos caminando. Vamos rumbo al sur por una acera habilitada para ciclistas y peatones, algo que no veo desde Europa, cuando a las dos de la mañana, ya extenuados y sin encontrar ningún hospedaje, decidimos echar las esterillas y dormir al aire libre en unas canchas de baloncesto como poco más que dos vagabundos. Mañana vienen Javi y Lolo desde Kuala Lumpur a despedirse de mí antes de dar el salto a Indonesia. A la mañana siguiente nos despertamos a las siete con los rayos de luz y el ajetreo de una ciudad que comienza a funcionar. Anoche nos acostamos sin cenar, hoy nos levantamos sin desayunar y no tenemos dinero. La moneda es el dólar de Singapur, pero al entrar tan tarde en el país tampoco pudimos cambiar, así que ésa es nuestra misión por la mañana. Y comienzo a pensar que cuando camino solo estoy más concentrado, cometo menos errores y me organizo mejor. Llegamos a la estación de autobuses de Toa Payoh, donde cambio moneda, me despido de René y me encuentro con Javi y Lolo, que han recorrido casi cuatrocientos kilómetros en coche desde Kuala Lumpur para venir a verme. Al final, entre unas cosas y otras, Malasia ha sido el país en el que más gente me ha acompañado. Pasamos el día juntos, buscamos un hostal barato para dejar mi material y, una vez instalado, vamos a comer y a por unas cubiertas nuevas para las ruedas del carrito, porque las que compramos en Kuala Lumpur eran bastante malas y apenas han aguantado el trayecto hasta aquí. Menos mal que me dio por darles unos kilómetros de rodaje: si me llego a adentrar con ellas en Australia hubiera sido un problema. Esta vez nos acercamos a una tienda de ciclismo profesional y Javi me regala un par de neumáticos realmente excelentes. Al caer la tarde nos despedimos con la seguridad de volver a vernos algún día y en algún lugar del planeta; estoy profundamente agradecido por su ayuda y la camaradería que hemos forjado, sin duda Javi es una persona especial y un aliado único en mi viaje. Al día siguiente preparo el equipaje para el vuelo, estudio la llegada a Java y el 24 de marzo pongo rumbo a Indonesia, el último país en mi recorrido por Asia.

Indonesia

Acabo de cruzar la línea del ecuador y, por primera vez en el viaje y en mi vida, estoy en el hemisferio sur de la Tierra. Indonesia es un país insular compuesto por más de diecisiete mil islas y el cuarto más poblado del mundo, alberga la mayor población musulmana del planeta y, sin embargo, en su territorio convive una gran diversidad de grupos étnicos, lingüísticos y religiosos. Cuento con un visado de treinta días para recorrer los mil doscientos kilómetros que distan a Denpasar, capital de Bali y lugar en el que tengo pensado finalizar mi recorrido por el que ya es mi decimoctavo país, así que, una vez más, no me puedo demorar y he de imprimirle un ritmo intenso a la caminata. Me siento fuerte y confiado, avanzo como una locomotora viendo caer los kilómetros y los países, y ya casi puedo acariciar el final de Asia. Recorrer Indonesia fue una decisión de última hora, pero como no sabía cuándo volvería a estar por estas latitudes, finalmente me decanté por ello. Paso un par de días en Yakarta, la capital de Indonesia, en la isla de Java, poniendo a punto el material, familiarizándome con el entorno y preparando la travesía por el país. En principio, se me presentan dos variantes, una más larga y bonita que recorre el sur de la isla pasando por Yogyakarta, y otra más corta por el norte; apremiado por el tiempo del visado me inclino por la segunda. El tráfico vuelve a ser caótico, las calles sucias y ruidosas me recuerdan ligeramente a la India, compro una tarjeta SIM, como ya es costumbre cada vez que entro en un nuevo país, compruebo con alegría que he recibido algunas donaciones a través de la campaña de *crowdfunding* y reanudo la marcha.

* * *

De vez en cuando voy haciendo conexiones telefónicas con cadenas de radio españolas en las que voy contando la evolución de mi marcha. Por lo general trato de buscar lugares silenciosos con buena cobertura, pero no siempre tengo la posibilidad. Estoy abandonando la caótica Yakarta cuando me suena el móvil y corro a buscar un lugar donde hablar tranquilamente, lo que tengo más a mano es una estación de bomberos. Estoy esperando para entrar en antena cuando comienzan a sonar ensordecedoras las sirenas y las alarmas de incendios; no me lo puedo creer, salgo de ahí corriendo otra vez, pero por fortuna en el último segundo se apagan y puedo realizar la entrevista medianamente en silencio. En ocasiones hago las entrevistas sudando dentro de mi tienda, acampado en mitad de ninguna parte y a altas horas de la madrugada por el desfase horario. O caminando empapado bajo la lluvia. Recuerdo una vez en Bangladés cuando, apurado por una fuerte diarrea, respondía las preguntas que me hacía el periodista con los pantalones bajados y en cuclillas sobre un agujero en el suelo a modo de váter. Son sólo algunos ejemplos de las inverosímiles situaciones en las que me encuentro en ocasiones.

Camino de Indramayu, al atardecer, sale un hombrecillo de entre los árboles, dice tener treinta y cinco años, y comienza a caminar a mi lado. Habla inglés, me cuenta que tuvo una novia suiza y me invita a dormir en su casa, me dice que más adelante no hay hoteles y como ya es tarde termino aceptando. Nos metemos por una estrecha senda entre la vegetación, hasta que llegamos a un poblado de varias casas asentadas sobre una explanada de tierra, rodeadas de veredas y palmeras. Se llama Supyan Casta, me presenta a su familia, su hermano, sobrinos y pronto comienzan a acercarse más niños y gente del pueblo: les despierto gran curiosidad y quieren hacerse fotos conmigo. Sorprendidos por mi gesta, me preguntan cuál es mi droga, como queriendo descifrar el misterio, saber dónde reside el secreto. Les respondo que, sencillamente, beber agua y hacer aquello en lo que verdaderamente creo y me gusta, mientras me observan atentos y le dan hondas bocanadas a sus cigarrillos. Al rato, me presentan a un grupo de chicas con cierta intención. Me dicen que les gusta mi nariz, que en Europa tenemos la nariz larga y bonita, y que las suyas son feas y achatadas; les respondo amablemente con una sonrisa, mientras pienso cuántos aventureros se habrán casado en tierras remotas seducidos por la belleza de unos rasgos que se antojan exóticos. Pero las mujeres para mí son como la vida salvaje, los tigres y las junglas: voy con la guardia alta centrado en mi camino y no entra dentro de mis planes dejarme atrapar, echarme novia o la idea de casarme. Hace un rato que es de noche, estoy fatigado y comienzo a tener ganas de descansar. Para mi sorpresa, en vez de a una casa, me llevan a la mezquita. Inflo mi esterilla, extiendo el saco sobre el suelo alfombrado a modo de futón y trato de dormir, pero hace mucho calor y tengo que elegir si deshidratarme dentro de mi saco de invierno o que me acribillen los mosquitos. En Indonesia hay riesgo de contraer enfermedades como la malaria, el dengue o la encefalitis japonesa, y empiezo a arrepentirme de haberme deshecho de mi fantástica tela mosquitera en Malasia. Cuando he alimentado a todos los mosquitos de la aldea y por fin consigo conciliar el sueño, a las cuatro y media de la madrugada, el almuecín llama a la oración por el megáfono. Abro levemente los ojos y veo a varios hombres dentro de la mezquita, a escasos metros de mí rezando de rodillas y recitando versos del Corán, entre el cansancio y la escena que presencio medio en sueños, me da la sensación de estar en una película. Me levanto con los primeros rayos de luz, recojo mi equipaje y tras despedirme agradecido por su hospitalidad, me pongo de nuevo en camino.

Estoy recorriendo el país a finales de la época de lluvias y, a pesar de que hay unas temperaturas constantes entre los veinticinco y los treinta y cinco grados a lo largo de todo el año por su cercanía al ecuador, en Indonesia hay un gravísimo problema que amenaza el ecosistema y la salud de sus habitantes: los incendios incentivados por grandes compañías que pretenden hacer desaparecer bosques y selvas para crear nuevas plantaciones de cultivos, como la palma de aceite. Se ha expuesto a millones de personas a niveles de contaminación del aire extremadamente nocivos para la salud, que amenazan la supervivencia de especies emblemáticas como los orangutanes y, por si fuera poco, el país se ha convertido en una de las principales fuentes de emisión de gases de efecto invernadero a la atmósfera en todo el planeta. En un solo año, se han registrado más de cien mil grandes incendios forestales, y la cantidad de gases emitida a la atmósfera supera las emisiones producidas por un país tan industrializado como Japón. Hay muchísimo tráfico, los coches van en contradirección, miles de motos, la carretera no tiene carriles y con frecuencia me veo desplazado a la cuneta para que no me atropellen. Además, llevo las zapatillas tan desgastadas que me han salido dos ampollas exactamente iguales, una en cada pie. Al no haber arcenes, camino con dolor por la gravilla y las piedras, pero a lo largo de mi viaje veo chavales que pican con pico y pala en canteras, gente que trabaja en los arrozales en pésimas condiciones, y pienso en cómo me voy a quejar por un par de insignificantes ampollas. Al atardecer, en Susukan, no encuentro un lugar donde pernoctar, así que me acerco a una comisaría de policía a preguntar por un alojamiento y me ofrecen quedarme ahí a dormir; acepto encantado, incluso me traen algo de cenar.

* * *

Al día siguiente me pongo en marcha a las seis y media, desayuno *nasi goreng*, el plato típico de arroz frito con salsa de soja al que se le pueden añadir otros ingredientes, como *ayam* (pollo). Suelo comprar la comida en restaurantes y puestos por la calle, donde por muy poco dinero puedes comer, y en la gran cantidad de supermercados que hay por todas partes. Como es costumbre y necesidad, cada vez que entro en un nuevo país y, gracias a las similitudes con la lengua de países anteriores, voy aprendiendo vocabulario básico con el que desenvolverme en el día a día. El bahasa o idioma indonesio es muy sencillo, ya que no tiene géneros, plurales y no conjugan los verbos en pasado, presente y futuro, sólo tienen infinitivo y se entiende el tiempo por el adverbio que los acompaña. Cuando llego a Cirebon, como no veo dónde acampar ni ningún alojamiento, me vuelvo a acercar a otra comisaría de policía, operación que repito también al día siguiente en Kudus. En Asia, al ser occidental, me tratan de míster, y los policías me ofrecen sin ningún problema un espacio para pernoctar; es una costumbre que traigo de la India y que agradezco enormemente al finalizar exhausto cada jornada. Las comisarías son instalaciones austeras, constan de una sencilla recepción, alguna habitación a modo de oficina, las celdas y un patio en el que suele haber alguna hamaca o cama de madera y bambú. Bromean ofreciéndome una celda para dormir, me doy una ducha que me sabe a gloria en las ya famosas albercas del patio con un cazo, una pastilla de jabón y agua fría, y me quedo charlando con ellos hasta tarde. Otro día cojo una habitación en un hotel por ciento cincuenta mil rupias, unos diez euros, con la intención de lavar ropa, actualizar internet y darme un merecido descanso, sin embargo, algo que ocurre en Asia es que no se respeta el sueño: es un continente tremendamente ruidoso. Junto al hotel hay un templo hindú y una mezquita, y se pasan la noche rezando por el megáfono uno y poniendo música el otro. Estoy recorriendo las últimas jornadas de mi travesía por la isla de Java y comienza a llover todas las tardes. Tras una mañana calurosa, el cielo se va nublando paulatinamente hasta que está completamente oscuro; camino raudo, mirando hacia arriba, apurando hasta el último instante, controlando la descarga, cuando ya no aguanta más y rompe a llover con fuerza. Como en esta región del planeta llueve mucho, todas las construcciones, casas, puestos y restaurantes tienen porches, tejados y avanzadillas; entonces, corro a refugiarme bajo uno de ellos. El agua cae en riadas por las calles, en ocasiones saltan las alcantarillas porque las cañerías y los desagües no dan de sí. Resulta gracioso que cada vez que cae la tromba, debajo del tejadillo solemos coincidir varias personas, cada uno con nuestro rumbo y nuestra historia, charlamos durante la media hora que tarda en amainar, como quien está esperando el autobús, tras lo cual nos despedimos y cada uno prosigue su camino. Camino junto a la costa contemplando bonitas embarcaciones a vela y trimaranes de colores, rebaso una zona montañosa entre bosques sin poblaciones ni avituallamiento y la última jornada, tras recorrer sesenta kilómetros, alcanzo el muelle de Ketapang, en el extremo oriental de Java, desde donde salen los ferris rumbo al puerto de Gilimanuk, en la parte occidental de Bali...

Camino a la sombra por una pequeña carretera entre árboles mucho más tranquila y menos poblada que en Java. Bali es un importante destino turístico, lugar escogido por muchos para la práctica del surf y —al contrario que en el resto de Indonesia, donde la religión predominante es el islam— se profesa el hinduismo. Veo turistas en motos con un acople para llevar la tabla de surf, y gente local con tatuajes balineses y un pañuelo sobre la cabeza. Hay días en los que uno está tan cansado que ya no sabe ni dónde se encuentra. Está lloviendo y me he refugiado bajo un tejadillo, son cerca de las cinco de la tarde, llevo caminando desde las siete de la mañana por terrenos rompepiernas con constantes subidas y bajadas, mucha humedad, y las largas distancias que estoy cubriendo sin descanso este último mes hacen que esté fatigado. A estas horas ya anochece, por lo que no creo que me mueva más y acampo bajo el tejadillo junto a un templo balinés de piedra oscura y tejas rojas con dragones y seres con cabeza de tigre custodiando las entradas. Frente a mí, el mar rompe incansable con su oleaje a lo largo de una playa inmensa y desierta de arena fina, las nubes negras se ciernen sobre mi cabeza, mientras al fondo, allí a lo lejos, el sol me regala uno de los atardeceres más hermosos de mi vida incendiando el cielo. Son los últimos días en el que ya es mi segundo continente, Asia, puedo acariciar con los dedos el paso a Australia y comienzo a vislumbrar que la gran odisea de dar la vuelta al mundo a pie y en solitario puede hacerse realidad... Y en este momento del viaje, contemplando el bello atardecer y disipando cualquier atisbo de duda, la vida me dice convencida que siga adelante con mi misión.

Al día siguiente, justo dos días antes de que expire mi visado en Indonesia y de volar a Australia, alcanzo Denpasar. Estoy a las puertas de Oceanía, éstos son mis últimos días, las últimas horas en mi travesía por Asia, el dragón, la prueba de fuego, son ya trece meses de viaje y catorce mil kilómetros caminando. He vivido demasiado deprisa, muchas experiencias, países y paisajes sin apenas lugar para descansar y asimilarlo, pero el tiempo sigue corriendo y Australia me llama: escasez de agua, poblaciones muy distanciadas y una fauna salvaje peligrosa son las notas dominantes de lo que me espera por delante, una aventura con mayúsculas rumbo a un nuevo horizonte en tierra de nadie y al calor de las estrellas. Y no puedo negar que siento emoción por adentrarme en lo desconocido y descubrir qué me deparará el camino. El lunes 21 de abril por la noche, justo cuando se cumple un año y un mes de aventura, me despido de Asia, que tan increíbles momentos y lecciones me ha regalado y, con la mirada puesta al frente, vuelo rumbo a Australia, dispuesto a seguir materializando este sueño y demostrar que con valentía y esfuerzo no hay nada imposible.

HUMILDAD

Cuando una persona se siente fuerte y segura, o tal vez precisamente para sentirse así, suele caer en el error de creerse juez y canon de todo lo que la rodea, y se sube a una especie de púlpito o atalaya y moviendo hacia delante y hacia atrás un dedo índice muy grande, desmesuradamente grande, dicta sentencias, lanza veredictos y sienta cátedra, como si la verdad existiera y ésta lo hiciera, por supuesto, dentro de sus dominios, de su bagaje y de sus conocimientos. Pero la experiencia enseña que la humildad es una lección vital, que la vida puede dar un giro en cualquier dirección, que el destino puede dar un bandazo inesperado y apear de su palo a cualquier gallo. Y que el único púlpito al que una persona, hombre o mujer, tiene derecho a subirse es aquél desde el que lanzar palabras y actos de amor y agradecimiento. Porque detrás de cualquier ideología, razonamiento, política o religión, tras el último de los horizontes, allí donde se diluyen las palabras, ésa es la única actitud pura y honesta: amor y agradecimiento. Como decía Gabriel García Márquez, «El único momento en el que un hombre tiene derecho a mirar a otro hacia abajo es para ayudarlo a levantarse».

El día de la partida.

Amanecer en la playa de Niza, Francia.

Valle del *río* Trebia, Italia.

Amanecer en la costa del Mar Negro, Turquía.

Paso de Meghri en el Cáucaso, Armenia.

Acampado en Irán, con el Cáucaso y Najicheván al fondo.

Río Trishuli, en Nepal.

Humedales, canoas y bambú en Mirzapur, Bangladés.

Acampado en las inmediaciones de Chumphon, Tailandia.

Atardecer en Bali, Indonesia.

Con los pies en la tierra y el corazón en las nubes.

Termiteros y tierra roja del Territorio del Norte, Australia.

Soledad e imaginación por carreteras infinitas.

Atacama, el desierto más árido del mundo.

El desierto florido.

Las noches silenciosas y estrelladas del desierto.

Parque Nacional Lauca y volcán Parinacota, en los Andes.

Atardecer en la playa de Zorritos, Perú.

Selvas de Mindo, Ecuador.

Playa Dominicalito, Costa Rica.

Parque Nacional Barranca del Cupatitzio, México.

Colibríes en Ecuador.

Migración del ganso de las nieves
en Estados Unidos.

Macaco de cola larga en las islas Langkawi.

Preparando la cena.

Inmerso en la tormenta Jonás, Estados Unidos.

Al calor del fuego, en Portugal.

Mi última noche en la tienda de campaña, España.

Gracias a mi equipo, Paz y Bruno.

De vuelta al kilómetro 0, final del viaje.

Parte III

OCEANÍA, «LIBRE Y SALVAJE»

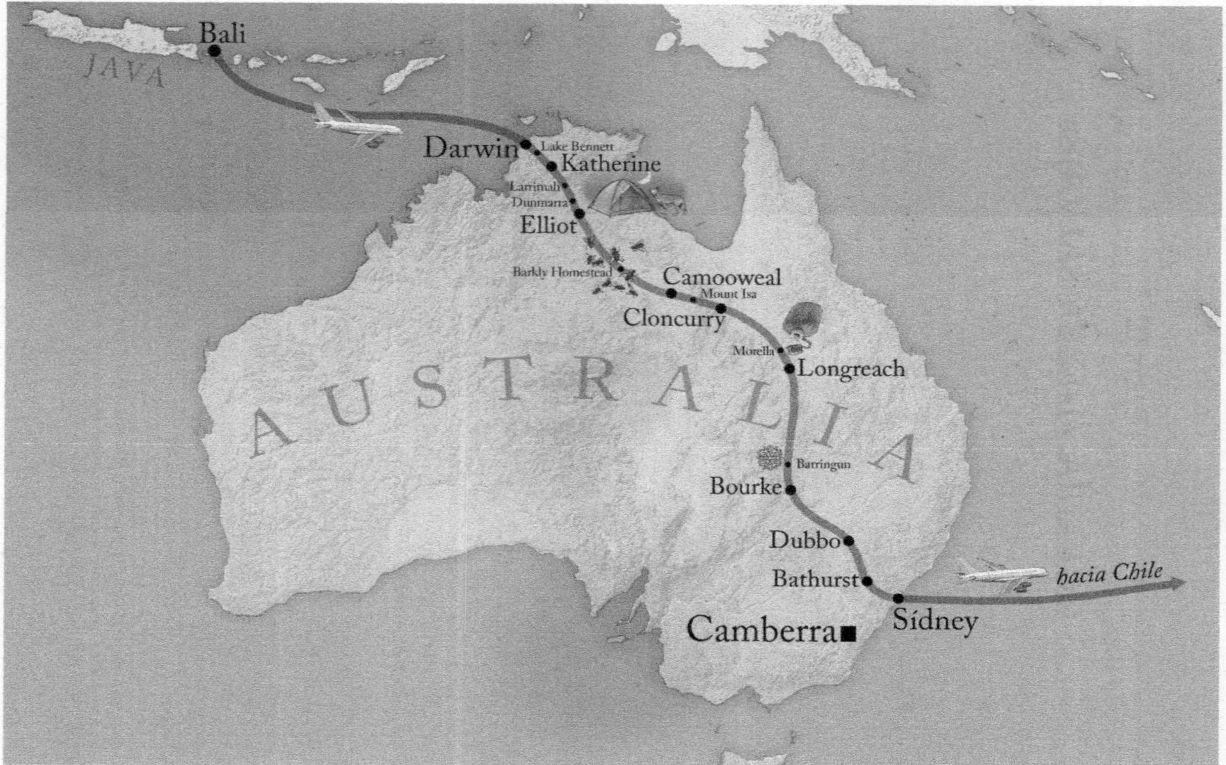
Bali
JAVA
Darwin
Lake Bennett
Katherine
Larrimah
Dunmarra
Elliot
Barkly Homestead
Camooweal
Mount Isa
Cloncurry
Morella
Longreach
AUSTRALIA
Barringun
Bourke
Dubbo
Bathurst
Sídney
hacia Chile
Camberra

Capítulo 6

Australia

El 22 de abril de 2014, a las cinco de la mañana, aterrizo en el aeropuerto de Darwin, al norte de Australia. Haber llegado en los meses anteriores hubiera sido pronto para atravesar a pie un país en el que más del 50% del territorio es desierto, no olvidemos que en el hemisferio sur las estaciones van al revés que en el norte y en estas fechas están finalizando el verano austral y la época de lluvias. Estoy inmerso en el sopor de un sueño tan breve, y los policías de la aduana me hacen abrir la caja y colocar mi material sobre una mesa para revisarlo y comprobar que no tenga semillas de plantas adheridas en la tienda de campaña o barro pegado a la suela de mis zapatillas. Son muy estrictos en materia medioambiental y extreman las precauciones, pues la introducción de una especie foránea puede suponer una plaga y un grave problema para el ecosistema autóctono. Sin embargo, he limpiado y puesto a punto todo mi material en Denpasar. Una mujer seria y rubia me pregunta cuáles son mis planes dentro del país. Le cuento mi intención de atravesarlo caminando, y me recuerda que sólo tengo un visado de tres meses para hacerlo y que no puedo trabajar ni realizar actividades remuneradas. Igualmente, me informan de que en el interior de Australia no hay nada que ver, tan sólo *lots of nothing* («montones de nada»), y que todos los años mueren turistas por el calor, la escasez de agua y los cocodrilos. Una vez hechas las comprobaciones pertinentes no recogen mi equipaje, así que decido montar directamente el carro e ir caminando hasta Darwin. Después de pasar nueve meses en Asia rodeado de gente y ruido, el contraste al salir del aeropuerto es brutal: no hay nadie, ni un taxista, ni un vendedor, ni gente esperando y dando voces, nadie, tan sólo el silencio más absoluto, y yo con mi carrito. Puedo sentir una leve y fresca brisa en el aire, la soledad y la inmensidad del espacio abierto. Miro hacia arriba y veo unas águilas volando en el cielo; a mi alrededor, el césped perfectamente cortado y las calles limpias, ni un papel en el suelo. Son las seis de la mañana y comienzo a caminar por una carretera ancha de varios carriles que intuyo que lleva a Darwin mientras algunas libélulas revolotean a mi alrededor despidiendo el verano.

Cuando llego a Darwin, la capital del Territorio del Norte junto al mar de Timor, comienza la odisea de buscar un alojamiento. Me dirijo al centro, hay hoteles, pero los precios son prohibitivos, en hostales para viajeros no me permiten meter el carro, son sólo para bicicletas. Tras varias horas dando vueltas encuentro una habitación en la última planta de un hostal por sesenta y cinco dólares la noche, donde además tengo que dejar trescientos de depósito y me ayudan a regañadientes a subir el carrito. Le cuento el viaje en el que estoy inmerso a la recepcionista y me mira con ojos escépticos y cara de no entender. Aunque estoy cansado, aprovecho el día para atar el mayor número posible de cabos, no tengo mucho tiempo y en apenas un par de días me tengo que poner en camino. Me dirijo a la oficina de turismo para dejar constancia de mis intenciones de atravesar el país a pie. Me atiende una mujer mayor y simpática que mi imaginación me dice que es aventurera, me da un mapa de Australia, varios teléfonos y recomendaciones, como que, bajo ningún concepto, acampe en las orillas de los ríos. Vuelve a reiterarme el hecho de que en el corazón de Australia no hay absolutamente nada, le doy las gracias por su amabilidad y voy a buscar una tarjeta SIM. Por la calle veo carteles de cocodrilos y un centro donde los exhiben. Me cuenta un hombre que hay dos tipos de cocodrilos, el de agua dulce —que habita en ríos y tiene las fauces estrechas y afiladas— y el de agua salada —que vive en las playas y es más peligroso—. Este último es el cocodrilo de mayor tamaño del mundo, el macho adulto alcanza fácilmente los siete metros de longitud y en época de apareamiento puede remontar los ríos corriente arriba, incluso se han encontrado ejemplares cien kilómetros tierra adentro. Claro, cien kilómetros tierra adentro desde la orilla de un río, y cien kilómetros desde la orilla de otro río, me imagino que todo el territorio debe de estar repleto de cocodrilos, no sé dónde voy a acampar. Hago la compra en un supermercado, la comida me vuelve a resultar familiar, fiambres, yogures, Nutella... y me retiro a la habitación a planificar la ruta.

Australia es el sexto país más grande del mundo y, con algo más de veinte millones de habitantes, uno de los que menor densidad de población tiene. Habitada desde hace más de 46.000 años por los aborígenes australianos que llegaron al continente por el norte, fue descubierta por marinos españoles y portugueses en el siglo XVI, quienes, por razones estratégicas, mantuvieron en secreto su descubrimiento. Posteriormente, en los siglos XVII y XVIII, holandeses e ingleses cartografiaron las costas y fueron los responsables de los primeros asentamientos de colonos europeos. Siento algo de nervios por la incertidumbre y la dureza del recorrido que tengo por delante y las opiniones que estoy escuchando en las últimas horas. Las distancias por cubrir son larguísimas, más de cuatro mil kilómetros a Sídney y tres mil ochocientos a Melbourne, todavía no tengo claro a cuál de las dos me dirigiré. «Voy a tener que realizar jornadas de cincuenta kilómetros todos los días y en cualquier circunstancia para cruzar todo el territorio en los noventa días concedidos en el visado», pienso mientras estudio el mapa y lo divido en etapas. La población de Australia se concentra sobre todo en la costa este, el interior está ocupado por varios desiertos y se halla prácticamente deshabitado, lo que obliga a cubrir distancias de doscientos y trescientos kilómetros entre puntos de avituallamiento, gasolineras, *roadhouses, bushpubs* con una gran cantidad de peso de agua y comida encima para sobrevivir. Cinco de las seis especies de serpiente más venenosas del mundo habitan en Australia, además de arañas, los famosos dingos, que te persiguen hasta la extenuación, y una de las faunas salvajes más peligrosas del planeta augura sin duda una aventura trepidante. Al día siguiente me quedo también en Darwin y decido hacer una buena y necesaria inversión: voy a una tienda de deportes a comprar un nuevo par de zapatillas y deshacerme del viejo y deshecho par con el que vengo desde Bulgaria. Me gustan las zapatillas de correr maratones, ligeras, flexibles y acolchadas para que absorban el mayor impacto posible cuidando mis articulaciones. El jueves 24 de abril emprendo la travesía a pie y en solitario por Australia con un material de lo más austero, ligero y sencillo: apenas una tienda de campaña, un saco de dormir, una esterilla, un botiquín, navaja, linterna, algo de ropa y un cuaderno para escribir, sabedor de que es fe, coraje y fortaleza todo lo que necesito para afrontar este tramo tan libre y salvaje, deseoso de enfrentarme al clima y empujar mis límites, de perderme en la soledad de las inmensas llanuras y dormir bajo las estrellas, de averiguar qué me deparará el camino y descubrir de lo que soy capaz.

> No trates de retenerme, pequeña, he de marchar, tengo un largo camino por recorrer. ¿Escuchas el aullido del viento en la ventana? Es el destino que me llama, tengo asuntos que resolver. No te preocupes por mí, pequeña, todo va a salir bien, las águilas velarán mis pasos y estaré pronto de vuelta. Tan sólo, cuando veas el sol despuntar al alba, piensa que estaré ahí por ti...

El Territorio del Norte

Camino por un carril bici durante varios kilómetros paralelo a la Stuart Highway, que une Darwin con Adelaida a través de Alice Springs y el corazón de Australia, mientras pienso en los primeros exploradores que se adentraron en estos territorios. Hace unos años, por no hablar de hace siglos, no existían los medios de comunicación con que contamos ahora. Los viajeros y los aventureros desaparecían del mapa hasta que regresaban a su hogar y la única noticia que se tenía de ellos era alguna carta puntual que cuando los familiares la recibían, si es que llegaba, contaba noticias que ya no estaban de actualidad. Hoy en día estamos tan acostumbrados a estar localizables todo el tiempo que si, por la razón que sea, no lo estamos, salta la voz de alarma. Voy pensando en los riesgos, la escasez de agua, la falta de comida, los cocodrilos, las serpientes, tratando de anticiparme a lo que tengo por delante, me siento como un explorador adentrándome en territorios salvajes, tengo sed de aventura. Durante estos primeros kilómetros veo *jeeps*, gente con tatuajes, bares, moteles de carretera y los famosos *road trains*, camiones que llevan hasta cuatro remolques y miden cincuenta metros de longitud. Me fijo en el color rojo ocre de la tierra y el movimiento del sol, el primer año de viaje lo he pasado en el hemisferio norte, caminando hacia el este, por lo que el sol me daba de frente hasta mediodía, momento en el que rebasaba mi vertical para empezar a darme por la espalda. Cuando puse rumbo al sur en el Sudeste Asiático, el sol pasó a darme en la cara toda la jornada, por la izquierda por la mañana y por la derecha por la tarde. Sin embargo, desde hace más de un mes estoy en el hemisferio sur, por debajo de la línea del ecuador, el sol ahora pasa por mi izquierda cuando avanzo hacia el este y por mi espalda cuando lo hago hacia el sur. Mis sentidos han crecido y se han desarrollado durante treinta y tres años en el hemisferio norte, se han acostumbrado a una manera determinada de percibir el movimiento de los astros, de guiarse y orientarse al aire libre. Sin embargo, en este viaje estoy atravesando regiones del mundo donde la perspectiva cambia, da la sensación de que los astros se comportaran de un modo diferente en el firmamento y me llega a producir incluso cierto mareo y desorientación. Esto lo puedo percibir con especial fuerza y claridad en espacios abiertos y extensas llanuras en las que los sentidos no están limitados por los edificios, la visión del cielo es amplia y la conexión con la naturaleza absoluta. Comienzo a comprender, experimentar en mi propia piel y ver con mis propios ojos cómo cambian las horas conforme voy rebasando meridianos y husos horarios, cómo varían las temperaturas y la incidencia de los rayos solares en función de la latitud, el devenir de las estaciones, la humedad de los trópicos, a entender el paisaje mientras me voy fundiendo con los ritmos de la naturaleza y la sucesión de ecosistemas, a convivir con la lluvia y el viento, cómo caen los ríos por la montañas irrigando los valles y horadando cañones, a leer las nubes, la brisa meciendo las copas de los árboles, las águilas mostrándome el camino allá arriba en el cielo, siento el planeta como un inmenso ser vivo del que formo parte, puedo sentir cómo lo estoy recorriendo y rodeando lentamente, paso a paso y poco a poco con mis pies mientras mi sistema de navegación y mecanismos de orientación perciben los cambios y tratan de adaptarse. Recorro países, atravieso culturas, cruzo ecosistemas entrando en contacto con otra realidad apasionante y en constante cambio, un retorno a las raíces y el instinto que me unen a la Tierra y a la vida.

La naturaleza es cruda y salvaje, la serpiente se come al lagarto inmovilizado por el veneno, las hormigas arrastran hacia el hormiguero a la malherida mariposa que se retuerce todavía viva. Pero a veces el ave pequeña ahuyenta al águila, la avellana pequeña parte a la grande, y las cosas parecen seguir una lógica a la que no estamos acostumbrados, pero que no estaría mal tener en cuenta. A veces no sé si voy a ser capaz de superar los obstáculos que tengo por delante, estoy ante situaciones completamente nuevas en las que no sé cómo reaccionaré. Yo simplemente camino, con incertidumbre, pero con determinación y sin volver la vista atrás, con una especie de fe ciega en mi instinto de supervivencia y en una fortaleza que será capaz de empujar los límites, resolver problemas y rebasar umbrales cuando las circunstancias lo requieran adentrándome, una vez más, en la conquista de territorios inexplorados.

Mi primera noche a la intemperie en Australia la paso cerca de Noonamah, acampado entre unos árboles con cierta inquietud por la amenaza de la fauna. A las seis y media está completamente a oscuras, permanezco atento a los ruidos, pero lentamente el sueño se va apoderando de mí, la noche transcurre sin percances y al día siguiente, a las seis de la mañana, con el amanecer, ya estoy en movimiento. He pasado mi primera noche al aire libre, y tengo que aprovechar bien las horas de luz para poder cubrir los cincuenta kilómetros diarios. Desayuno un par de kiwis, una lata de sardinas, dos galletas con crema y me pongo en camino. Al rato veo una serpiente enroscada alrededor de un pequeño lagarto, inmovilizándolo entre los arbustos. Me acerco sigilosamente y me detengo a observar, pero a los pocos segundos la serpiente detecta mi presencia y se escabulle entre la maleza, el lagarto sale corriendo en la dirección contraria sin creer la suerte que ha tenido. Poco después alcanzo Livingstone y no caigo en la cuenta de que hasta el próximo punto con agua y comida, Adelaide River, hay unos ochenta kilómetros y sólo compro una empanada de espinacas y una barrita de chocolate. Hace bastante calor, llevo varias botellas que siempre que puedo voy rellenando, el agua del grifo en Australia es saludable, menos mal, porque la botella de litro y medio cuesta dos dólares y estoy bebiendo cinco litros diarios de agua. Por las noches, dentro de la tienda de campaña, con el calor y la deshidratación, aún bebo un litro más. Más adelante ya veré cómo hago para transportar tanto peso cuando las distancias entre puntos de avituallamiento sean de trescientos kilómetros. El teléfono de emergencia es el 000, pero, a pesar de que he comprado una tarjeta con la mejor cobertura, al poco de haber abandonado Darwin compruebo que hay muchas zonas sin señal. Voy caminando sin haber comido apenas en todo el día, está atardeciendo y pienso en acampar, cuando veo a un chico parado junto a la carretera a la altura de Lake Bennett. Va en bermudas y sin camiseta, se acerca y comenzamos a hablar. Se llama André, es suizo y me invita a dormir en su casa, en lo alto de una colina a la que se accede por un camino de tierra lleno de baches, piedras y agujeros. Cuando llegamos me presenta a su hermano Renaldo, que está tumbado en una hamaca en la terraza con un libro y una copa de vino frente a un precioso lago tras el que comienza a ponerse el sol. Charlamos, les cuento mi viaje, me hablan de su vida, de lo que cuesta atravesar Australia incluso en coche, también me ofrecen quedarme más días, pero voy tan justo con el visado que no me puedo demorar. Tras la cena me acuesto sobre un futón bajo una tela mosquitera en una casa en un árbol, con vistas al bosque, el cielo plagado de estrellas y oyendo unas campanitas colgadas de un travesaño que la brisa mece suavemente. Es un gusto ver gente viviendo libremente con poco en un rincón del mundo como éste.

Al día siguiente me levanto con los primeros rayos de sol, el canto de las aves proveniente del bosque inundando la mañana y las hermosas vistas sobre el lago. André me acompaña de nuevo hasta la carretera, nos despedimos y me pongo en camino. Enseguida empieza a hacer calor, voy con la mente puesta en Adelaide River, cuando al rato aparece André en coche y me regala un bocadillo, una botella de agua y cien dólares; nos volvemos a despedir y continúo la marcha pensando en la suerte tengo. Cuando llego a Adelaide River hay una tienda y, para mi sorpresa, duchas. Me doy una ducha y lavo la ropa, pues no sé cuándo volveré a encontrar una. En mi mapa el siguiente punto de abastecimiento es Katherine, a doscientos kilómetros, pero en la tienda me dicen que a sesenta kilómetros está Hayes River. Me llevo bastante agua por si acaso, compro varias latas y fruta y casi me lo como todo en el momento del hambre que tengo, mientras el tendero me cuenta que a los dingos les lanzan comida envenenada desde helicópteros para matarlos y que no ataquen al ganado. Reanudo la marcha con la ropa recién lavada colgada del manillar del carrito, camino por la Stuart Highway, la gente me saluda simpática desde los coches. Llevo todo el día sin cobertura. Al caer la tarde me adentro por un camino de tierra y acampo.

* * *

Me levanto a las seis y media, abro la cremallera de la tienda y lo primero que veo es ¡un canguro pequeño saltando entre las cañas!, el primer canguro salvaje que veo en mi vida. A los pocos segundos, un águila sale volando de uno de los árboles que hay junto a la tienda. Al final he dormido bien, sin problemas, desayuno un par de latas de atún, una pera y una manzana, recojo el campamento y me pongo en camino. Hay águilas, cacatúas de colores y termiteros enormes. A partir de mediodía se nubla el cielo y la temperatura se hace más agradable, me deshidrato menos y no necesito beber tanta agua. Me molestan algo las lumbares de hacer largas etapas empujando un carro tan pesado. Voy parando de vez en cuando a estirar y comer algo. Termino acampando en un camino a dos kilómetros de Hayes Creek, así mañana por la mañana puedo hacer la compra y llenar las botellas. Justo cuando he montado la tienda comienza a llover. Me meto dentro y como una lata de *baked beans* mientras observo a lo lejos caer multitud de rayos. Estoy empapado en sudor, goteando dentro de la tienda de campaña, entre la humedad, la lluvia, el calor de montarla y meterme dentro de la capota impermeable, estoy hecho un cuadro. Me tumbo sobre el saco y escribo algo antes de dormir...

La aventura, el riesgo y jugar a la libertad está muy bien hasta que tu vida está en juego, eso ya no hace tanta gracia. Entonces desaparecen las tonterías, los pensamientos accesorios y nos quedamos desnudos ante la cruda realidad. Y ésta no es otra que los cientos, los miles de años de evolución de la humanidad buscando la seguridad y la comodidad; han ocurrido por algo. Desde el primer momento, aquel instante perdido en la noche de los tiempos, cuando bajamos de los árboles y buscamos en la cueva un refugio de la lluvia, unos rayos y unos truenos que nos atemorizaban, comenzó el ritual de los simios por protegerse de los elementos y querer controlar el entorno. Después vendrían el fuego, las pinturas rupestres, las herramientas y un progreso por todos conocido hasta el día de hoy, cuando algunos ejemplares todavía movidos por la llamada de la naturaleza, el instinto y lo salvaje, buscan escarbar en lo profundo y desenterrar, aunque sea por unos instantes, aquellos lazos y vínculos que ataban a nuestros ancestros a los impulsos más primarios, aquellas miradas atentas y despiertas en un mundo enigmático, las emociones básicas de las que manaban los sonidos anteriores a la palabra, aquellas raíces, aquellas sensaciones, el misterio del fuego, la noche estrellada, la alerta ante los peligros..., buscando sentir con total intensidad los misterios y la magia de la vida. El instinto es la memoria que no recordamos y llevamos poderosamente grabada.

Amanece lloviendo. Acabo de rebasar Emerald Springs cuando oigo un coche que se acerca por detrás, me vuelvo, y veo que es André que ha venido a verme, ¡qué sorpresa! Nos sentamos a charlar a la sombra de unos arbustos, trae una bolsa de comida y me deja enviarle un SMS a mi madre desde su móvil, ya que yo llevo varios días sin cobertura. Me cuenta que los canguros pequeños que estoy viendo estos días se llaman ualabíes, me habla también de un sapo venenoso que el Gobierno trajo de Sudamérica para combatir al escarabajo en las plantaciones de caña de azúcar de Queensland, y comenzó a expandirse hasta convertirse en una plaga por matar con su veneno a los predadores locales. Tras este breve encuentro nos despedimos y sigo caminando. Al acabar el día acampo entre los arbustos en una explanada a quince kilómetros de Pine Creek. Monto la tienda para que vaya secándose mientras ceno, ya que esta mañana la guardé mojada, y veo relámpagos en la lejanía. Darwin es una de las zonas del mundo con mayor actividad de rayos, y yo me pregunto si sería posible almacenar la electricidad que generan. Sobre mi cabeza el cielo está despejado, la noche se va llenando de estrellas, y en el firmamento comienza a dibujarse con total nitidez la Vía Láctea.

Avanzo a buen ritmo por terrenos ondulados, alguien me dijo en Darwin que este tramo era llano, pero caminando es diferente: cada ondulación, por pequeña que sea, hay que salvarla empujando el carro. Cuando alcanzo Katherine me doy una ducha y lavo la ropa en unos baños públicos en un estado pésimo, sucios y malolientes. Hay un montón de aborígenes por las calles, sentados en los parques. Es una vergüenza el trato que reciben del hombre blanco, los condena a una reserva, o les concede un subsidio mensual a modo de compensación por apropiarse de sus tierras, condenándolos al vagabundeo y la miseria; muchos de ellos son alcohólicos. Para los colonos ingleses, se podía expulsar a los aborígenes de las tierras que querían destinar a la agricultura y a la ganadería, porque eran nómadas e ignoraban el concepto de propiedad. Pero la cultura aborigen estaba intrínsecamente relacionada con la tierra en la que vivían, por lo que al tener que abandonar sus territorios tradicionales no podían mantener las prácticas sociales y espirituales que aseguraban la cohesión de los clanes y las interrelaciones entre los grupos. La pérdida de sus territorios de caza y de recolección provocó graves hambrunas y, por si fuera poco, las enfermedades que traían los colonos —como la viruela, el sarampión y la gripe— acabaron con la vida de miles de aborígenes y el descenso en su tasa de natalidad. Me recomiendan que tenga precaución con ellos, sobre todo conforme me vaya adentrando en el interior del territorio, porque no son muy amigos del hombre blanco. Yo, precisamente, desconfío de aquellos que me aconsejan desconfianza. Hago la compra para dos días, pues la siguiente población es Mataranka y dista cien kilómetros. No encuentro un grifo donde llenar las botellas de agua, me acerco a un centro cristiano y me dan un depósito de quince litros con el que relleno las ocho botellas ante la atenta mirada de la gente que hay por ahí. Reanudo la marcha, abandono Katherine por un carril bici, empujando un carro que debe rondar los cincuenta kilos, temiendo que se me partan los ejes de las ruedas y acampo al atardecer entre unos árboles.

Los días son cada vez más cortos conforme se acerca el invierno austral y avanzo hacia el sur; me levanto al amanecer y camino hasta que los últimos rayos de luz se esconden tras el horizonte. Voy realizando sistemáticamente etapas de cincuenta kilómetros. No llevo cuentakilómetros, pero a estas alturas tengo una noción aproximada de la velocidad a la que camino y los kilómetros que recorro. Me cruzo con un par de viajeras australianas, la ciclista Louis y unos instantes más tarde con la motorista Jackie, que me aportan algo de información sobre la ruta, nos hacemos unas fotos y nos deseamos buena suerte en nuestros respectivos caminos. Voy tan apurado por el visado que apenas puedo permitirme detenerme ni dejarme llevar por las circunstancias, voy absolutamente centrado en mi objetivo, con todas las energías volcadas en superar este reto con éxito. Cuando alcanzo Mataranka me dirijo a los baños públicos. En esta ocasión no hay duchas, aunque como en todos los lugares anteriores están los aborígenes sentados y haciendo vida en torno a ellos. Me meto en el de los minusválidos a lavar ropa, me desnudo, me enjabono y me aseo con agua del grifo. Tengo las cosas de valor conmigo mientras he dejado fuera el carrito y de vez en cuando le echo un ojo. Me llevo papel higiénico del baño, hago la compra y cargo la batería del móvil en el supermercado. Según camino veo cientos de termiteros entre la vegetación, algunos adornados con camisetas, gorras y gafas, parecen personas sentadas al borde de la carretera mirándome, da una sensación extraña porque hay muchos, de diversas formas y tamaños, algunos con varias cabezas, con cuerpos rechonchos o afilados. De los cuatro mil tipos de termita que hay en el mundo, en Australia hay dos mil, hacen sus nidos sacando tierra rica en minerales del subsuelo y son las responsables de fabricar el famoso instrumento musical aborigen didgeridoo cuando ahuecan las ramas de los árboles, eminentemente del eucaliptus.

INEVITABLEMENTE

Lo que yo escribo no es un invento, es un descubrimiento, me lo baila el fuego y me lo susurra el viento, ya estaba escrito en el cielo desde la noche de los tiempos y conforme voy caminando lo voy leyendo. Está escrito en las estrellas, en el canto de los pájaros, es la magia del mundo, el misterio del firmamento. Esto es una vuelta al mundo caminando, no una campaña de publicidad ni un producto en venta. Yo no tengo nada que vender. El mar no se vende. Las águilas no se venden. Un árbol no se vende. Las estrellas no se venden. La poesía no se vende, aunque hay quien la utiliza para venderse. Lo que es rotundo no necesita venderse porque es, inevitablemente. Cada mañana salgo a caminar, algo tan necesario como respirar, tan natural como la salida del sol, él pasea por el cielo y yo lo hago por la tierra hasta el anochecer. El viento me va trayendo ideas, reflexiones, sensaciones, todas las piezas encajan en su sitio en mi mente. Hay un camino en el que todo ocurre como si ya estuviera escrito, un camino en el que la mente tiene el poder de hacer que las cosas ocurran, un camino de paz y equilibrio, de luz y conocimiento. Voy caminando por los senderos de la vida como cantan los pájaros, como crece la hierba, como sopla la brisa, tan natural como cae la lluvia y fluyen los ríos rumbo al mar. He recuperado mi olfato y mi instinto, y no tengo más que caminar, que respirar, que ser.

Cuando llego a Larrimah apenas hay un solitario *bushpub* llamado The Pink Panther y un camping. Sentados en unas sillas a la sombra hay cuatro tipos con vaqueros, tatuajes y sombreros de *cowboy* bebiendo cerveza. Lleno de un grifo mis ocho botellas con las que tener agua hasta Highway Inn, que dista noventa kilómetros, compro unas latas y como un plato de carne con verduras y vuelvo a la carretera: aún queda una hora de luz y quiero aprovecharla. Comienzo a ver la parte dura de la travesía, más de cinco y seis días sin pasar por ningún sitio, voy a tener que llenar bien el carro de agua y comida, incluso usar una mochila extra. Los conceptos occidentales de dieta equilibrada y aporte calórico desaparecen por completo. Realmente, comes lo justo para ir alcanzando los siguientes puntos de avituallamiento, buscando un equilibrio entre el presupuesto y la demanda del organismo, aparte de que no es posible llevar encima la cantidad de comida que necesitas y podrías comer al acabar cada jornada. No tienes un frigorífico lleno de alimentos ni un coche de asistencia, no queda más remedio que aprender a racionar.

* * *

Al día siguiente, tras una jornada maratoniana, acampo en mitad de ninguna parte. Estudio el mapa dentro de mi tienda de campaña a la luz del frontal, llevo ya dos semanas de travesía caminando cincuenta kilómetros todos los días y me doy cuenta de que apenas he recorrido una parte insignificante del enorme territorio australiano; me desespero un poco. Apago el frontal y me meto en el saco, consciente de que tengo que caminar como una máquina, o como una bestia, todos los días sin excepción, para tener una posibilidad de cruzar Australia antes de que expire mi visado. También sé lo importante que es descansar para tener un rendimiento óptimo, por lo que, con el cuerpo fatigado y a la luz de la luna, cierro los ojos y me dispongo a tener un sueño reparador. No sé cuántas horas llevo durmiendo, de repente, en mitad de la madrugada me despierto sobresaltado: a escasos metros de mi tienda hay un dingo aullando. Me incorporo rápidamente, estoy solo en mitad de ninguna parte, el pulso se acelera, tengo el cuchillo a mano, las cremalleras localizadas, anoche dejé un palo y varias piedras en la entrada, me quedo quieto, inmóvil, escuchando... Otro aullido surca la noche, está a unos quince metros, entre la maleza, y es grande porque antes de aullar emite un gruñido ronco, grave y sonoro. Estoy tenso, sin saber qué hacer, tratando de mantener la calma, agazapado, de vuelta a los instintos más primarios, listo para reaccionar, esperando. He cometido el error de guardar la comida dentro de la tienda, tal vez sólo quiera la comida... Tras varios minutos eternos, los aullidos comienzan a sonar cada vez más lejanos y se diluyen lentamente en la noche.Me relajo poco a poco y trato de volver a conciliar el sueño.

Me levanto al amanecer, recojo el campamento y me vuelvo a poner en camino pensando en el suceso de anoche. Veo baobabs, también llamados árboles botella, tan característicos y reconocibles por su grueso tronco. Dice la leyenda que eran tan presumidos que Dios les dio la vuelta y los condenó a vivir con las ramas enterradas y las raíces en el aire. Cruzo algún puente sobre pequeños ríos y pantanos, y me quedo observando atentamente durante unos segundos, pero no veo ningún cocodrilo. A media mañana viene André a encontrarme en la carretera y hace de coche de asistencia durante toda la jornada hasta Highway Inn. Me escribió un SMS hace unos días, diciéndome que vendría hoy martes, no lo sabía seguro, y he tenido suerte porque ya he recorrido quinientos kilómetros desde que nos conocimos en Lake Bennett. Al acabar la jornada buscamos un lugar para acampar, cocinamos en el fuego un delicioso arroz con verduras y curri, y charlamos mientras cenamos. Me cuenta que los dingos sólo aúllan, no ladran como los perros, son solitarios, no atacan como los lobos, y son oportunistas, es decir, sólo quieren tu comida y saben perfectamente que un enfrentamiento con un humano les puede costar la vida, por lo que es muy raro que corran el riesgo. Cuando terminamos nos vamos a dormir, él sobre el techo del coche y yo en la tienda; el firmamento se va llenando de estrellas y puedo incluso ver algún satélite, una diminuta luz blanca desplazándose lentamente en el cielo. Nos levantamos a primera hora, desayunamos, recogemos y nos despedimos, creo que esta vez es la definitiva, porque comienzo a estar muy lejos de su casa, voy a echar de menos sus visitas sorpresa. Camino por largas carreteras, rectas kilométricas con pocas variaciones en el paisaje, la tierra roja, la vegetación verde y el cielo azul. Poder ver las estrellas, cientos de amaneceres y puestas de sol, escuchar el canto de los pájaros y oler el aroma de las plantas es un privilegio que estamos perdiendo en las ciudades, distanciándonos cada vez más de la naturaleza. Cuando caminas tantas horas desarrollas técnicas para evadirte, combatir el cansancio y la soledad e ir avanzando kilómetros. Hablo solo y en voz alta con bastante frecuencia, improviso monólogos, doy discursos y charlas, hago el payaso, pongo el mundo en orden, me invento papeles en películas y los voy representando por el camino, soy un espadachín a bordo de una carabela, un mafioso perseguido por la policía. Canto canciones, o me las invento directamente y las entono como mantras una vez tras otra durante horas mientras medito y llego a ausentarme peligrosamente del lugar en el que estoy. Una de las cosas más difíciles de este viaje es la soledad. Uno se acostumbra a sus ritmos, a su manera de hacer las cosas y corre el riesgo de no saber, o no querer volver luego a la sociedad y las normas que impone la vida en comunidad. Te vas distanciando lentamente, haciendo a la vida salvaje, dejas de comulgar con la cultura, la mentalidad y el estilo de vida occidentales, van desapareciendo los filtros, el interés y la vuelta a la normalidad se vuelve algo extraño, como una habilidad que fueras perdiendo, una realidad de la que fueras desconectando... Al final, esta aventura, más allá de la fortaleza física, es de una gran exigencia mental. Te das cuenta de cómo te vas endureciendo ante las circunstancias del viaje, constantemente alerta, cómo va aflorando tu «yo» más interno, auténtico e independiente, a la par que has de permanecer moldeable y flexible como el agua, capaz de adaptarte a cualquier entorno y situación.

It's a long long road, it's a long long road,
it's a long long road... and this is my way.
I'm looking for nothing, nothing left to do,
i'm looking for nothing, maybe looking for you.
No home, no job, no wife, just enjoying life,
like an eagle in the sky, all I want is to fly.
Cause I'm just a free guy, please don't ask me why,
the sun shines so high, and I was born to be wild.
It's a long long road, and this is my way,
it's a long long long road, and this is my way!

En estas fechas le pongo nombre a mi carrito. Un día me sorprendo hablando con él: «¿Qué pasa *Jimmy*, no tienes ganas de caminar?», cuando rodaba solo hacia atrás empujado por el viento. No tengo ni idea de por qué lo llamé *Jimmy*, pero me gusta, tal vez por Jim Morrison, Jimmy Hendrix, James Dean, es un nombre sencillo, amigable, sin grandes pretensiones. Así que aquí estoy, atravesando Australia con *Jimmy*, mi inseparable compañero de fatigas y ya prácticamente una extensión de mi cuerpo. Camino por la Explorers Highway, adentrándome cada vez más en el interior del país. En estas fechas voy pensando qué rumbo seguir, y me decanto por ir hacia Sídney por una sencilla razón: desde ahí, el vuelo a América es más barato que desde Melbourne. El sol me pega por la espalda, en ocasiones sopla una ligera brisa y cada vez hay más moscas, unas moscas pegajosas que si me descuido se me meten en los ojos y la boca. Cuando llego a Elliot me doy una ducha en los baños de la gasolinera, lavo la ropa y cargo un poco la batería de la cámara mientras hago la compra. Hago una compra grande por ciento veinte dólares y estreno el concepto de caminar con una mochila llena de comida y agua, además de empujar el carro, para ir viendo cómo es. La verdad es que voy fundido, no sé cómo lo voy a hacer cuando tenga que afrontar las larguísimas distancias que tengo por delante.

* * *

Aunque llevo alimento para varios días podría comérmelo tranquilamente de una sentada; llevo un lobo hambriento constantemente en mi estómago. Ya en otras ocasiones antes de comenzar este viaje he hecho alguna ruta por la montaña ayunando durante varios días, al fin y al cabo no estoy haciendo nada más difícil que lo que el ser humano ha hecho en innumerables ocasiones en períodos de carestía, hambrunas y guerras, la única diferencia es que ésta es mi elección. Todo el mundo quiere que le reconozcan la grandeza y el mérito de sus acciones cuando en realidad, y para ser honestos, acciones mucho más extremas las realizan a diario en el anonimato los supervivientes de un conflicto bélico, miles de refugiados e inmigrantes saltando vallas y cruzando mares, jugándose la vida en embarcaciones ridículas. Hasta yo mismo me siento a veces un caprichoso jugando a superar mis límites y poniendo mi vida en juego sin necesidad. Hay en el planeta países y regiones donde rompen y superan los límites del confort, ese marco de comodidad y bienestar todos los días, no por gusto, *hobby* ni aventura, sino por pura necesidad, porque no saben lo que es una ducha caliente, un plato de comida al día o tienen que recorrer veinte kilómetros hasta la fuente más cercana para llenar un cántaro de agua. Para mí, esos millones de personas que viven en los umbrales de la pobreza y la supervivencia son referentes y sí que merecen un premio, verdaderos héroes de los tiempos que corren y una de las fuentes de las que beben mi inspiración y mi fuerza.

He dormido en las proximidades de Renner Springs, me levanto al alba y desayuno una lata de piña, una empanada de carne y una barrita de chocolate. La distancia entre puntos de abastecimiento va aumentando, más de cien kilómetros que me lleva tres días recorrer. Desde por la mañana las moscas molestan, se posan en el carro, en mi espalda y tratan de hacerlo también en mi cara; me paso el día resoplando y haciendo aspavientos, hasta el punto de que ha llegado a parar un coche pensando que agitaba los brazos pidiendo ayuda. El paisaje se vuelve monótono sin vegetación, por lo que apenas hay sombras y el viento sopla a sus anchas en las expuestas y extensas llanuras. Los días sin cobertura ni internet, aislado y solitario por estas estepas, se van sucediendo uno detrás de otro. Australia es lo más parecido a la idea inicial que tenía de este viaje, al espíritu de aventura que buscaba, libre y salvaje. Relleno cuatro botellas en el camping de Banka Banka, prosigo varios kilómetros y acampo a la luz de una luna casi llena sobre una superficie arenosa en la que espero que hormigas y termitas me dejen descansar. En el hemisferio norte se dice que la luna es mentirosa porque cuando tiene forma de C decrece, y cuando tiene forma de D crece. Bien, en el hemisferio sur ocurre lo contrario y, no sólo eso, sino que estoy contemplando la luna en posiciones que nunca antes había visto como en forma de cuenco o de U. Igualmente, muchas de las estrellas que aparecen en el firmamento del hemisferio sur son diferentes a las que vemos en el norte. Me siento un privilegiado descubriendo con mis propios ojos este fascinante mundo.

Me levanto con el sol con la idea de aproximarme lo máximo posible a Threeways. A media mañana me detengo en una de las *restarea* que suele haber en el camino, con mesas a la sombra y un tanque de agua. Hago unos estiramientos, lavo la navaja y acabo entablando conversación con una pareja mayor que está viajando alrededor de Australia con una caravana. Son encantadores, sonrientes y apacibles, como dos seres sacados de un cuento de fantasía; cada día me reafirmo más en la idea de que la belleza es la luz que desprende cada uno, y que no hay nada como una franca sonrisa y la mirada limpia de una conciencia tranquila. Vienen desde Gold Coast, me invitan a tomar té y yogur, me regalan una tela mosquitera formidable con la que cubrirme la cabeza y protegerme de las moscas, y me dejan enviarle un mensaje a mi madre con su teléfono satélite. Me despido de ellos con un sentimiento de gratitud y vuelvo a la carretera. Resulta increíble cómo el camino va poniendo a mi paso todo lo que necesito, como si ya estuviera escrito, como si hubieran estado ahí esperando a que yo pasara. Con mis zapatillas nuevas y la tela mosquitera, soy invencible.

Al día siguiente, 14 de mayo, alcanzo por fin la mítica Threeways Roadhouse, una gasolinera con camping situada en el cruce de la Stuart y la Barkly Highway. Me vuelvo a gastar cien dólares en comida: latas, Nutella, fruta, sándwiches y hamburguesas para los cuatro días que me va a llevar recorrer los ciento noventa kilómetros que distan hasta el siguiente punto de abastecimiento. Pregunto dónde puedo llenar mis botellas y me indican un grifo fuera del que cuelga un cartel que pone *don't drink water from this tap*, lleno once botellas con agua turbia y caliente con la esperanza de que el cartel lo hayan colgado para que la gente compre el agua en el establecimiento. En Australia el agua es una cuestión fundamental: resulta curioso cómo la agricultura y la ganadería que sólo aportan un 3% del producto interior bruto consumen el 60% del agua. Un ejemplo claro es la cuenca de los ríos

Murray y Darling, que llega prácticamente seca a la desembocadura por la sequía, el impacto del cambio climático, el crecimiento de la población y una gestión muy poco eficiente que hace que se desperdicie gran cantidad de agua en los sistemas de regadío. El Gobierno ha tenido que modificar las leyes para que el agua se administre según los intereses nacionales, y no los privados. Tras llenar las botellas de agua y sin cargar la batería de la cámara de fotos para no demorarme enfilo la Barkly Highway o carretera 66 rumbo a Queensland con más de sesenta kilos de equipaje encima. Voy contento, fuerte y motivado por ver que encaro ya el tramo más complicado, camino de nuevo con la mochila y el carro cargados con botellas de agua y comida.

Algo que echo en falta cuando me levanto es lavarme la cara con abundante agua fresca: llevo la justa para beber y he de usar la menos posible. También sé de la importancia de la higiene bucal y de los problemas que puede acarrear un simple dolor de muelas o una infección, por eso trato de lavarme los dientes todos los días un par de veces, por la mañana y antes de dormir.

En Australia hay aves que cantan como un gozne oxidado, las cotorras y las cacatúas. Otros pájaros pequeños cantan como los patos de goma de las bañeras. Los cuervos en Australia graznan diferente que en Europa, parece que se ríen burlonamente. Hay un ave que suena a flauta tocada por un niño. Otra pequeña, negra y de larga cola, que al posarse se mueve incesantemente hacia los lados, como pidiendo que la miren. Hay un pájaro que cuando canta suena a pistola de los marcianos... Paso muchas horas al aire libre y la mayoría de ellas no las reconozco, pero le estoy cogiendo interés al mundo de las aves, me acompañan desde por la mañana y compartimos el aire y la libertad. Me voy a dormir con el cuerpo fatigado, la satisfacción del trabajo bien hecho y escuchando los últimos trinos de un día que ya toca a su fin.

Desde hace unos días, y en estas fechas con mayor intensidad, aparece un nuevo elemento: el viento. No hay árboles, por lo que no hay sombras donde resguardarse del sol ni protección contra un viento que en esta época proviene del sudeste, precisamente la dirección en la que camino, campando a sus anchas por las extensas llanuras y haciendo realmente difícil progresar. Sopla prácticamente todos los días y durante toda la jornada, se puede el lector imaginar lo que cuesta avanzar empujando un carro tan pesado con una mochila a la espalda durante cincuenta kilómetros. Y así un día tras otro, un día tras otro, sin descanso. Agacho la cabeza, me apoyo sobre el manillar y empujo con paciencia, parando de vez en cuando a beber agua, estirar y continuar con el ritual. Cada vez que me detengo le tengo que poner el freno al carrito para que el viento no se lo lleve hacia atrás. Me enfurezco y le grito: «¡Esto es todo lo que sabes hacer! ¡Soplas como una nena!», pero no hay nada que hacer, no se puede acuchillar el viento. Tan sólo apretar los puños, mantener la calma, continuar pacientemente paso a paso, metro a metro, y aprender a convivir con él como un elemento más del paisaje. El problema es que el desgaste es mayor, la fatiga después de caminar toda la jornada contra el viento es grande y la necesidad de comer también aumenta; sin embargo, llevo la misma comida y no tengo opción de comprar más. De hecho, con el paso de los días se me va acabando. Este tramo es duro, los cientos de kilómetros caminando, comiendo muy poco, la soledad, el peso del carro, las moscas, con el viento en contra y los paisajes monótonos van desgastandote y poniendo a prueba tu fortaleza. El tiempo se dilata, las horas son días, los días meses y los meses años, pero he de seguir peleando como si fuera lo único que quisiera hacer, como si fuera lo único que supiera hacer, con la tenacidad de un caballo. Y resulta inevitable sentirse un poco Quijote. Desayuno dentro de la tienda porque las moscas ya están dando el coñazo desde por la mañana y me pongo en camino con el meñique del pie izquierdo vendado. Tenía una ampolla, anoche la pinché con una aguja y las manos sucias, últimamente me han salido varias ampollas pequeñas en los dedos de caminar largas jornadas sin descanso y con una mochila pesada encima. Hoy el día es difícil, cada vez me duele más el dedo y al pisar mal para evitar el dolor me acaba doliendo el tobillo. El paisaje es monótono, rectas kilométricas sin cambios ni estímulos, tan sólo algunas nubes de evolución diurna que se empiezan a formar a media mañana y proyectan algo de sombra.

Requiere fortaleza física y, cuando ésta se acaba, fortaleza mental, pero también se acaba y toca poner el piloto automático. Hay días en que te sientes solo en tu misión y hoy es uno de ellos. Tras cincuenta y seis kilómetros peleando alcanzo Barkly Homestead Roadhouse, una estación de servicio en mitad de la nada con gasolinera, restaurante, tienda y camping; en la explanada veo aparcados varios *roadtrains* y caravanas. Pago quince dólares por acampar, monto la tienda y me dirijo caminando con dificultad a los baños a darme una ducha y lavar la ropa frotándola a mano con una pastilla de jabón, mientras cargo la batería de la cámara de fotos. Tiendo la ropa sobre el manillar del carrito y en las ramas de los árboles y me curo las ampollas de los pies. Luego me meten un sablazo con la comida, pero me lo tomo como un regalo, una recompensa por la paliza que me estoy dando. Además, ahora tengo por delante 265 kilómetros hasta Camooweal sin absolutamente nada, la tirada más larga, y en este lugar no venden latas, Nutella ni crema de cacahuete, sólo comida cocinada que aguanta pocos días dentro de un carrito bajo el sol. Trato de llamar a España desde una cabina, pero no hay manera con los prefijos, tampoco tengo cobertura, llevo desaparecido sin dar señales de vida un tiempo y maldigo la tarjeta SIM que compré en Darwin. Me voy a dormir a las diez de la noche y, aunque mucho me gustaría quedarme descansando, mañana he de continuar mi camino.

> Consumidos en las llamas mueren los caminos bajo un cielo sin estrellas. Nos hacemos preguntas en el sordo silencio de la noche solitaria, y no hallamos más respuesta que el aullido de un perro y un alma desconsolada. «¿Qué sentido tiene el fuego que no es compartido?», ulula la lechuza surcando la noche...

Me levanto a oscuras con la sensación de no haber descansado lo suficiente. Camino por una recta infinita con el viento en contra y los labios cortados. Voy como una locomotora y a veces temo que mi organismo alcance la fatiga, no me responda y no se pueda recuperar, o que me rompa del sobresfuerzo, una lesión en el fémur o las lumbares. Antes de comenzar el viaje tan sólo alcanzaba a vislumbrar con claridad el itinerario hasta Australia, el ecuador del viaje, a partir de ahí el escenario se dibujaba borroso en mi mente. Estos días ya comienzo a pensar en lo que viene después, en terminar Australia y recorrer América. He tenido que hacer verdaderos milagros con el presupuesto para llegar hasta aquí, no sé si recorrer América de norte a sur tal y como tenía pensado al principio, o al revés. ¿Cómo será el desierto de Atacama? Alcanzaré Sídney en pleno invierno austral, pienso que si hay una época mejor para recorrer un desierto debe ser el invierno, además, el vuelo a Chile es más corto. Y la idea de volar desde Sídney a Santiago va cobrando fuerza. Pero también es cierto que si empiezo América desde el sur y acabo en Norteamérica, no veo tan claro volver a bajar después a Sudáfrica para recorrer el continente negro. Otra opción que pasa por mi cabeza es volar a Chile y, en vez de dirigirme al norte, hacerlo hacia el este, atravesar los Andes y alcanzar Buenos Aires, desde donde volar a Ciudad del Cabo y recorrer África rumbo al norte. Pero me da pena no recorrer América, países de habla hispana donde me espera gente, y volar desde Sídney a Santiago y a los pocos meses hacerlo otra vez de Buenos Aires a Ciudad del Cabo son dos vuelos transoceánicos que no me puedo permitir. Voy dándole vueltas a estas y otras ideas, avanzando kilómetros, hasta que el día toca a su fin y busco un lugar para acampar. Raciono la comida para los siguientes cuatro días, rebaño una lata de *baked beans* con la cuchara, miro el fondo vacío con hambre y pienso: «Ya está por hoy, ésta ha sido tu cena».

La jornada siguiente camino con el cielo nublado durante todo el día, por lo que me deshidrato menos, estoy bebiendo tres litros durante el día y otro por la noche en la tienda. Hoy como cinco kiwis, tres peras, una hamburguesa y una lata de *baked beans*. Al ver un grupo de caravanas me he acercado a preguntar si tenían agua y me han regalado tres botellas. Camooweal dista 165 kilómetros, a ver cómo me las ingenio con la comida, porque ya sólo tengo para dos días... Al día siguiente me levanto con los primeros rayos de sol, me vendo los meñiques de los pies, desayuno dentro de la tienda para evitar las moscas y echo a caminar. A la mañana siguiente desayuno una pera y un kiwi. Sólo me quedan una lata de judías y otra de patatas cocidas para hoy y mañana, suponiendo que recorra los ciento quince kilómetros que distan hasta Camooweal en dos días. Tengo hambre, pero no comida, atisbo dos días difíciles con el viento en contra, voy pensando en sándwiches de Nutella, un buen costillar de cerdo con salsa barbacoa y galletas de mantequilla bañadas en leche condensada. La fatiga hace que a veces me den vahídos y los sentidos alteren la percepción; en ocasiones percibo la imagen pixelada, veo el paisaje a través de una retícula de cuadrículas rojas, o puedo observar la estela que deja al pasar un cuerpo en movimiento. Y así avanzo, inmerso en este trance, recostado sobre el manillar de mi carrito empujándolo contra el viento mientras ideas y pensamientos inconexos surcan mi mente libremente como fugaces destellos de lucidez. Es increíble de qué manera están ligados las ideas y el estado anímico a la satisfacción de necesidades... Estamos domesticados y automatizados a cambio de unas comodidades... Sólo los valientes empuñan un corazón guerrero con sed de justicia en tiempos de bonanza... El mundo tiene un problema cuando anteponemos el afán de dinero y poder a la decencia y la moral... Las crisis periódicas son lo que tarda un sistema insostenible basado en la codicia y la especulación en embotarse de mierda y explotar... La pérdida de confianza por parte de la sociedad no es más que la consecuencia lógica a la continua corrupción y falta de rectitud moral de Gobiernos y autoridades...

> Estaban tan alejados de la supervivencia que habían perdido las verdades.

Al cabo de unas horas ocurre el milagro. Camino desfallecido cuando se detiene un coche con una pareja joven, vienen de Camooweal y van a trabajar a una granja que rebasé ayer. Son dos vaqueros con tejanos y sombrero de *cowboy* que me regalan un par de sándwiches de pollo con melaza y una bolsita con trozos de bizcocho. Me cuesta un poco hablar y articular palabra, les doy las gracias y antes de que se marchen me lo he comido todo. El cielo está despejado, el viento sopla con fuertes ráfagas, cuando al rato se detiene otra caravana y me preguntan si necesito agua, les digo que no, que lo que necesito es comida y me regalan dos plátanos, una manzana y una lata de carne. Prosigo la marcha agradecido con la gente y con cómo ha tornado mi suerte una vez más. Al acabar el día acampo junto a una torre de radio repetición, coloco la poca comida que tengo en el suelo frente a mí, resolviendo como una gran duda existencial si la como para cenar o la guardo para desayunar. Al final decido comer un poco ahora y dejar con algo de dificultad un plátano y una manzana para mañana. Desayuno el plátano y me pongo en marcha. Avanzo con gran esfuerzo, me restan cincuenta y cinco kilómetros hasta Camooweal, pienso que he de cuidar la alimentación mientras le voy dando puntualmente mordiscos a la manzana, tratando de extraerle todo el jugo antes de volverla a guardar. Nunca me había sabido tan rica una manzana, y tampoco me había cundido tanto, cada bocado es una pequeña dosis de energía dulce y jugosa que trato de rentar al máximo, me como hasta el corazón con las pepitas. Resulta curioso cómo apreciamos y qué distintas saben las cosas en la escasez. Hoy dejo atrás el Territorio del Norte y cruzo la frontera con Queensland. Creía que Camooweal estaba justo pasada la frontera; iba fantaseando con una buena cena, pero para mi decepción, cuando por fin la rebaso tras un duro día avanzada la tarde, compruebo que todavía restan quince kilómetros de recta infinita hasta la población. Es prácticamente de noche, acampo resignado y me acuesto sin cenar y, aunque me cuesta conciliar el sueño por el hambre, me alimenta la idea de que mañana comeré y repondré fuerzas, y la satisfacción de estar superando con éxito este tramo tan difícil.

Queensland

Es viernes 23 de mayo. Me levanto al alba y con el estómago completamente vacío reanudo el camino rumbo a Camooweal, población que alcanzo tras algo más de dos horas caminando. Voy directo a comer algo en una gasolinera donde hay un hombre neozelandés acampado con su moto, tiene sesenta y nueve años y está de ruta por Australia. Se llama Tom, me invita a café y charlamos durante un par de horas sobre viajes, naturaleza... Percibo cierta nostalgia en sus palabras, tal vez soledad o tristeza, se ve mayor y tiene urgencia por aprovechar los siguientes años de su vida, como si le viera las orejas al lobo. Hablamos de serpientes, arañas, trucos y consejos para sobrevivir cuando estás a la intemperie, intercambiamos *e-mails*, un apretón de manos con palmadas en el hombro y, a pesar de estar muy a gusto y querer quedarme, me despido de él apurado por el tiempo. Me fastidia no poder parar, disfrutar de la compañía y una buena conversación que, al fin y al cabo, es la gracia de la vida, compartir las cosas, más aún cuando vienes de pasar tantas horas y días en soledad. Hago la compra en el supermercado, fruta, *baked beans*, Nutella, sardinas, crema de cacahuete, leche condensada y dos bizcochos de casi un kilo cada uno. Cargo algunas cosas en el carro, otras en la mochila junto con las botellas de agua, y salgo de Camooweal rumbo a Mount Isa con el estómago contento y un equipaje lleno de provisiones que debe rondar los sesenta kilos. A partir de ahora el terreno se adentra en montaña y se vuelve ligeramente ondulado, aparece de nuevo la vegetación y desaparecen el paisaje monótono y las moscas.

Hoy me siento agradecido con la vida. Vivir es un milagro, una casualidad entre millones y a la vez, la única que podía ocurrir dadas las circunstancias... El destino nos brinda una oportunidad. Últimamente estoy dando con gente mayor que me escucha con una sonrisa hablar de mi viaje. Cuando les cuento de dónde nace, mi canto a la vida y la libertad fruto de apreciar el regalo que es estar vivos, se quedan por unos instantes con la mirada perdida y una sombra de melancolía pasa por detrás de sus ojos, tal vez el anhelo de un tiempo pasado o lo que pudo haber sido, antes de volver a la realidad y reanudar la conversación como si no hubiera ocurrido nada. Voy caminando, pensando en esto y en aquello, observando la luz al atardecer con el cielo rosado y los rayos filtrándose entre las nubes, los árboles blancos y el suelo rojizo, pletórico, repleto de fuerza y energía, como si hubiera vuelto a renacer, como si contemplara el mundo por primera vez. Tal vez sean sólo la euforia y el bienestar que produce haber comido bien, tal vez no... En las situaciones límite próximas a la supervivencia, cuando la debilidad y la carestía te ponen a prueba, exploras territorios desconocidos en tu interior y aflora otra forma de conocimiento. Conforme caminas vas deshaciéndote de todo lo accesorio y superfluo hasta llegar a la esencia, y allí descubres que sólo hay una verdad absoluta e inalterable al paso del tiempo: el amor. Y entonces, te encuentras con Dios.

* * *

Durante los días siguientes continúo realizando etapas de cincuenta kilómetros. La brisa mece los campos dorados de espigas y las copas de los árboles con su rumor de hojas. Las águilas me muestran el camino allá arriba, dominando el mundo desde las alturas, mientras escarabajos, mariposas y saltamontes se cruzan en mi camino. Colinas y mesetas, viejas y desgastadas montañas majestuosas en otra época, ven pasar al caminante por las largas carreteras de la vida proyectando su larga sombra al atardecer, viviendo el destino a su ritmo. Cada mañana me invade la fuerza de un nuevo día, pero cada noche, cuando el sol se esconde tras el horizonte y los pájaros entonan los últimos cantos desde sus nidos, yo me refugio solitario en el mío, bajo la inmensa cúpula del universo. Me vuelvo a encontrar con Tom, el motorista de Nueva Zelanda. Me hace ilusión verlo de nuevo, es un buen hombre, nos tomamos un café rápido que lleva hecho en el termo y charlamos un poco junto al camino. Tiene espíritu aventurero, circula con su gran moto con la música puesta, aunque no la suele poner, dice, porque le gusta escuchar el ruido del motor. Nos deseamos buena suerte y nos despedimos; continúo caminando mientras lo veo alejarse y desaparecer lentamente como un punto en el horizonte. Cuando estoy próximo a Mount Isa vuelvo a tener cobertura, pero ahora lo que no tengo es saldo, así que me dedico a la tarea de encontrar un punto con internet: no me quiero marchar sin dejar constancia de que estoy bien. Voy de aquí para allá con mi carrito, y al final doy con el centro de información y turismo donde cobran seis dólares la hora. No me da tiempo a casi nada, escribir algunos *e-mails* y felicitar a mi hermana, porque en dos días es su cumpleaños y para entonces probablemente volveré a estar desaparecido. De todas formas, ahora mismo en España es de noche y estarán durmiendo, hay ocho horas de diferencia horaria y no creo que los lean hasta mañana. De casualidad, mientras trato de actualizar la web y las redes sociales, encuentro a mi amigo Javi de Malasia conectado a Facebook. Me cuenta que él y mi familia, preocupados al estar prácticamente desaparecido un mes, se pusieron en contacto hace unos días con la Embajada de España en Camberra, esta a su vez con la policía de carreteras del país y les reportaron la noticia de que me habían visto bien caminando por el Territorio del Norte. Me quedo sorprendido, claro, yo ajeno a todo, perdido en la estepa sin saber nada. Llama Javi a mis padres, aun siendo allí de madrugada, para informarles de que estoy sano y salvo, y al cabo de unos minutos suena mi teléfono. Hablo con mi madre, me emociona oír su voz, a pesar de que sabían que me adentraba en una zona sin internet, cobertura ni poblaciones durante cientos de kilómetros. Les cuento por encima cómo me han ido estas últimas semanas; afortunadamente, todo ha quedado en un susto. Me despido de ellos y, puestos en situación, prosigo mi camino. La verdad es que la vuelta a la civilización ha sido un poco traumática; me reconforta saber que todo se moviliza ante la sospecha de que me haya podido pasar algo, pero me pesa saber que la alarma ha llegado a ese punto, la preocupación de mi familia es mi preocupación. En un viaje así has de tener la mente completamente despejada para poder concentrar todas tus energías en superar las dificultades del camino, mantener un equilibrio y una tranquilidad para poder rendir al cien por cien, y ellos lo saben. Estoy asombrado y agradecido por lo bien que lo están haciendo todos, mi familia, mi gran equipo, Paz y Bruno, mis amigos, con ejemplar generosidad, dándome el espacio y la libertad que necesito sin dejar nunca de estar ahí. Porque esta vuelta al mundo no la estoy dando sólo yo, la dan también los que se quedan y tienen su pensamiento puesto en mí cada día. Los que, cuando hablo con ellos y les pregunto qué tal, me responden, para no preocuparme, que todo está bien.

Llevo un año y dos meses caminando al aire libre, un camino por el que me voy haciendo a la vida salvaje y la civilización cada vez me resulta más extraña. Conforme me voy acercando a una ciudad comienzo a notar un tráfico cada vez mayor, prisas, ruido, jaleo, el aire está más sucio y contaminado, la gente más tensa y muchas de las actividades que realizan comienzan a parecerme absurdas. Los coches que aparcan justo en los huecos pintados, apretar un botón y esperar a que se ponga verde el muñeco para cruzar la calle por el paso de cebra, un operario de la construcción barriendo el polvo que se lleva el viento, la moda, los gimnasios... como si me adentrara en una maqueta en la que todo está perfectamente orquestado y controlado, donde las normas de convivencia y civilización fueran comandos programando máquinas, y tengo la sensación de que nos comportamos como autómatas. Paso frente a un concesionario de coches deportivos y no siento la más mínima fascinación, veo la televisión por unos segundos tras varios meses sin verla, compruebo que todo sigue absolutamente igual y me produce una profunda desazón, entro en un supermercado o en un centro comercial y tengo la sensación de estar en una nave espacial llena de luces, colores, sonidos y miles de productos organizados en estanterías a lo largo de pasillos, con aires acondicionados y calefacciones; salgo de allí aturdido y congestionado, deseando volver a perderme en la naturaleza con mis montañas, mis águilas, mi fuego y mis estrellas. Comienzo a discernir el carácter de cada especie en su conducta, las distantes y precavidas águilas, los territoriales cuervos, los nerviosos caballos salvajes, el erizo huraño, las juguetonas y ruidosas cacatúas, los huidizos canguros... Hasta creo empezar a entender qué dicen los pájaros al amanecer con su jolgorio desde los árboles, revoloteando contentos tras una noche helada en el hueco de algún tronco, celebrando el nuevo día, el mugido tranquilo de la vaca que vuelve al establo al atardecer o el ancestral sonido de los rumiantes sobre la faz de la Tierra en la noche fría. La barba puebla mi cara, los pies se han endurecido, el cuerpo se habitúa a la tarea de caminar, he de estirar y realizar ejercicios para desentumecer unas articulaciones que se van petrificando como se llena de nudos el árbol que crece a la intemperie, sacudido por los elementos. Son ya cerca de diecisiete mil kilómetros alejándome de mi país con cada paso que doy, cada vez más lejos de la civilización con cada kilómetro que avanzo, adentrándome por senderos inexplorados, libre como un águila, salvaje como un lobo.

Avanzo por una de las típicas e infinitas rectas australianas cuando al fondo distingo un pequeño tumulto. Continúo avanzando y con el paso de los minutos y el avance de los kilómetros me parece discernir que se trata de una inspección de tráfico. Cuando por fin llego al lugar, efectivamente, es un control de policía, un agente me hace una señal con la mano, como si yo fuera un vehículo, para que me retire al arcén, aparque el carro y me detenga. Al principio no doy crédito y mi primera reacción es preguntarle si está bromeando, pero su gesto serio me indica que no, que no está bromeando. Después de tantos países, miles de kilómetros y más de un año caminando en todo tipo de lugares y condiciones, un policía me para en una recta infinita en mitad de la nada para decirme que está prohibido pisar la raya blanca del arcén. No lo puedo evitar y esbozo una sonrisa, me parece tan absurdo, me siento víctima de un idiota con uniforme. Dibuja una carretera en un papel mientras me explica que si infrinjo la ley he de pagar una multa de cuarenta y cuatro dólares. Contengo la risa y continúo mi camino. Vuelve a soplar el viento constante con fuertes ráfagas puntuales, los días son menos largos, es junio y al estar acercándose el invierno austral el sol traza una órbita más baja y corta en el cielo. Comienzo a levantarme a oscuras para ver salir el sol cuando ya estoy en marcha y camino hasta que se ha escondido tras el horizonte.

El jueves 5 de junio me levanto prácticamente a oscuras, desayuno una naranja y una manzana y me pongo en camino cuando el sol no ha despuntado todavía. No tengo comida, pero voy mentalizado para recorrer los cincuenta y cinco kilómetros que distan hasta Winton. A las cuatro y media, tras una dura jornada, alcanzo la población desfallecido. Localizo una biblioteca con wifi para conectarme mañana, unos baños con duchas para asearme también mañana y voy a hacer algo de compra en un supermercado. Busco un lugar para acampar —en Australia lo puedes hacer prácticamente en cualquier lado—, monto la tienda en un parque y me echo a descansar porque estoy hecho polvo y mañana tengo que proseguir. Me tumbo bocarriba en el saco y, mirando el cielo estrellado, me doy cuenta de que justo hoy llevo cuarenta y cinco días y dos mil cien kilómetros recorridos en Australia, aproximadamente la mitad de mi visado y del itinerario en este país. Casualidad o no, media luna brilla con fuerza en el cielo, y la Vía Láctea sigue mostrándome el camino, siempre hacia el este... Voy caminando, mirando hacia delante, dibujando el mundo bajo mis pies con cada paso, escribiendo una a una cada palabra de esta historia con esfuerzo, sudor, curiosidad, ilusión, paciencia, rabia, haciendo realidad el sueño. Pero miro hacia atrás, pienso en el camino recorrido, tantos paisajes, tantas experiencias, tantas personas, situaciones tan nuevas y diferentes que también me parecen un sueño. Y tal vez algún día deba sentarme a reflexionar y poner en su sitio todo lo que me está pasando. Me digo que no he de perder la cautela, no dejar de tener los pies en la tierra, guardarme las espaldas por lo que aún pueda pasar. Comenzaba a comprender, no que el viaje fuera peligroso, sino que el simple hecho de volver a casa sano y salvo ni siquiera estaba en mis manos. Allá a lo lejos puedo escuchar voces, música y un perro ladrando. Miles de sensaciones cruzan mi mente a lo largo del día y al caer la noche, tumbado bajo las estrellas, sólo una, la más grande de todas: la libertad.

Se acerca el invierno. El viento sopla también con fuerza durante la noche y tengo que montar la tienda sujetándola bien; comienzo a dormir con el saco cerrado y al amanecer camino con el forro polar puesto. Winton es la capital australiana de los dinosaurios y se cree que un meteorito impactó hace miles de años en esta región. Avanzo por la Overlanders Highway, también llamada Matilda Highway en honor a la canción folclórica más conocida de Australia: «Waltzing Matilda». Narra la historia de un vagabundo que acampa una noche junto a una laguna, mientras toma un té. Una oveja se acerca para beber agua y él la roba para alimentarse. Poco después llegan tres policías para arrestarlo, pero él, antes de ser apresado, salta al agua y se ahoga. La canción termina contando cómo puede oírse al fantasma del vagabundo entonando una melodía que invita a los viajeros a abandonar los caminos y bailar un vals con él. Esta región es el hogar de Matilda, y también una zona donde se da el ópalo, muy apreciado en joyería, un mineral multicolor que según los aborígenes se formó cuando el arcoíris cayó sobre la Tierra. Voy recorriendo los ciento noventa kilómetros que distan hasta Longreach. En mi mapa aparece un punto intermedio llamado Morella, con el que cuento para aprovisionarme de agua; sin embargo, cuando alcanzo ese lugar, sencillamente no existe, estoy en mitad de la nada, sin agua, y una sombra de preocupación pasa por mi cabeza. En ese momento exacto, se detiene a mi lado una caravana con un matrimonio sonriente, me saludan y me preguntan si necesito algo, no podían haber llegado en mejor momento. Lleno un par de botellas de su depósito y prosigo con la extraña sensación de que, una vez más, estaba escrito. Tal vez sea el espíritu de Waltzing Matilda velando mis pasos. Todo va ocurriendo a pedir de boca, y quizá la buena suerte no sea más que afrontar las circunstancias tal y como vienen con un pensamiento positivo, luchador y agradecido, apreciando lo que se tiene.

Tras una etapa de sesenta kilómetros alcanzo Longreach, y acampo a la entrada junto a un río con pescadores, caravanas y gente cantando y tocando la guitarra en torno a una hoguera. Me gusta el espíritu que se respira en este país. El fuego crepita en la hoguera, las estrellas tiemblan de magia en el cielo, una guitarra y una voz desgarrada inundan el aire mientras escribo mi destino.

* * *

Al día siguiente, cargo la batería del móvil y recibo como una bofetada la triste noticia de que la novia de un amigo se ha suicidado. Me quedo hecho polvo, camino dándole vueltas todo el día sin llegar a entenderlo, mi cerebro no lo acepta, ni lo hubiera podido esperar jamás. Ese día *Jimmy* recibe el sobrenombre de *Águila Libre*, en honor a mi amigo, enamorado de los pájaros y uno de los mejores pilotos de helicópteros de España. No sólo es difícil estar lejos de los tuyos en los momentos buenos, sino también en los malos, no estar ahí cerca arrimando el hombro en el día a día. Tal vez, ése sea el mayor precio que voy a pagar. Rebaso Ilfracombe y acampo al morir el día. Esta noche no se cantan canciones. En mi cuaderno, una frase... «Vivimos tiempos oscuros en los que la voluntad del hombre pende de un hilo.»

Me levanto al alba y me pongo en camino según va amaneciendo. Hay un montón de canguros atropellados, es una verdadera carnicería y el viento me trae el pestilente olor a muerto, mientras águilas y cuervos se dan un festín de carroña. A partir de Barcaldine rebaso el trópico de Capricornio, vuelve a haber árboles que me protegen y desaparece el viento, espero que sea definitivamente porque llevo desde Threeways más de mil quinientos kilómetros caminando con el viento en contra. El cielo se va nublando paulatinamente, una pareja que me encuentro en el camino me avisa de que esta noche va a llover, cuando comienza a chispear y, al poco, llueve fuerte e incesantemente. Me pongo un chubasquero cortavientos que compré en Katmandú y me aseguraron que era impermeable, pero compruebo que no lo es. Voy absolutamente mojado, los pies encharcados y, a diferencia de Asia, hace frío y no hay un solo tejado bajo el que refugiarse. Está anocheciendo y comienza a levantarse la brisa, llega hasta mí el lejano olor de alguien que cocina un puchero en el fuego, huele a refugio, huele a hogar. Decenas de canguros saltan entre los arbustos. No encuentro dónde acampar, cuando veo una señal que indica un área de descanso a un kilómetro. Cuando por fin llego, hay una furgoneta, un pequeño tejado y una mesa con un fogón de gas, creo que ya sé de dónde provenía el olor a comida. Monto la tienda de campaña bajo la lluvia con cuidado de que no se moje el interior, me cambio de ropa bajo el tejadillo a la luz del frontal con el viento fresco soplando en mi piel desnuda, y me meto con el cuerpo seco y caliente en el saco, ¡qué a gusto, quién me lo iba a decir hace una hora! Encuentro tres garrapatas pequeñas caminando por mi cuerpo, no sé de dónde salen o si llevo alguna enganchada en alguna parte que no veo, me reviso con un pequeño espejo que llevo en el botiquín y no encuentro ninguna, y pienso que, pasando tanto tiempo al aire libre, lo raro es que no haya más. Las quemo con un mechero, escribo unas líneas y me echo a dormir.

Hoy tienes hambre, mañana comerás. Hoy estás frío y mojado, mañana seco y caliente. Hoy estás sucio, mañana estarás limpio. Hoy estás cansado, mañana pletórico. Hoy te sientes solo, mañana estarás acompañado...

Al día siguiente alcanzo Blackall. Duchándome descubro una garrapata en mi muslo izquierdo, la quito, limpio la zona con yodo, lavo la ropa mientras cargo la batería de la cámara, compro algo de comida y lleno las botellas con agua caliente que sube desde los ochenta metros de profundidad. En esta zona las casas no necesitan calentador, porque el agua ya sale caliente, usan refrigerador para enfriarla. Hago cuentas con el mapa, con el ritmo que llevo y la distancia que me queda hasta Sídney, calculo que llegaré en torno al 17 de julio. Tengo que contactar con Regina, una española que vive en esa ciudad y me ha escrito un *e-mail* ofreciéndome su ayuda cuando llegue. Igualmente, en estas fechas compro el billete a Santiago de Chile, el 22 de julio expira mi visado y tengo que abandonar el país.

Amanece como hacía tiempo que no lo veía, yo creo que desde Irán, con niebla y un viento gélido que me congela las orejas y las manos, tengo que ponerme el forro polar y la chaqueta cortavientos con la capucha. Me adentré en Australia allá por el mes de abril, proveniente del Sudeste Asiático e Indonesia, con temperaturas cercanas a los cuarenta grados y mucha humedad, y ahora echo en falta entre mi material ropa de invierno, como un gorro y unos guantes. Avanzo durante un par de horas rígido hasta que voy entrando en calor. Me detengo a guardar la chaqueta y estirar un poco en un área de descanso y se acerca una pareja mayor a preguntarme qué hago. Hay días, por la razón que sea, que estás menos simpático, además, lo he contado tantas veces que les contesto de un modo cortante, no quiero dar pie a una conversación y demorarme más. Sin embargo, luego me arrepiento de haber sido desagradable y me dan una lección de humildad. Nos volvemos a encontrar en la carretera, se han acercado hasta la población más cercana a comprar una caja con barritas de cereales y me la traen sonrientes. Llevo unos días con el carácter seco, duro, desagradable; como paso tanto tiempo en soledad peleando con las inclemencias, en ocasiones voy pensando en situaciones injustas o que no me gustan y me voy cabreando solo, se me va agriando el carácter. Tras varias horas caminando y viendo baobabs alcanzo Tambo, le estoy cogiendo el gusto a estos pueblos australianos tan característicos, con las calles dispuestas en cuadrícula, su librería, la iglesia, el hotel, la panadería, el camping..., todo limpio y ordenado. La gente es amable, familias cristianas que viven en casas de madera con parcela y un jardín cuidado, o en granjas vestidas con tejanos y sombrero de *cowboy*, se mueven a caballo, en rancheras y viajan en caravana o incluso en autobuses habilitados como viviendas. Suele haber baños públicos gratuitos donde lavar ropa y darse una ducha. Otorgan premios a los asentamientos más limpios, o al más amigable, o a aquel que consume menos agua, a las calles con los jardines más cuidados... «Me gusta Australia, el estilo de vida libre y salvaje, no me importaría vivir en este país», pienso mientras monto la tienda de campaña.

A la mañana siguiente me levanto al alba con la tienda mojada por el rocío y la condensación y la capota azul del carro con un dedo de escarcha. Rebaso el punto más alto de la Matilda Highway, un lugar importante para el sistema fluvial de la región y el lago Eyre, el más grande de Australia y el punto más bajo del país, a quince metros bajo el nivel del mar. Hoy trato de no cabrearme al hablar solo, pero inevitablemente, conforme avanza el día y pasan las horas caminando contra el viento, comienzo a imaginarme situaciones y discusiones en las que siento cátedra y tengo la razón con pensamientos redondos, lúcidos y frases categóricas. Son muchas horas solo empujando un carro contra el viento en mitad de la nada y cuando mi mente confluye hacia ese lugar no me gusta. Además, resulta ridículo, porque en una conversación nadie dice lo que tú esperas que te contesten y, realmente, se pierde mucha fuerza maldiciendo. Creo que para superar cierto tipo de retos y dificultades hace falta tanta energía que es inevitable enrabietarse, y va saliendo a relucir tu parte más animal.

Los días se van sucediendo, las mañanas cada vez son más frías, tengo que meter la ropa dentro del saco antes de vestirme para que se caliente. El carro y la tienda aparecen cubiertos de escarcha y los tengo que recoger con las manos desnudas y los dedos congelados, pero es una sensación que me gusta y me hace sentir vivo. Estoy a escasas ocho jornadas, unos cuatrocientos kilómetros, de completar el itinerario por Queensland. Camino por una carretera tranquila, donde los saltamontes saltan por docenas y las águilas caen en picado para apresarlos, inmerso en mis pensamientos. Hay veces en que uno está triste y ya está, no hay por qué darle más vueltas. Sopla un viento frío del sur, el cielo nublado, el camino solitario, voy cantando y hablando solo como de costumbre, nada especial ni diferente. Tras una etapa de sesenta kilómetros monto la tienda resguardada del viento y con los últimos rayos de luz me meto dentro. Hay días en los que te acuerdas más de los tuyos y piensas que las cosas podrían ser de otra manera, que podrías haber escogido otro camino, que el tiempo pasa muy deprisa, y que esto de la vida dura un suspiro y no da lugar a nada... Y que tal vez, sencillamente, esté cansado y deba meterme en el saco, dar por finalizado el día y dormir esta melancolía porque mañana me espera otra dura jornada.

New South Wales

El 27 de junio me levanto al amanecer, hace frío y la tienda vuelve a estar escarchada. La recojo con las manos desnudas, dejo de sentirlas, me cuesta moverlas y manejar el material, se me están empezando a congelar y a formar sabañones, los nudillos se hinchan y me duelen, sobre todo por la noche. Me gusta quitar el hielo con las manos, agarrar la hierba escarchada, estrujarla con mis dedos y sentir el frío, es un dolor que me hace sentir vivo y salvaje, que la sangre corre por mis venas. Alcanzo la frontera con el territorio de New South Wales, dejo atrás Queensland y afronto los últimos novecientos kilómetros rumbo a Sídney. La primera población es Barringun, apenas un camping con gasolinera y un hotel. Lleno las botellas de un depósito donde recogen agua de la lluvia y me tomo una hamburguesa con un huevo frito. La mujer que regenta el negocio vive en la casa anexa y me regala unas mandarinas y unas galletas caseras. Hoy, por segunda vez en los últimos días, me avisan de que tenga cuidado al llegar a Bourke, población que dista unos ciento treinta kilómetros, porque hay muchos aborígenes, roban y son molestos. Sin embargo, mi mente ya está puesta en América, que va a ser otro gran reto, por tener que atravesar el desierto de Atacama, la cordillera de los Andes y los peligrosos países de Centroamérica sin apenas dinero. Hace unos días comprobé que me quedaban quinientos euros en la cuenta. Al finalizar el día acampo en un lugar resguardado entre los árboles, que me sirven de protección y cobijo.

La mañana que alcanzo Bourke me cuesta más de lo normal recoger la tienda de campaña, la varilla que está partida desde Irán se engancha en la lona, no corre y le está haciendo un agujero, la he intentado arreglar de diferentes maneras, de hecho, la llevo cubierta con cinta aislante, pero la única solución pasa ya por cambiarla. El material cada vez requiere más cuidados y mantenimiento, y comienza a tener trucos para su manejo que sólo el dueño conoce. Hace frío y sopla un viento gélido que me deja las manos congeladas, no puedo ni abrocharme la cremallera de la chaqueta. Cruzo sobre el río Darling y, al llegar a Bourke, hago la compra para recorrer los ciento treinta kilómetros que distan hasta la siguiente población, Coolabah, y reanudo la marcha sin mayores contratiempos. No sólo no he tenido problemas con los aborígenes, es que ni siquiera los he visto.

Al caer la noche acampo en un bosque en las cercanías de Byrock bajo una fina y delgada luna creciente. Me despierto en la madrugada por un mal sueño, soñaba que me robaban el carro. El carro lo dejo siempre fuera, con la parte delantera bajo la lona impermeable, empotrado contra la tienda y los frenos echados de modo que, si alguien lo mueve, lo note y me despierte. A veces me despierto en mitad de la noche, me incorporo ligeramente en el saco y me asomo por la puerta sólo para comprobar que está, o palpo levemente la lona de la tienda por la parte interior para sentir fuera el tacto de la rueda delantera del carrito, y continúo durmiendo. Pero ésa no era la razón por la que me había despertado bruscamente. De repente, en mitad de la oscuridad y no muy lejos, como a cincuenta metros, escucho un alarido horroroso que hace que me despierte del todo y me incorpore dentro de la tienda, como si un loco o un enajenado mental estuviera gritando de ira en mitad del bosque. Escucho atentamente mientras me preparo para salir corriendo de la tienda y trato de identificar de qué se trata. Tal vez por los avisos que he estado recibiendo los días anteriores, lo primero que viene a mi mente es un aborigen borracho y enloquecido por un desencuentro amoroso. Barajo las opciones de qué animal en Australia puede hacer ese ruido tan grotesco, pero no conozco ninguno, lo único que me preocupa es que se acerque, estoy tenso, los bramidos son horribles. Pienso que estando a cincuenta metros el radio de acción dentro del que se puede mover es muy amplio y la opción de que justo se acerque hasta mí en línea recta, poco probable, salvo que ya me haya visto u olido. Miro el reloj y son las cinco de la mañana, queda una hora sin luz hasta que empiece a amanecer. Oigo el berrido varias veces, antes de explotar puedo apreciar una especie de gruñido o sonido gutural que no me parece humano o, al menos, espero que no lo sea, dada la potencia del individuo. Mi mente vuela hasta Barringun, donde hace unos días paré a llenar unas botellas de agua y tomar una hamburguesa con un huevo frito. En el interior del establecimiento había varias cornamentas colgadas de la pared, una de ellas me llamó la atención por su gran tamaño, como de ciervo. Recuerdo que le pregunté a la mujer que regentaba el negocio y me dijo que la habían cazado por la zona, lo cual me sorprendió, no sabía que en Australia también hubiera ciervos. En Europa la berrea, sonido que emiten los machos en época de apareamiento, es durante el otoño, tal vez sea eso lo que estoy presenciando... Entre unos pensamientos y otros va amaneciendo lentamente y dejo de escucharlos. Si fue la berrea de un ciervo o un loco enajenado es algo que no sabré, ya que nunca llegué a ver nada. Tal vez las próximas noches se vuelva a repetir, ya que la región de New South Wales es bastante boscosa. Tras semejante amanecer, recojo la tienda y me pongo en camino con la mañana fría, el cielo azul y una suave brisa soplando en mi rostro...

The wind blows in my face once again,
time goes on and I'm not the same,
the world is wild and life is so hard,
so let's feel the rain and play the game.
And I say, what else can I do
if I was born just to be free
and I used to dance crazy under the moon,
if I believe for sure I go for it.
And all I know is that I'm on my way
riding a wild horse in the storm
sometimes don't remember my age and name
and I'm looking for, but I don't find my home.
And everything is written in the stars,
you should be brave and face your destiny
'cause it's in your hands you to live your dreams
and we've the power to create reality.

Percibo cambios en el entorno conforme me voy acercando a Sídney, la hierba es verde y los bosques frondosos, algo impensable en el Territorio del Norte, y al dormir entre los árboles no veo el sol despuntar al alba sobre el horizonte. Sin embargo, sigo con la obligación de caminar cincuenta kilómetros de sol a sol y sin interrupción para llegar a tiempo, lo cual me extenúa físicamente y convierte cada día en un reto. Cuando alcanzo Coolabah apenas hay un *pub*. En la terraza hay sentadas varias personas con las que hablo mientras lleno las botellas. Son muchos días seguidos caminando solo sin hablar con nadie y cuando se presenta la oportunidad siento que he perdido la práctica, sumado a la extrañeza de hacerlo en una lengua diferente a la mía, no me quiero demorar. Al finalizar el día acampo entre los árboles. Hoy he visto el primer cartel que indica la distancia a Sídney: 646 kilómetros, trece días.

Amanecer en medio del bosque rodeado por el canto de los pájaros no tiene precio. Hoy es un día de sintonía con la naturaleza. Camino entre los árboles observando sus formas retorcidas como esculturas milenarias de madera y escucho con frecuencia cantar a los pájaros, siento cómo hablan unos con otros en su propio idioma, no puede ser que pasen todo el día emitiendo sonidos y no digan nada. Se posan en la parte alta de las copas para recibir los primeros rayos de sol templando sus cuerpos tras la noche fría. Pienso que hablan de cómo han amanecido, si han sufrido algún desperfecto en el nido, si hay alguna amenaza cerca, si están contentos o les aqueja algún dolor, llaman a sus parejas, o las crías hambrientas a sus padres. Del mismo modo que con las personas, cuando uno está inmerso en la naturaleza existe una gran diferencia entre oír y escuchar, entre mirar y ver. Oír y ver son «acciones automáticas», escuchar y mirar implican atención y conciencia, cuando lo haces se abre ante ti un mundo nuevo. Y te das cuenta de que somos un animal más, y qué triste es el rumbo que llevamos destruyendo el planeta, ignorando que lo que le hacemos a la naturaleza nos lo hacemos a nosotros mismos. Avanzo hacia el sur por una carretera pequeña inmerso en la sombra, el aire es gélido y tengo la nariz y los dedos entumecidos, pero no me importa, me gusta acercarme al ribazo y apretar los tallos de hierba cubiertos de hielo, sentir la escarcha crujir y el dolor congelándome las manos. El bosque está lleno de sensaciones olvidadas, el tacto rugoso de las cortezas, el rumor de las copas con la brisa, el crujido de las hojas bajo nuestros pies, el canto del agua fresca en el arroyo, la variedad de colores del otoño, los matices del cielo al atardecer, el olor a resina, los rayos de la luna filtrándose entre los árboles, el sonido del picapinos golpeando un tronco, la belleza de un espíritu que te envuelve con su magia... sensaciones llenas de vida que estamos sepultando bajo capas de humo, cemento y metal.

El 7 de julio me levanto en las inmediaciones de Narromine cuando todavía está oscuro. En estas fechas amanece a las seis, y a las seis de la tarde ya es de noche, por lo que paso doce horas caminando y doce horas dentro de la tienda, de las que fácilmente duermo diez con lo fatigado que estoy. Recojo el campamento con las manos heladas y me pongo en marcha. Hay mucha niebla y tengo que caminar con el frontal encendido en mi cabeza. Cada vez hay más poblaciones y están más cercanas, prácticamente todos los días atravieso una, por lo que ya apenas tengo que preocuparme por el agua y la comida, lejanos quedan ya aquellos días solitarios y tranquilos.

Me levanto a las seis de la mañana cuando el cielo comienza a clarear con la tienda absolutamente congelada y haciendo vaho en su interior. La lona está rígida, las varillas se han quedado pegadas con el hielo y apenas las puedo sacar. Me cuesta recoger la tienda que he de doblar y sacudir varias veces para quitar la escarcha con las manos ateridas y, aun así, no la puedo guardar en su funda. Me pongo en camino y, al rato, comienza a caer una fina llovizna. Hay viento y verdes praderas donde pastan las ovejas y los caballos, me recuerda al norte de España e Inglaterra, y yo sin chaqueta impermeable. A media mañana, como un regalo caído del cielo, un operario de carreteras que encuentro en el camino me regala un chaquetón amarillo fosforito resistente al agua de los que usan ellos y que, a pesar de quedarme grande, me viene de perlas. El pantalón ligero, cómodo y holgado con el que vengo caminando desde Malasia, cuando las temperaturas y la humedad eran altas, es ya poco más que una tela descolorida y desgastada que se está empezando a romper por una de las perneras y, ahora, con el chaquetón, la barba y las manos congeladas con sabañones, el aspecto de vagabundo es absoluto. La gente me mira con curiosidad cuando dejo el carrito fuera y entro en un supermercado a hacer la compra; para mí también es una sensación extraña y, aunque fueron días difíciles, echo de menos aquellas jornadas salvajes perdido en el Territorio del Norte, luchando contra el viento, en tierra de nadie, sin más compañía que los elementos y la soledad.

Durante los días siguientes rebaso las poblaciones de Molong y Orange cercano a los novecientos metros de altitud y a apenas doscientos kilómetros de Sídney, mi llegada es inminente y ese momento, esa meta por la que he estado luchando con intensidad durante los meses anteriores, peleando cada metro, está al alcance de mi mano. Por delante, sin embargo, me esperan todavía las Montañas Azules.

AB-ORIGEN

Un día, al atardecer, acabando la jornada, se detuvo a mi lado un coche con un hombre al volante y un chico, de unos veinte años y que debía ser el hijo, de copiloto. Bajaron la ventanilla y pude apreciar que eran aborígenes. El hombre me preguntó si venía andando desde Orange, la anterior población, que me había visto caminando hacía unas horas, a lo que le respondí que sí. Me dijo que era muy fuerte, con una expresión de admiración, supongo que porque distan unos cuarenta y cinco kilómetros con subidas y bajadas. Entonces le dije que en realidad venía caminando desde Darwin. Sorprendido, me preguntó: «¿Darwin?», como si no hubiera oído bien, y asentí. Entonces cambió la expresión de su rostro, como si de repente se hubiera detenido el tiempo, sus ojos se clavaron en mí, mirándome desde lo más profundo, como si en apenas unos instantes estuviera comprendiendo el esfuerzo realizado. Y con una voz que ya no parecía la suya y que salía de lo más hondo de su espíritu, en otro plano de comunicación, me preguntó queriendo comprender: «¿Por qué?». Yo sé a qué se refería con esa pregunta y le respondí: «Porque caminando me siento libre». Volviendo a la realidad me dijo: «Si lo tuviera, te daría un regalo». Le di las gracias por sus palabras, nos despedimos con una fraternal sonrisa y continuamos cada uno con nuestro camino. Yo no se lo dije, pero la comprensión y la profundidad de su mirada fue el mejor regalo que me pudo haber hecho. Han sido pocas las ocasiones en las que he hablado con aborígenes, pero con sólo unas palabras me han demostrado tener un mundo interior más mágico que muchos de los blancos con los que me he cruzado en el camino, con los que supuestamente debería tener más cosas en común y que, al saber lo que estaba haciendo, lo único que se les ha ocurrido es hacerme una foto y soltar un chascarrillo. Entonces, caigo en la cuenta de que mi lucha es la lucha del aborigen, del indígena, por mantener las raíces que nos ligan a la tierra y a las estrellas, por conservar la magia y la belleza de un mundo que nos están robando.

Tengo las manos hinchadas y doloridas, todo el día al aire libre sin guantes, con el viento frío, la escarcha, la lluvia, clavando las piquetas, las manos trabajan y duelen. El 15 de julio camino por las Montañas Azules a unos mil metros de altitud, descendiendo progresivamente rumbo a Warrimoo, población a escasos setenta kilómetros de Sídney, una zona de bonitos paisajes y gente adinerada. Cada vez me cuesta más encontrar un lugar donde pernoctar, está todo urbanizado y apenas quedan espacios libres. Al terminar el día espero a que esté a oscuras, monto la tienda en un parque con columpios entre las casas de una urbanización y me echo a dormir con la intención de acercarme mañana lo máximo posible a Sídney. Me levanto cuando todavía está a oscuras para no llamar la atención de los vecinos, recojo el campamento y me pongo en camino bajo la lluvia. A mi paso por Saint Marys me doy una ansiada ducha en la piscina municipal que también me viene bien para rebajar la hinchazón de nudillos y dedos con el agua caliente, lavo la ropa, cargo la batería del móvil y trato de estar un poco más presentable para cuando llegue mañana a Sídney, algo que ya parece inevitable. Paso mi última noche en la tienda acampado en Blacktown, a las afueras de la ciudad, mientras algunas reflexiones y pensamientos vienen a mi cabeza. Me parece increíble estar a punto de lograr este reto, una travesía que se me antojaba tremendamente difícil y que he sido capaz de doblegar poco a poco y paso a paso, jornada tras jornada. Me siento fuerte, inconmensurable, pero también soy consciente de que he de mantener la cautela, todavía queda mucho por delante y haber llegado hasta aquí no es garantía de nada. La travesía por Australia es la prueba de cómo un gran reto que en principio parece inasumible, dividido en etapas y objetivos más pequeños, dándolo todo en el día a día y creyendo en ello, no sólo se consigue, sino que se puede lograr mejorando las expectativas. El jueves 17 de julio, tras ochenta y siete días caminando cincuenta kilómetros diarios sin interrupción, y tres días antes de que expire mi visado, consigo cubrir los más de cuatro mil kilómetros que separan Darwin de Sídney.

Con pequeños pasos se puede llegar muy lejos.

Adentrarse en las ciudades siempre es incómodo; sin embargo, Sídney es una ciudad bastante accesible, con carril bici, ordenada, el aire limpio y relativamente poco tráfico si la comparamos con Teherán o Nueva Delhi. Entro a través de la Parramatta Road, hasta un brazo de mar con embarcaciones rodeado de un parque desde el que se divisa el *skyline* de la ciudad. El cielo está despejado y el día soleado. Camino despacio bordeando el entrante, saboreando este momento único. Me cuesta creer lo que ven mis ojos: estoy entrando en Sídney y he llegado hasta aquí andando desde Darwin, atravesando Australia con mis propios pies. Me adentro a lo largo de la King Street hasta Newtown, el multicultural y colorido barrio donde viven Gorka y Wendy, los amigos de Regina que me van a acoger en su casa durante mi estancia en la ciudad. Sídney es la ciudad más grande y poblada de Australia, y una de las que tiene mejor calidad de vida del mundo. Cuando llego me encuentro a Wendy arreglando unas flores en la entrada. Son una pareja estupenda y viven en una casita luminosa con jardín muy acogedora.

Los siguientes tres días son frenéticos por lo que apenas descanso, tengo mucho trabajo acumulado tras estos meses prácticamente desaparecido: actualizar la web y las redes sociales, escribir textos y contestar *e-mails*. Además, tengo que poner a punto el material que después de una travesía tan larga necesita reparaciones, lavar la ropa y preparar el equipaje para volar a Chile. El sábado conozco a Regina y a sus alegres hijas Olivia y Lia. Por la mañana vamos a escalar a un rocódromo y por la tarde a una fiesta con música en la calle y un ambiente increíble en el barrio de Newtown, organizada por el colectivo Communne. Me muevo entre la gente bailando al ritmo de la música, pensando una vez más en los giros que da el viaje. Gracias al agua caliente y los masajes que me aplico estos días desaparecen los sabañones de mis manos. El domingo, mi último día, nos vamos todos a pasear por la ciudad, cruzamos el puente sobre la bahía de Sídney y visitamos la Opera House. Por la tarde vamos al Gure Txoko vasco, centro cultural y lugar de reunión donde me siento como en casa, me brindan la oportunidad de dar una charla, comemos y me sorprenden con una colecta que han realizado para mi causa en la que recaudan seiscientos dólares, un gran empujón gracias al cual los siguientes meses se presentan algo más aliviados. Me siento afortunado y me despido de todos ellos tremendamente agradecido. Llegamos a casa de noche y me vuelvo a acostar tarde, ultimando los preparativos para el vuelo del día siguiente. Por la mañana apenas me da tiempo a escribir un *e-mail* rápido a Vicente, un estudiante chileno que reside en Santiago y que me ofreció hace unos días su ayuda cuando llegara a la ciudad. Le mando mi número de vuelo con la hora de llegada y, sin tiempo de comprobar si me responde y con la incertidumbre de si lo leerá o no, me dirijo al aeropuerto.

El lunes 21 de julio, justo tras un año y cuatro meses de viaje, con tres continentes, diecinueve países y diecinueve mil kilómetros en mis piernas, superando el mejor de los pronósticos jamás imaginado, pongo rumbo a América y vuelo desde Sídney a Santiago de Chile. Acabo de rebasar el ecuador del viaje, comienza la vuelta a casa...

PARTE IV

AMÉRICA, «UN MUNDO MÁGICO»

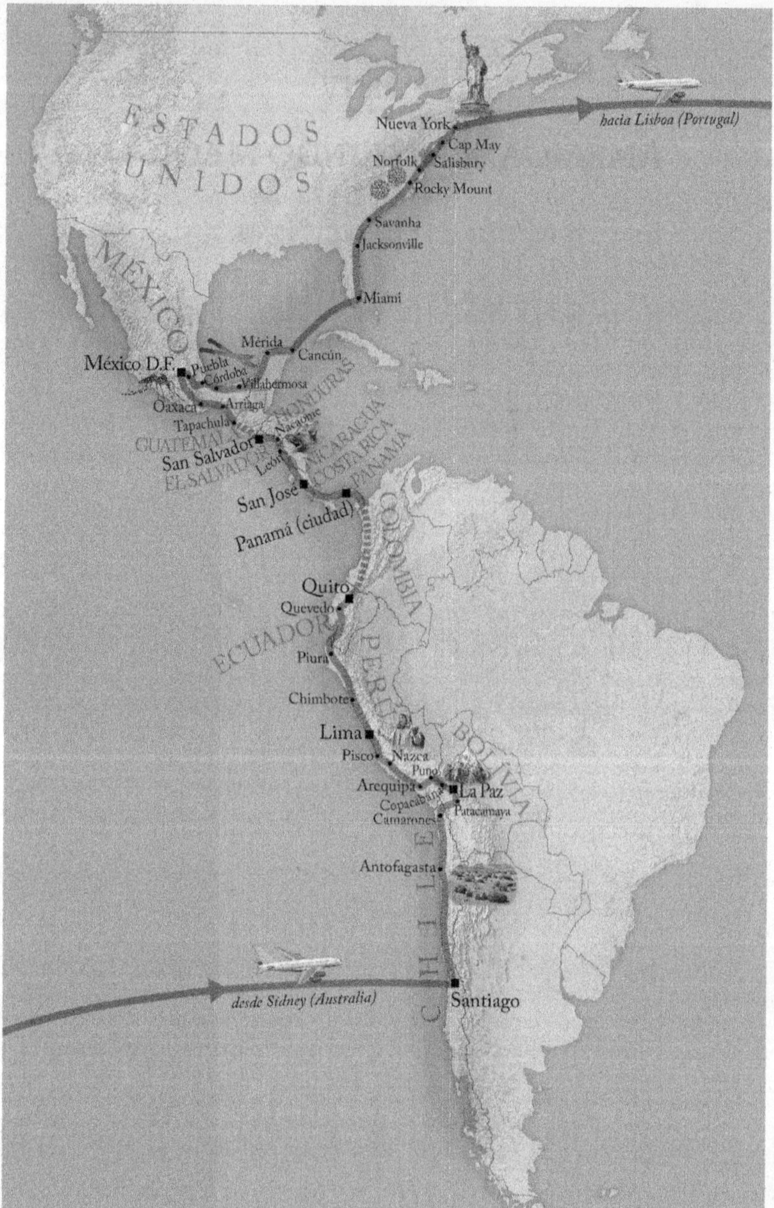
ESTADOS UNIDOS
Nueva York
hacia Lisboa (Portugal)
Cap May
Norfolk
Salisbury
Rocky Mount
Savanha
Jacksonville
Miami
MÉXICO
Mérida
Cancún
México D.F.
Puebla
Córdoba
Villahermosa
Oaxaca
Arriaga
Tapachula
HONDURAS
Nacaome
San Salvador
León
NICARAGUA
COSTA RICA
PANAMA
San Jose
Panamá (ciudad)
COLOMBIA
Quito
Quevedo
ECUADOR
PERÚ
Piura
Chimbote
Lima
Pisco
Nazca
Puno
BOLIVIA
Arequipa
La Paz
Copacabana
Patacamaya
Camarones
Antofagasta
CHILE
desde Sidney (Australia)
Santiago

Capítulo 7

América andina

Chile

El 21 de julio de 2014, a las once de la mañana, despego desde el aeropuerto de Sídney y, tras doce horas de vuelo sobre el océano Pacífico, el 21 de julio de 2014, a las once de la mañana, aterrizo en Santiago de Chile. ¡Exactamente el mismo día y a la misma hora! Hemos estipulado que el día comienza en el meridiano 180°, así que en principio he ganado doce horas de vida, pero las pierdo automáticamente por el cansancio del viaje. En Chile tengo noventa días de estancia sin necesidad de tramitar visado, sin embargo, al pasar el control de inmigración me llevan a un cuarto para que justifique que tengo medios para tan prolongada estadía sin necesidad de trabajar, les debe parecer sospechoso, qué poco me gustan los aeropuertos. Llevo algunos dólares y euros encima y, junto con la web en la que cuento el viaje y algunos recortes de prensa con noticias de mi empresa, parecen quedar satisfechos. Recojo el equipaje, me hago con un mapa de Santiago en la oficina de turismo y salgo a la calle decidido a montar el carrito e ir caminando hasta la ciudad a pesar del cansancio, cuando se acercan un hombre y un chico y me preguntan sonrientes si soy Ignacio, el caminante. En ese momento siento como si se abrieran las puertas del cielo, son Gustavo y su hijo Vicente, el chico que contactó conmigo hace unos días y a quien envié un *e-mail* a última hora desde Sídney con los datos de mi vuelo, sin saber siquiera si lo habría recibido.

Cargamos el material en el coche y vamos a su casa, allí conozco a Soledad, la mujer de Gustavo, y a Benjamín, hermano de

Vicente, una familia encantadora que me acoge los días que estoy en la capital.

La primera mañana me despierto desorientado, llevo un año y cuatro meses sin hablar español salvo en puntuales ocasiones y cuando me levanto no sé si decir *buenos días, good morning, selamat pagi* o *suprabhat*. Estoy en un país y en un continente nuevos y me empieza a costar asimilar tanto cambio, haber visto tantas cosas en tan poco tiempo, como el disco duro de un ordenador que se fuera llenando de información. Durante los siguientes días comienzo a familiarizarme con algunos términos nuevos como *porotos, palta, marraqueta, mote con huesillo* o *tomar las once*. A pesar de hablar español, y al igual que en los países que tengo por delante en América, manejan un vocabulario diferente que he de aprender para poder desenvolverme en lo cotidiano. Estos días conozco a Marcelo, primo de Gustavo y estupenda persona, con contactos en medios de comunicación y que me consigue algunas entrevistas para la televisión, la radio y los periódicos, además de un masaje gratuito en un centro deportivo y varios pares de zapatillas, preciado regalo. Son días atareados, cada instante es valioso y no hay tiempo que perder, a veces echo en falta un día sin hacer absolutamente nada. Aprovecho para conocer algunos lugares emblemáticos de esta ciudad atravesada por el río Mapocho, como la plaza de armas, el cerro de Santa Lucía y el Museo de Bellas Artes. Me llama la atención lo cerca que están los Andes, cuyas cumbres se vislumbran desde la capital. Por supuesto, en estas fechas y con la ayuda de mis nuevos amigos planifico también el itinerario que voy a recorrer rumbo al norte. Los consejos y las recomendaciones de la población local, que conoce el terreno de primera mano, son la mejor guía para trazar la ruta. La República de Chile es un país dividido en quince regiones, con más de cuatro mil kilómetros de largo y una anchura media de doscientos kilómetros, lo que le otorga una enorme diversidad y riqueza de ecosistemas que van desde la Patagonia a los Andes o las islas del Pacífico. Ante mí se extiende uno de los retos más difíciles y en el que tengo puesta la mirada desde que comencé el viaje: el desierto de Atacama, el desierto más árido del mundo. Grandes oscilaciones térmicas que van de los cincuenta grados de día a los veinticinco bajo cero por la noche. En esta parte del globo terráqueo la atmósfera no tiene ozono, por lo que la radiación solar ultravioleta es muy fuerte; además, en el hemisferio sur, al avanzar hacia el norte, los rayos inciden en la cara todo el día. Larguísimas distancias entre poblaciones de hasta doscientos kilómetros que obligan a ir cargado de nuevo con una gran cantidad de peso del agua y la comida necesarios para sobrevivir con autosuficiencia durante varias jornadas. Y finalmente, los desniveles. Chile es un país muy montañoso, entre los Andes y el océano Pacífico hay otra cadena de montañas llamada cordillera de la Costa, con altitudes superiores a los dos mil metros, pero como los Andes rebasan los seis mil, a éstas más bajas las llaman cerros... Estas características, junto con un índice pluviométrico de un milímetro cada quince años, son *a priori* las dificultades que entraña. Trataré de caminar por el litoral siempre que sea posible, las temperaturas son más benignas al estar reguladas por el mar, los desniveles, menores, y suele haber más poblaciones. La última noche antes de ponerme en marcha, sentados alrededor de la mesa, cenando, Soledad nos cuenta una historia:

Estaba el pescador tumbado tranquilamente en su hamaca frente al mar, a la sombra de una palmera, sintiendo la suave brisa, cuando se acerca un hombre de negocios de la ciudad y le dice: «Pero, hombre, ¿qué hace usted ahí tumbado sin hacer nada? Tiene que salir a faenar, hay muchos peces que pescar, mucho trabajo que hacer». El pescador se incorpora en su hamaca algo molesto mientras el hombre de negocios sigue con su argumentación: «Y cuando haya usted pescado muchos peces y los haya vendido, entonces podrá comprar una embarcación mayor, tener tripulación a su cargo y pescar y vender aún más pescado. Puede incluso montar una empresa y hacerse rico». El pescador finalmente le pregunta, molesto con la cantinela: «¿Y puede saberse todo eso para qué?». «Pues para estar bien, hombre, para estar bien», le dice el hombre de negocios, a lo que el pescador le responde, volviéndose a recostar en la hamaca: «Pero ¡si yo ya estoy bien!».

El viernes 25 de julio, tras cuatro días en Santiago, me despido de todos agradecido y, con algo de morriña, reanudo la marcha rumbo al norte. Frente a mí, nada más y nada menos, América... Durante los siguientes días abandono el área metropolitana y me adentro en la región de Valparaíso, rebaso Tiltil, un pequeño pueblo donde venden artesanías y las famosas empanadas de pino con huevo duro, carne y aceitunas, y subo la cuesta de la Dormida hasta los dos mil doscientos metros de altitud. Después de tres meses caminando por las extensas llanuras australianas, y prácticamente desde Nepal sin subir una montaña, he olvidado el esfuerzo que supone empujar el carrito cuesta arriba. A la altura de Concón alcanzo la costa y observo cómo el océano Pacífico se despliega ante mis ojos con toda su inmensidad. Estos días me encuentro algo flojo, como si arrastrara fatiga o tuviera las defensas bajas. Tras la dura travesía por Australia, el vuelo y los ajetreados días en Sídney y Santiago, apenas he parado, así que ahora me toca descansar sobre la propia marcha. Le sonará gracioso al lector, pero descanso más cuando camino cuarenta kilómetros diarios y duermo en la tienda de campaña que en la ciudad con comodidades. La luz eléctrica, internet y el trabajo acumulado me rompen el ritmo, hacen que me acueste tarde y me quitan horas de sueño. Sin embargo, ahora, a las siete de la tarde, acampado frente al océano, duermo de maravilla arropado por el arrullo de las olas y a la luz de la luna.

Algunos días amanecen fríos y neblinosos, es el fenómeno llamado *camanchaca*, palabra que en la cultura indígena aimara significa «oscuridad». Durante el día, las aguas del mar enfriadas por la corriente de Humboldt absorben el calor irradiado por el sol, pero durante la noche y la madrugada liberan ese calor en forma de vapor que no se disipa hasta media mañana. Los indios mapuches, los únicos que resistieron la conquista de los españoles y entre los que destacó la figura de Lautaro, empleaban esta niebla para cazar. Toda esta región costera tiene también una elevada actividad sísmica producida por el choque de placas tectónicas, que provoca en ocasiones terremotos superiores a los ocho grados en la escala de Richter. Chile es considerado el segundo país del mundo más activo sísmicamente, después de Japón, ambos enmarcados en el Cinturón de Fuego, y me encuentro con frecuencia carteles y señales que indican rutas de evacuación seguras a puntos elevados en caso de *tsunami*. Camino junto al océano rebasando hermosas playas mientras observo cómo poco a poco se va desertizando el terreno. Al principio encontraba dunas de arena sólo en las proximidades del mar, sin embargo, pasado Los Vilos, estas dunas ya aparecen a ambos lados de la carretera Panamericana dominando el paisaje. Me infunde respeto y camino preguntándome dónde me estoy metiendo, si seré capaz de superar las dificultades, la importancia de una mente y un cuerpo en forma, y de un material en perfecto estado. Para dar la vuelta al mundo caminando, además de un espíritu soñador y aventurero, hay que tener orden y disciplina, ser consciente de que para conseguir un objetivo romántico en ocasiones hay que ser tremendamente práctico.

El 1 de agosto por la mañana, cuando cumplo quinientos días de viaje, recogiendo la tienda de campaña se me parte otra varilla. Afortunadamente, encuentro entre la tierra un tubo de plástico duro, hueco y del grosor exacto, lo corto en trozos pequeños y trato de arreglar la avería con un apaño provisional, empalmando las dos piezas de la varilla partida, aunque no creo que resista un viento fuerte: ésta no es la mejor manera de adentrarse en un desierto. Estoy en un ecosistema completamente nuevo, los cactus crecen por todas partes allá donde mire, contemplo por primera vez en mi vida pelícanos junto al mar con sus grandes picos y gran envergadura de alas, y buitres americanos cabecirrojos me observan pasar con atención, apostados en palos y vallas. A pesar de estar cerca de la costa, camino por un terreno con constantes subidas y bajadas, por lo que avanzo menos kilómetros cada jornada, pero no me preocupa, porque no tengo la urgencia del visado. Cuento con noventa días para recorrer dos mil quinientos kilómetros, si en Australia fui capaz de caminar más de cuatro mil, sé que ahora me lo puedo tomar con más «calma». Al pasar por Hornillos me detengo en la parada de Gerivaldo el Flecha a comer unos huevos fritos y comprar pan y queso de cabra, mientras converso con el dueño sobre el desierto. Me aconseja recorrer el tramo de Chañaral a Taltal de noche y a la luz de la luna. Caminar de noche es una opción que barajo si el calor y los rayos del sol me impiden hacerlo de día, a pesar de que no veo claro dónde descansar durante el día al no haber absolutamente ninguna sombra. En las inmediaciones del Parque Natural Bosque de Fray Jorge encuentro un sitio medianamente escondido, pero el viento sopla fuerte, con la fatiga que tengo no coordino bien los movimientos y se me parte otra varilla montando la tienda de campaña. Maldigo mi torpeza y maldigo el viento. He cometido un error de principiante, debería haber fijado la lona al suelo antes de meter las varillas. La tienda revolotea en el aire, las varillas se comban, me cuesta más de una hora montarla y queda como un verdadero pingajo, todavía mojada por el rocío de la mañana, apenas un precario habitáculo donde salvar la noche a resguardo. Me acuesto pensando qué sentido tiene seguir pasando penurias, pero nadie dijo que fuera fácil, tampoco puedes quedarte quieto lamentándote. En la sencillez y la escasez hay escondidos grandes tesoros que se diluyen en la neblina del confort, y el esfuerzo, el sacrificio y las dificultades son la mejor escoba para barrer nuestros defectos.

* * *

Cuando alcanzo la población de Coquimbo, última parada antes de adentrarme en el desierto, cojo una habitación en el hotel América, con un ambiente familiar y agradable, y me quedo durante tres días, como ya es habitual cada vez que paro, haciendo entrevistas para medios locales y españoles, escribiendo, actualizando la web y reparando la tienda de campaña. El amable propietario del hotel, sorprendido por mi gesta, tiene el detalle de regalarme un día más de estancia, día que me tomo de descanso. Bajo al puerto y sentado frente al mar pruebo por primera vez en mi vida una cazuela de ceviche disfrutando de la linda postal, las embarcaciones de colores mecidas por el mar, los pelícanos planeando sobre las olas y los enormes lobos marinos tomando el sol entre las rocas.

A la mañana siguiente, tras una parada que era necesaria, completamente renovado y con determinación firme, reanudo la marcha deseoso de ver qué me deparará el camino, si las dificultades estarán a la altura, si la realidad hará justicia a la leyenda.

> Se adentró en aquel desierto como quien se adentra en la locura, solo y sin opción de regresar.

Hoy es mi primera noche en el desierto de Atacama. Hay algo magnético, atractivo y cautivador en el desierto: me gustan los paisajes desolados en los que aparentemente no hay nada y, precisamente por eso, me enfrentan o me encuentro conmigo mismo. Porque la mente va con el paisaje y no hay nada con lo que distraerse, no hay ruidos tras los que esconderse, solos tú y la vasta y solitaria inmensidad, como si estuviera uno mismo ahí, esperándote desde siempre, sentado en una roca bajo el sol o las estrellas. Algo hay en el desierto que, pareciendo que no hay nada, muchos fueron a buscarlo. Acampo a media tarde resguardado del viento entre unas rocas de granito junto al mar, leo unas páginas del libro *Compasión universal*, del maestro budista Gueshe Kelsang Gyatso, que Marcelo me regaló en la capital, mientras unos últimos pensamientos fugaces surcan mi mente y escribo unas líneas antes de despedirme del día y caer rendido...

«Mi flexibilidad y capacidad de adaptación son mi fortaleza, la rigidez limita... La rudeza sólo es una imitación pobre de la fortaleza...»

De repente, en mitad de la madrugada, me despierto sintiendo un temblor de tierra, una sensación completamente nueva que nunca antes había experimentado. Noto con total claridad cómo el suelo se mueve debajo de mí. Acostado en mi tienda de campaña sobre el suelo, con el oído en la tierra y en el silencio de la noche, puedo sentir las placas tectónicas deslizándose una sobre la otra con tremenda fuerza, el áspero y rugoso crujido de las rocas chocando, como si al planeta le rugieran las tripas. Enseguida caigo en la cuenta de que es uno de los muchos temblores que hay en la región y que, salvo que se abra una falla justo debajo de mi tienda, poco puedo hacer porque ya estoy al aire libre lejos de cualquier edificio. Apenas dura unos segundos tras los cuales continúo durmiendo, afortunado de estar en contacto con la naturaleza y ser testigo de este impresionante fenómeno, de haber sentido las entrañas de la tierra.

Durante las siguientes jornadas abandono la región de Coquimbo y me adentro en la de Atacama, de donde el desierto toma su nombre. Voy rebasando quebradas, observando un paisaje que se desertiza más y más, con una escasa vegetación arbustiva, sin sombras, donde el sol pega con fuerza y de vez en cuando aparece alguna posada solitaria. Un día, pasado el Trapiche, veo a un hombre que desciende andando de una montaña bajo la solana, hasta que más adelante nuestros caminos se cruzan y camina a mi lado. Lleva sombrero, mochila y una guitarra. Le pregunto por su nombre y tras pensárselo unos segundos, como haciéndome partícipe de algo confidencial, o ganando tiempo para inventarse uno, me dice que se llama Manuel Monroy. Dice dirigirse a Arica, al norte del país, que camina sesenta kilómetros diarios y se demorará tres semanas en llegar hasta allá. Me cuenta que gasta un par de zapatos al mes, que le gusta caminar por la noche y pasar el día descansando a la sombra, que apenas bebe agua cuando camina, así no tiene que llevar peso, pero cuando alcanza una posada aprovecha para beber mucha e hidratarse bien. Yo le escucho tomando nota de sus hábitos y recomendaciones para el itinerario que tengo por delante. Me aconseja ir por la costa a partir de Vallenar, pues es más fácil avituallarse, mientras que por el interior rumbo a Copiapó es puro desierto. Hacemos un alto en una posada en mitad de ninguna parte, lo invito a comer y nos despedimos al caer la tarde en las inmediaciones de Incahuasi. Él dormirá en la cancha del pueblo, yo prefiero parar antes y dormir solo, me siento más seguro y me organizo mejor. Acampado entre rocas y montañas peladas cierro los ojos. Me parece escuchar el ulular de un búho cerca de mi tienda.

Al día siguiente me encuentro con una ciclista belga, Johanna, que viene pedaleando desde Canadá. Compartimos algo de información, como las hormigas que se cruzan en el camino, sobre el itinerario que tenemos por delante. Me cuenta que pasó frío por las noches en los Andes a veinte grados bajo cero, que toda la costa peruana es desértica y que en Ecuador le llovió mucho. Le pregunto qué ruta seguir a partir de Vallenar y me recomienda hacerlo por el interior porque, si bien ella vino por la costa donde hace más fresco y hay más niebla, no encontró ninguna posada. Me despido de esta valiente ciclista y al acabar el día acampo pasado Domeyko, con dudas sobre qué ruta seguir, dándole vueltas a la información contradictoria de Manuel y Johanna. A mi derecha, hacia el este, puedo ver los observatorios astronómicos de La Silla y Las Campanas. El hecho de que en esta parte del globo la atmósfera no tenga ozono, junto con la altitud y que hay tres días de nubes al año, confieren a la región unas condiciones inmejorables para contemplar los cielos estrellados y hace que se concentren aquí los mayores observatorios del mundo. Son mis primeras noches en Atacama, millones de estrellas me arropan, las montañas duermen en silencio y yo me siento inmerso en un escenario tan mágico...

¿Qué verdades tenemos en la vida? ¿Por qué o por quién pondríamos la mano en el fuego? Nosotros, que somos buscadores de certezas y de seguridad, que nos gusta sentir el suelo firme bajo nuestros pies y tener el control en un planeta que gira a mil seiscientos kilómetros por hora sobre su propio eje, se desplaza alrededor del Sol a una velocidad de treinta kilómetros por segundo y en un mundo en el que los paradigmas cambian cada vez con mayor rapidez, ¿acaso tenemos la certeza de que mañana estaremos vivos? Si hay algo que defina la vida, además de ser apasionante y sorprendente, es que es incierta y cambiante. Nunca nos bañamos dos veces en el mismo río, cuando nos metemos por segunda vez, el río ya es otro, incluso nosotros mismos hemos cambiado también...

A las ocho de la mañana el sol pega con fuerza, tengo que echarme crema y envolver la cabeza con una camiseta. Finalmente, rebaso Vallenar y decido caminar por el interior. Planteo recorrer la distancia a Copiapó en dos o tres días, cien kilómetros solitarios ya no me amedrentan. De vez en cuando veo algún tren pasar con decenas de vagones cargados, la minería es una de las principales actividades de la economía chilena, pero provoca un fuerte impacto ambiental, la contaminación de ríos y mares por la descarga de relaves, la emisión de gases contaminantes a la atmósfera y la disminución del caudal de los ríos debido al enorme requerimiento de agua, hasta el punto de dejarlos completamente secos, como el valle de Copiapó, con la consiguiente destrucción de regiones agrícolas. El día va avanzando y el camino me obsequia con un fenómeno único en el planeta, un espectáculo que no puedo creer estar presenciando y que ocurre cada muchos años: cae una ligera precipitación y las dunas se cubren con un fino tapiz violeta de intensos olores: el desierto florido. Y yo tengo la sensación de que alguien pone las cosas a mi paso, de que conforme voy recorriendo los lugares, las cosas ocurren según las necesito, como si estuvieran ahí esperando.

Durante este viaje sucede un curioso proceso: cuanto más veo, menos sé. Por un lado te llenas de experiencias, lugares y personas, sonidos, olores y fotografías, músicas, vestimentas y gastronomías, historia, culturas y paisajes, un abanico se despliega con amplitud ante tus ojos conforme vas recorriendo el mundo y el crisol de la especie humana con tus pies, mientras que por otro te vas vaciando de verdades como se vaciaría una bañera al quitarle el tapón, como si te fueras deshaciendo de todos los paradigmas y discursos que conocías, porque se han quedado pequeños y ya no explican la magnitud del universo que contemplas. Los pilares de tu cultura se resquebrajan cuando observas que no hay una verdad única, sino muchas formas diferentes de entender la realidad, los cimientos se tambalean al ver que lo que hasta entonces considerabas como válido deja de serlo, y te ves entonces en la necesidad de adoptar una mirada más amplia, un pensamiento más universal y lleno de posibilidades, dejar las cosas fluir sin tratar de retenerlas. Este viaje es como el viento que barre tu espíritu de prejuicios y palabras sesgadas, como la lluvia que limpia los campos de una atmósfera viciada, como una casa que al vaciarla de muebles se llenara de aire y de luz, un regreso a las raíces, un retorno a la sencillez.

RUIDO

Cada vez que paro en un sitio y me conecto a internet, tengo acceso a mucha información que, finalmente, es sólo ruido. Tengo que tener cuidado, pues luego todo ese ruido ocupa mi tiempo y mi mente. Hay ruido en las ciudades, ruido de coches, máquinas, gritos, perros, motores, manifestaciones, pitos, fábricas, publicidad, medios de comunicación... Ruido de información, jaleo, opiniones, palabras, palabras y más palabras. Mi mente asilvestrada y solitaria busca silencio y tranquilidad, quiere oírse pensar, sencillez y ligereza, oír soplar el viento, ver volar las águilas y sentir mecerse la hierba. Porque realmente hay muy pocas verdades y podrían decirse con pocas palabras, pero hablamos y hablamos sin saber, hasta marear y aturdir al enemigo, y decimos cosas diferentes a lo que pensamos mientras tejemos una red de argucias y engaños moldeando la realidad a nuestro antojo como si de una vasija de barro se tratara. Y unos muestran su bondad mientras traman una traición, otros disfrazan su ignorancia con aires de ingenio, pero sólo es humo y arrogancia. Hay quien finge amor para no estar solo, y nos movemos por el mundo confusos y aturdidos. De cada cinco palabras que decimos, la primera es para hacernos los listos, la segunda para criticar lo que hacen los demás, la tercera para embaucar a alguien y la cuarta suele ser una tontería. Sólo la quinta palabra, y en boca de unos pocos, contiene una verdad interesante, humilde y discreta. Pero es difícil distinguirla entre tanto ruido.

Cuando alcanzo Copiapó me encuentro con un paisaje deprimente de minerías y siderurgias envueltas en la niebla. Tan sólo quiero hacer algo de compra y alejarme de aquí. Tras varios días de caminata alcanzo Bahía Inglesa, una pequeña y tranquila población costera de arenas blancas y aguas cristalinas en la que tengo un contacto, Dani, primo de un chico que conocí en Sídney, y con quien celebro mi cumpleaños, hoy es 20 de agosto. Ya es el segundo cumpleaños que celebro en el viaje, lejos de mi casa, y me alegro de no pasarlo solo. A partir de ahí, tras un par de días reposando en casa de Dani, prosigo hacia el norte junto a la costa a través de paisajes lunares, dunas y montañas. Pasado Chañaral me adentro en una de las zonas más hermosas del desierto, el increíble Parque Nacional Pan de Azúcar: rocas rotas y fragmentadas, montañas rojizas y áridas, y el mar rompiendo a lo largo de enormes playas de arena blanca me dan la sensación de estar en otro planeta. Camino solitario por una pista de sal empujando mi carrito y parando constantemente a contemplar la belleza del paisaje envuelto en un silencio sólo roto por el rumor de las olas. Al caer el día, acabo acampando en una playa solitaria. Monto la tienda, soy el único en kilómetros a la redonda, y camino un kilómetro ya de noche en busca de comida en el pequeño restaurante que hay más adelante en una calita de pescadores. Ceno congrio con arroz y una ensalada que me sabe a gloria en este rincón perdido del mundo, mientras varios pescadores conversan a escasos metros a la luz de un candil. Ya de vuelta a la tienda, de noche y con el frontal encendido, las nubes se han disipado y dejan a la vista un cielo limpio y completamente estrellado. Me meto en la tienda y me dispongo a tener un reparador sueño frente al océano en el corazón del desierto de Atacama.

* * *

Cuando amanece contemplo frente a mí la isla de Pan de Azúcar iluminada por los rayos del sol que se filtran entre las nubes. Me pongo en camino por una pista a través de paisajes que deben de ser lo más parecido a estar en Marte, áridas montañas de colores ocres y marrones, y la más absoluta soledad. Una brisa suave sopla en mi rostro mientras contemplo una gran variedad de cactáceas como la copiapoa, sólo las especies más resistentes al calor y a la sequía consiguen sobrevivir en esta región, obtienen el agua de la niebla y la humedad que hay a lo largo de la costa. Dejo atrás la región de Atacama y me adentro en la de Antofagasta, y a pesar de cambiar el nombre de la región, el territorio sigue siendo completamente desértico. Al acabar el día acampo tras unas dunas contemplando el árido paisaje, a setenta kilómetros de Taltal, población en la que me espera Javo, un profesor de inglés que me ha invitado a dar una charla para contar mi experiencia a sus alumnos. Lo primero que me llama la atención de este pequeño pueblo junto a la costa del océano Pacífico son sus casas de colores que destacan sobre el fondo de arena y desierto, y lo que en principio iba a ser una parada de un día acaba siendo de tres. Por cortesía de Javo me hospedo en La Casa Verde, un lugar sencillo y acogedor. Conozco a Larissa, una chica alemana que está también por aquí estos días haciendo voluntariado, y juntos cenamos congrio, pez espada y un sabroso pastel de jaiba, un clásico de la costa chilena. Con el nuevo día, asisto a la biblioteca pública para dar la charla. Allí conozco a un oficial de la Armada chilena que tiene la amabilidad de invitarme al día siguiente a navegar en una embarcación de la Guardia Costera. Resulta interesante contemplar Taltal desde el mar, ver los lobos marinos apostados en las rocas y diferentes tipos de aves, aunque ni rastro del pingüino de Humboldt: su población se ha reducido drásticamente a consecuencia de la escasez de lugares de nidificación y de alimentos, de la depredación por parte del hombre y, sobre todo, del impacto de fenómenos climáticos severos como El Niño. Por la tarde realizo una entrevista para una emisora de radio y por la noche quedo con Larissa. El viento sopla ahí fuera inundando el aire con el sonido de las campanitas y los móviles de caña de bambú que cuelgan adornando el patio, los niños ya duermen, el pueblo va quedando en silencio y una cálida luz todavía encendida en este rincón del mundo en mitad del desierto ilumina tenuemente la habitación en la que dos viajeros se besan y se abrazan en un fugaz encuentro, cruce de caminos que la vida les regala.

El lunes 1 de septiembre reanudo la marcha junto al litoral, inmerso en la densa niebla que viene del océano y choca contra las montañas que se elevan súbitamente paralelas a la costa. Hasta la siguiente población, Antofagasta, hay doscientos kilómetros, por lo que cargo el carro y mi mochila con agua y comida y comienzo a subir la famosa cuesta de Paposo. Los más de sesenta kilos que tengo que ir empujando hacen más difícil todavía la ascensión; voy ganando altura paulatinamente entre montañas peladas y acampo al finalizar el día a dos mil metros de altitud en un lugar completamente expuesto donde el viento sopla a sus anchas. En mitad de la madrugada, el viento arranca una de las clavijas del suelo y la lona de la tienda se pliega sobre mi cabeza. Salgo dispuesto a volver a clavarla lo antes posible, antes de salir volando. Rodeo la tienda, y con una piedra me aseguro de clavar esta vez firmemente el hierro, refuerzo algún otro y apago la luz para contemplar el firmamento... Hay tantas estrellas que el espectáculo es sobrecogedor y en un primer instante me estremezco, me cuesta mirar hacia arriba, me siento muy pequeño, desprotegido y vulnerable en mitad de la estepa árida y ventosa con millones de estrellas sobre la cabeza aplastándome con su peso, me falta el aire. No somos nada, apenas una partícula insignificante de polvo flotando en el espacio y, sin embargo, si no existiéramos, nada de lo que vemos a nuestro alrededor tendría sentido.

Ser aventurero es ser único y valiente para abrir tu propia senda sin temor al fracaso ni a ser diferente porque es la única opción posible, algo inevitable para quien siente la llamada de la vida latiendo con fuerza en su interior. Ser aventurero es mantener viva la llama de la curiosidad, escuchar el niño que llevamos dentro, vivir con pasión cada día como si fuera único, un regalo lleno de sorpresas, y ver amanecer cada mañana con el mismo asombro que la primera vez. Ser aventurero es preguntarse, explorar y querer saber, contemplar el mundo como un lugar lleno de misterios, poner en duda los viejos esquemas, aceptar retos y adentrarse en territorios desconocidos, saber estar fuera de la comodidad y ser consciente de que el mayor riesgo es no arriesgar. Ser aventurero es mantenerse en un constante estado de conmoción ante la vida y aquello que nos rodea, reconocer las adversidades del camino y querer afrontarlas para superarlas, descubrir las lecciones que encierran y conocerse uno mismo. Ser aventurero es atreverse, mirar la muerte a la cara y vivir la vida aún más intensamente, apreciar cada segundo porque nada es seguro y nada nos pertenece, estamos de paso y todo es un regalo. Ser aventurero es soñar y actuar, apreciar la magia que se esconde en lo pequeño, la belleza del planeta en que vivimos y vivir con amor.

Tras una noche fría recojo el campamento y me pongo en camino. A esta altitud el viento sopla fuerte en contra, camino entre montañas peladas y el sol pega también con intensidad. De caminar con la mochila a la espalda empujando el carro cuesta arriba se me cargan los hombros, el cuello y las lumbares. Voy haciendo altos de vez en cuando y me siento en alguna roca de espaldas al sol a comer y beber; hace mucho calor, el aire es abrasivo y el desgaste, grande. Como una manzana, una zanahoria y algo de chocolate para que no se derrita dentro del carro, apenas tardo cinco minutos. Cuando me incorporo para reanudar la marcha me fijo asombrado en que la piel de la manzana y la zanahoria están completamente secas y deshidratadas sobre la arena. Van pasando los días, voy cubriendo kilómetros por áridas estepas lunares con una camiseta envuelta alrededor de la cabeza, haciendo fotos atraído por el magnetismo del paisaje. Me gustaría que viniera alguien a filmar esta travesía, tan sólo llevo una pequeña cámara digital de bolsillo con la que es muy difícil documentar y tener material de calidad, apenas voy grabando unos vídeos caseros, siempre preocupado por que no se acabe la batería, ya que tampoco llevo una placa solar. Las noches son frías a esta altitud, los días, cada vez más largos, la luna creciente asoma pronto entre las montañas y comparte el cielo con el sol durante varias horas. Resulta curioso observar la luna desde un escenario de dunas, viento y arena como el desierto de Atacama, viene a ser como contemplar la luna desde la luna. Durante estos días hablo con Jaime, contacto que tengo en la próxima población, Iquique, y tío de un amigo mío. Cuando alcanzo Antofagasta resulta que me ha reservado dos noches en un hotel para mi descanso, un gran detalle que aprovecho para trabajar y continuar planificando el itinerario que tengo por delante. Antofagasta es una ciudad costera, capital de la región de mismo nombre, zona minera por excelencia del país y la ciudad con el mayor ingreso per cápita de Chile.

A partir de Antofagasta decido abandonar la ruta Panamericana y proseguir por la costa. Me voy lentamente alejando y perdiendo de nuevo en el desierto rumbo a Arica, población al norte del país y de la que me separan unos setecientos kilómetros. Veo cabañas y chozas en un estado precario y gente en el agua sobre las rocas arrancando algas, llamadas huiros, con palancas. Es una actividad ilegal, sólo está permitido recoger las que están flotando, pues habita fauna en ellas. Dan permisos para recogerlas y el kilo de huiro se vende a dos mil quinientos pesos. Al acabar la jornada, hacia las seis y media, acampo frente al océano. Yo no sé por qué el humano se cree superior al resto de los animales. Hoy viendo los pelícanos planear y deslizarse sobre las olas con tal suavidad y belleza de movimiento he sentido que el hombre es tan pequeño, no apreciamos la hermosura de la naturaleza, nos distanciamos de ella, sólo la contemplamos como un recurso. La camanchaca va cayendo lentamente cubriendo el cielo y la cima de las montañas con una densa niebla, mientras los últimos gaviotines chicos se despiden también del día con su alborotado canto y escribo estas líneas. Tengo los pies endurecidos y secos por el calor y la arena, llevo ya varios días sin ducharme y empiezo a oler a salitre, mar y sudor. Una uña del pie derecho lleva semanas amenazando con caerse, dura, seca y amarilla. Los lobos marinos rugen a lo lejos, bien protegidos contra el frío y las inclemencias con sus gruesas capas de grasa. Llevo tiempo avanzando junto al Pacífico durante largas jornadas... el desierto de Atacama va tocando su fin.

Todo el día caminando junto a ti, sintiendo tu inmensidad a mi lado, viéndote desgastar con paciencia las duras rocas de la costa, puliéndolas con tu trabajo de escultor incansable día y noche sin cejar en el empeño, yo quiero aprender de ti. Me detengo a observar cómo te vas ondulando, hasta que la onda se transforma en una ola fuerte y poderosa que barre toda la playa, puedo sentirte bailar. Pelícanos, gaviotas, cormoranes y jotes sobrevuelan tus aguas y nadan en ellas, pescan, se zambullen buscando alimento y se posan sobre las piedras ya blancas de guano agitando su plumaje a sentir la brisa y contemplarte. Observo el mar desde mi tienda de campaña con las puertas abiertas y me siento yo también un poco océano. Lentamente se esconde el sol y aparece la luna con su hipnótica luz y su brillo plateado rielando sobre las aguas... Buenas noches, mar.

Tras varias jornadas alcanzo Iquique, y paso tres días en casa de Jaime y de su mujer, Rosa. En estas fechas coincide que se celebran las fiestas patrias, el 18 de septiembre es el Día de la Chilenidad, desde que en 1810 Chile consiguió su independencia. Me invitan con unos amigos a celebrar el día en una bonita casa frente al mar, hacemos una barbacoa, bebemos pisco, me enseñan a bailar la cueca y pasamos un día distendido de humor y relax. Gustavo me envía desde Santiago un juego de varillas completamente nuevo para reparar la tienda de campaña y sustituir por fin las que llevo partidas, incluso tener algunas de repuesto, valiosísimo regalo y, tras realizar alguna entrevista para medios locales, reanudo la marcha con la intención de recorrer los últimos trescientos kilómetros que me separan de Arica, al norte de Chile y muy cerca de la frontera con Perú, población en la que tengo que estar el 27 de septiembre para conectar mediante videoconferencia con el evento TEDx Madrid. Pasado Huara, y para mi asombro, atravieso una zona arbolada. Llevaba semanas sin ver un árbol, deben de ser araucarias que crecen en mitad del desierto; poco después contemplo unos geoglifos en las laderas y la cima de unas montañas, uno de ellos con la clara forma del sol. Subo prácticamente corriendo y empujando el carro los veintitrés kilómetros de la cuesta de Camarones estimulado por la belleza que me rodea y, el 25 de septiembre, tras bajar la cuesta de Acha, alcanzo Arica, de nuevo junto al océano Pacífico.

* * *

Me quedo durante tres días en Arica en casa de Iris y su hija Dolly, amigas de Edu, un chico de Ecuador que contactó conmigo a través de las redes sociales y me ofreció su ayuda. Doy una charla en la Universidad de Tarapacá y cambio las cubiertas de las ruedas del carrito tras prácticamente ocho mil kilómetros desde que lo hice por última vez en Singapur, lo engraso y lo pongo a punto, preparando la ascensión a los Andes. Una duda me asalta estos días: ¿seré capaz de aclimatarme a la altitud? La gente me da infinidad de consejos para evitar el mal de altura cuando comience la ascensión, como beber mucha agua y comer poco, chupar un limón, oler colonia, taparme los oídos, masticar un diente de ajo, tomar las famosas pastillas Sorojchi Pills, acetazolamida o un ibuprofeno cada ocho horas, ponerme una bobina de hilo entre los labios para respirar mejor al dormir, mascar hoja de coca, caminar despacio y no realizar esfuerzos, pero no acabo de ver claro cómo subir caminando hasta los cinco mil metros de altitud empujando un carro sin hacer esfuerzos. Voy a entrar a Bolivia por el punto fronterizo Chungará-Tambo Quemado. En los Andes, las lluvias fuertes son de diciembre a marzo, período conocido como el invierno altiplánico, y como estamos a finales de septiembre tengo una ventana de uno o dos meses para cruzar de Chile a Bolivia, alcanzar La Paz, bordear el lago Titicaca y volver a cruzar las montañas para entrar en Perú a través de Puno. Me despido de mis nuevos amigos, agradecido por su hospitalidad, y, con un cosquilleo de emoción e incertidumbre en la tripa, como cada vez que tengo un reto nuevo por delante, abandono Arica, pongo rumbo al este y afronto los más de doscientos kilómetros de ascensión desde el nivel del mar hasta la frontera con Bolivia. Comienza el asalto a los Andes.

Me pongo en camino acompañado por Edu, vamos haciendo fotos y vídeos, y nos despedimos en la salida de Arica. Entre otras actividades, Edu hace logos, sería él quien diseñaría el de la web de mi viaje. Avanzo por una pista con las cubiertas nuevas del carro, recién afeitado y la ropa oliendo a jabón. A media mañana paro en una posada a comer y resulta que la mujer que regenta el negocio conoce a Jean Béliveau. Cuando surgió en mi mente hace años la idea de dar la vuelta al mundo caminando no sabía si alguien lo había hecho con anterioridad, me embarcaba en un proyecto en el que no tenía referencias. Posteriormente, investigando y planificando, descubrí a Jean, un canadiense que dio la vuelta al mundo caminando durante once años por la paz, la infancia y el fin de las guerras. No dudé en contactar con él, le escribí un *e-mail* y enseguida me contestó. Desde entonces, una vez empezada mi aventura, hemos mantenido correspondencia, le escribo contándole los progresos de mi marcha y haciéndole alguna consulta, a lo que siempre me responde con un par de líneas breves, concisas, con la información justa y necesaria para resolver mi duda, sin desentramar el misterio y dejando en mis manos la gracia de planificar, resolver y descubrir las cosas conforme voy avanzando. Sin conocerle en persona, es alguien en quien pienso con frecuencia según camino, preguntándome qué cosas vivió, a qué profundidad viajó. Dar la vuelta al mundo caminando es un viaje solitario, y saber que alguien hizo lo mismo, como cuando te encuentras con otro viajero a pie, te hace sentir menos solo, que estás frente a un alma gemela, un animal de tu propia y tan escasa especie, uno de los tuyos. Avanzo por el verde valle del río Lluta, pero a partir del kilómetro 40 comienzan la ascensión y el desierto, y desaparece la vegetación. Ya no hay nada, ni pueblos ni posadas, tan sólo los característicos cactus de candelabro propios de la altitud a la que me encuentro, entre los dos mil y los tres mil metros sobre el nivel del mar. Al día siguiente, a media mañana, alcanzo el pueblo de Malku, una linda casa en la que vive una familia. Alexis, el padre, Andrea, la madre, Cael, el hijo de dieciséis años y Alaya, la hija de doce. En un principio mi idea era tomar un desayuno y continuar la marcha, pero son gente interesante que ha construido un hogar en el desierto a tres mil cien metros de altitud, así que tomo un té de coca, un bocadillo de queso y decido quedarme con ellos a pasar el día. Es la primera vez que tomo mate de coca, una bebida milenaria que produce un efecto energizante similar al café, que no es dañina ni tóxica, y sirve para combatir el soroche o mal de altura ya que incrementa la absorción de oxígeno en la sangre. La venta de hoja de coca es legal en Perú, Bolivia y Colombia. Yo llevo una bolsita con hoja seca que un amigo de ascendencia indígena me regaló hace unos días a mi paso por Iquique. Alrededor de la casa hay alguna placa solar y algún molino eólico para generar electricidad. A pocos metros Cael y Alaya construyen con un martillo y una radial una casa para un conejo. No van a la escuela pero saben de animales y están muy espabilados. Andrea ha perdido algo de audición y no puede mover el hombro izquierdo, Alexis tiene un esguince en el pie. Los ayudo a sacar unos postes de madera del suelo y cortarlos para construir una estructura con una malla con la que proyectar sombra. Por la noche encendemos el horno chimenea en el que hacen pan y, mientras cenamos algo, llega una pareja de ciclistas alemanes, Dorothee y Daniel, vienen pedaleando desde Poconchile y ella está completamente extenuada. Charlamos al calor del fuego y al cabo de un rato me despido con la intención de retirarme a descansar, Alexis me invita a dormir en un cuarto construido por ellos en el que nació su primer hijo y me deja un libro del que leo varias páginas antes de acostarme: *El hombre estelar*, de John Baines.

A la mañana siguiente les digo adiós y me pongo en camino acompañado durante varios kilómetros por Cael, Alaya y un par de perritos. Vemos un lagarto entre las rocas y me explican que el movimiento que hace arriba y abajo con la cabeza es para marcar el territorio. Llegamos a la altura de un autobús viejo y oxidado con restos de pintura azul y los cristales rotos abandonado en mitad de la montaña y, como si se tratara del mejor y más auténtico de los decorados, el lugar más divertido del planeta, comenzamos a jugar echándonos fotos, metiéndonos dentro, asomando nuestras cabezas por las ventanas y subiéndonos al techo. Qué poco hace falta para jugar y divertirse, basta con un poco de imaginación. Nos despedimos, la última imagen que tengo de ellos es dentro de un coche también abandonado, desvencijado y sin ruedas que hay junto al autobús, sentados simulando que conducen, sonrientes y agitando los brazos en el aire. «¡Hasta la vista chicos, no perdáis nunca la inocencia y ese brillo en vuestras miradas!», y continúo mi camino rumbo a Putre. A mediodía me detengo en una posada que encuentro en el camino y por primera vez en mi vida pruebo la deliciosa carne de alpaca. Al salir me encuentro con la pareja de ciclistas alemanes que conocí ayer, les regalo unas hojas de coca y también las pruebo yo: me meto varias en el carrillo y echo a caminar. El cielo se ha ido cubriendo de nubes y está completamente negro, parece como si el invierno altiplánico se estuviera adelantando, y yo tengo la sensación de estar metiéndome en la boca del lobo, cuando comienzan ligeramente a caer unas gotas. Me preocupa que rompa la tormenta, truena a lo lejos y empiezo a correr, estar expuesto a los rayos en mitad de la montaña es muy peligroso. Estoy a cuatro mil metros de altitud, me encuentro fuerte, respiro profundamente, las hojas van formando un bolo mientras la saliva extrae de ellas las sustancias estimulantes, pero salvo un adormecimiento en la lengua, no siento ningún efecto. Además, cada vez que bebo agua todas las hojas se revuelven en la boca formando un pastizal y me trago algunas, por lo que acabo escupiéndolas. A las siete de la tarde, con un arcoíris enorme y brillante surcando el cielo, dándome la bienvenida sobre las montañas, alcanzo Putre, población aimara de más de diez mil años de antigüedad cuyo significado es «Murmullo de Aguas».

Me quedo un día en esta población aprovechando para aclimatarme un poco a la altitud, es la primera vez que estoy tan alto. Cada paso que doy en esta aventura me adentro en terrenos vírgenes e inexplorados para mí. Reanudo la marcha ascendiendo por una pista de tierra muy empinada, subo raudo y ligero, el sol pega con fuerza y a esta altitud quema, me obliga a envolverme la cabeza con una camiseta y a taparme la cara, lo que dificulta aún más la respiración. Cuando vuelvo a rebasar los cuatro mil metros sobre el nivel del mar el escenario se torna espectacular: cimas nevadas, vicuñas pastando y pequeños lagos y humedales comienzan a salpicar el paisaje. Prosigo a través del Parque Natural Lauca rumbo a las blancas cumbres de los volcanes Parinacota y Pomerape. De repente, me empieza a doler la cabeza, como si me palpitase fuertemente, no sé si es por la altura, el sol, el esfuerzo o todo junto. Pasa por mi mente la idea de darme la vuelta y descender, pero decido continuar, y a las cinco y media, cuando todavía quedan un par de horas de luz, encuentro un lugar resguardado entre los muros de piedra de unas ruinas, pasado Chucuyo, y acampo, a ver si descansando se me pasa. He de asumir que ahora no puedo pretender hacer cincuenta kilómetros como por la costa y he de disminuir el ritmo, caminar más despacio y beber mucha agua. La cremallera de una de las puertas de la tienda se está rompiendo; no muerde bien los dientes y tengo que intentar cerrarla varias veces, la arena del desierto y la sal de la costa la han ido deteriorando. Finalmente, antes de dormir me tomo un paracetamol, el primero en todo el viaje.

La noche ha sido fría. Por la mañana la tienda y el carro aparecen cubiertos de hielo, el agua de las botellas completamente congelada y el saco mojado por la condensación. No he dormido muy bien. Espero a que despunte el sol entre las montañas para templarme un poco y derretir el hielo antes de recoger el campamento y ponerme en camino. El escenario es precioso, a mi izquierda quedan las lagunas de Cotacotani y bofedales con aves acuáticas; frente a mí, los Nevados de Payachatas y la cima de Quisi Quisini delimitando la frontera con Bolivia, y al fondo, ya en territorio boliviano, despunta imponente la blanca cima del Nevado Sajama. Cuando alcanzo el lago Chungará me comienza a doler de nuevo la cabeza, así que aminoro la marcha. Las vistas son espectaculares, flamencos, patos, gaviotas de California y decenas de aves, así como llamas y alpacas, me observan atentas pasar con curiosidad; a mi derecha el volcán Guallatiri expulsa una constante fumarola de azufre. Un agente forestal al cuidado del parque que encuentro en el camino me dice que esta noche hemos rondado los trece grados bajo cero, le cuento mi viaje y estamos un rato charlando sobre la naturaleza y el cuidado del planeta. Según me voy acercando al punto fronterizo comienzan a aparecer largas hileras de camiones, latas y desperdicios tirados por el suelo, los camioneros bolivianos esperan a entrar en Chile para arrojar su basura en protesta por el territorio que perdieron en la guerra del Pacífico y que se anexionó Chile, dejando a Bolivia sin salida al Pacífico. Puedo ver a los conductores manejando como diablos enloquecidos, mascando hoja de coca; el humo y la polvareda que levantan dificultan aún más la respiración y me obligan a detenerme y taparme la nariz. Cuando llego al puesto de control chileno me duele fuertemente la cabeza, los carabineros me regalan un par de botellas de agua, compro unas empanadas en un puesto, me sellan el pasaporte y siete kilómetros más adelante alcanzo el puesto fronterizo boliviano Tambo Quemado. Le digo al agente de la aduana que mi intención es estar treinta días en Bolivia y me sella la entrada en el pasaporte. Sentada en un escalón en la calle hay una mujer indígena vestida con el traje típico con falda, motivos florales, su característico bombín y algunos dientes de oro con un gran fajo de billetes y una calculadora cambiando dinero. Cambio lo que llevo y me acerco a un lugar donde pone: «Alojamiento», la habitación cuesta treinta y cinco pesos bolivianos. Esas habitaciones austeras, con un catre hundido y una bombilla, me recuerdan de nuevo a Asia, espero que no tenga chinches, garrapatas ni pulgas. Extiendo el saco sobre la cama para que se seque de la humedad, me doy una ducha, lavo mi ropa interior a mano y salgo a cenar una sopa y un plato de arroz con pollo y patatas por quince pesos bolivianos, unos dos euros, bastante más barato que Chile. Cuando salgo a la calle, de vuelta a la habitación, es de noche, sopla el viento frío y caigo en la cuenta de que estoy a más de cuatro mil metros de altitud, pero, sobre todo, que estoy en Bolivia, tierra de quechuas y aimaras, de alpacas y vicuñas, de lagos y cumbres nevadas... Y me invade un sentimiento de satisfacción.

Bolivia

En Bolivia es una hora menos que en Chile. Me levanto a las siete, desayuno y sin más demora me pongo en marcha. Camino atravesando el Parque Natural del Nevado de Sajama, volcán y pico más alto del país, con 6.542 metros sobre el nivel del mar, rumbo a la población de Patacamaya. Las laderas del volcán están habitadas por la queñua, árbol de tronco retorcido y verde follaje, que forman uno de los bosques más altos del planeta. Hay rebaños de llamas y alpacas, algunas cabañas de pastores hechas con adobe, rebaso el pequeño pueblito de Lagunas, en el que está todo cerrado y no veo un alma y, a la altura del cruce de Cosapa, me detengo a comer en una pequeña vivienda. El cielo está oscuro y absolutamente cubierto, mientras saboreo una nutritiva sopa de choclo y charqui, carne seca de alpaca con patatas cocidas y un huevo duro. Fuera estalla la tormenta. Me asomo por la puerta mientras contemplo cómo el paisaje se va pintando de blanco con el hielo del granizo y retumban los truenos... Por suerte, en la misma casa donde como tienen una habitación con catres de madera y colchas de colores en las que el viento se cuela silbando por las rendijas, pero que me viene de perlas para pasar la noche bajo un techo a resguardo. Meto el carro en la habitación mientras sigue lloviendo, cayendo rayos y granizo, vamos a ver cuánto tiempo dura esto... Barajo la opción de darme la vuelta, meterse en Bolivia ha sido una osadía, voy a pasar un mes mojándome con la lluvia, expuesto a los rayos y pasando frío; las temperaturas descienden por debajo de los diez grados bajo cero por las noches.

Me pongo en camino con el cielo despejado. Avanzo con rapidez ya aclimatado a la altitud; he de aprovechar el día desde temprano para ir sorteando las tormentas. Al cabo de los kilómetros bajo por una larga y rocosa quebrada hasta un verde valle lleno de llamas, paredones y riachuelos, y el cielo comienza a oscurecerse. Tengo la tormenta detrás de mí, dejo el carro en un ribazo preocupado porque su estructura metálica atraiga los rayos, y me acerco a una casa de adobe a preguntar por un lugar donde comer y dormir. Sale un hombre enjuto y con pocos dientes mascando hoja de coca, nos protegemos de la lluvia bajo un tejadillo mientras charlamos. Se llama Santos Ramírez, está prendiendo fuego a unos matorrales para ahuyentar la tormenta y haciendo adobe para construir una nueva cabaña en la que proteger a las llamas más débiles cuando llegue la nieve, mientras las mujeres pastorean el ganado en la llanura. Viven muy rudimentariamente, en humildes viviendas con apenas unas gallinas, las manos y los pies llenos de barro, pero pienso que son más fuertes que yo, acostumbrados a la dureza y las inclemencias del tiempo, el frío y la escasez. Uno viene del mundo occidental con una falsa idea de superioridad, pero cuando recorres estos ecosistemas y culturas tan solo, expuesto y desprotegido, te das cuenta de que estás en una situación de desventaja y que, si hay alguien débil e inferior, ése eres tú. Llego incluso a envidiar a los animales, que soportan el frío en la noche con su pelaje, o cuando me está cayendo una tormenta encima y veo los caballos, las vacas, las llamas y las alpacas empapados, pastando tranquilamente en la pradera; les da igual, luego sale el sol y se secan, y pienso qué débil y dependiente soy yo, que necesito un chubasquero cortavientos y un lugar donde refugiarme. Cuando pasa la tormenta, Santos me indica que en el cruce de Curahuara hay una posada en la que comer y dormir. Cuando por fin llego, ya está atardeciendo. Cojo una habitación por treinta pesos, unos cuatro euros, y ceno un filete de llama con arroz. Hoy ha sido un día largo, he caminado más de cincuenta kilómetros sin comer ni cruzarme con nadie en el trayecto salvo llamas y alpacas. Me decía Santos para diferenciarlas que las llamas tienen el pelo corto y las alpacas largo, se me olvidó preguntarle cómo las distingue cuando las esquilan.

Me gusta levantarme al alba y ponerme a caminar con los primeros rayos, así aprovecho mejor la luz. Apenas llevo agua y comida, y no hay posada ni pensión en todo el camino; desde Tambo Quemado a Patacamaya son doscientos kilómetros sin apenas avituallamientos. De todas formas, estoy acostumbrado a pasar varias jornadas con poca comida, incluso sin comer, a pesar de que la fatiga se nota mucho más a esta altitud. Intento cantar o silbar mientras camino, pero no puedo porque enseguida me quedo sin aire; cuando por las noches duermo en la tienda de campaña y trato de inflar mi esterilla, tan sólo consigo hacerlo hasta la mitad por la poca presión que hay a esta altitud. Hacia las cuatro y media de la tarde, por mi derecha y a varios kilómetros, se forma tormenta de nuevo, el cielo negro y una oscura cortina de agua cae con rayos y truenos; todavía está lejos, por lo que continúo avanzando. Caminar por el extenso Altiplano te ofrece una amplia perspectiva y te permite controlar mejor el terreno, ver el horizonte, la evolución de las nubes y tener tiempo para reaccionar. Por mi espalda, también lejos, se forma otra tormenta con lluvia y rayos, y otra por mi izquierda: me están rodeando y avanzan empujadas por el viento. Busco dónde acampar, me da miedo hacerlo a la intemperie, muy expuesto: ya he pasado varias noches bajo los rayos y cuando entra de nuevo la mañana siempre me digo a mí mismo que será la última vez. Paso sobre el río Desaguadero, avanzo unos kilómetros más y encuentro una casa con una cuadra. Llevo todo el día sin comer y habré caminado otros cincuenta kilómetros, me acerco a la dueña que está faenando con las manos llenas de barro y le pregunto si me deja acampar cerca de su vivienda junto a un muro. La señora accede y me indica una explanada que sigo viendo muy expuesta junto a unos troncos cortados y unas chapas metálicas, pero por no importunarla más pongo ahí la carpa. Justo cuando termino de montarla se cierne la tormenta sobre mi cabeza y comienza a llover, abro la cremallera, me asomo por la puerta para mirar el cielo y sorprendo a la mujer en la entrada de la casa humedeciendo una tela con el líquido de una botella y agitando el pañuelo en el aire. No sé de qué se trata ni qué pretende, y me vuelvo a meter en la tienda con la sensación de haber sido testigo de una práctica atávica o cosa de brujería. A la mañana siguiente, me explica que agitaba una tela negra mojada en alcohol para evitar que granizara porque tiene alfalfa cultivada y se le echaría a perder. Cuando alcanzo Patacamaya, la primera población grandecita que piso en Bolivia, me recuerda, salvando las distancias, a las jaleosas ciudades de la India con un tráfico revuelto, ruido y puestos por la calle. Alquilo una habitación, compro una tarjeta SIM boliviana, cambio algo de dinero y planifico los siguientes cien kilómetros que distan de La Paz.

Estamos en época preelectoral; de hecho, en tres días son las elecciones presidenciales; veo muchos carteles y muros pintados a favor de Evo Morales. Bolivia es un Estado plurinacional con capital en Sucre, con una rica mezcla cultural y un sincretismo de costumbres y tradiciones recibidas de los pueblos indígenas y los conquistadores españoles. Comprende espacios geográficos como la cordillera de los Andes, el Altiplano y la Amazonia, y es uno de los países con mayor biodiversidad del mundo. El día que llego a La Paz me impresiona lo enorme que es, una gigantesca cascada de ladrillos que caen por las laderas de las montañas, casas agolpadas unas sobre otras sin orden ni concierto hasta el centro de la ciudad en el corazón del valle donde están enclavadas la plaza Murillo y la Plaza Mayor. Tras quedarme durante unos instantes contemplándola, bajo por una carreterita serpenteante entre el tráfico caótico y altos niveles de contaminación hasta la iglesia de San Francisco, donde he quedado con Pati y su padre Samuel, amigos que me van a ayudar durante mi estancia en la ciudad.

Hoy, 12 de octubre, son las elecciones generales. Camino por las calles en compañía de Samuel, vamos hablando de esto y aquello, cambiando el mundo entre puestos de palomitas, chocolate y chicharrones, gente humilde y tranquila todavía ligada a la tierra, a las raíces y a las tradiciones. Qué linda la gente que teniendo poco te lo da todo y te ofrece la mejor cama, la mejor habitación, te presenta a su familia, hijos, abuelos, nietos, hermanos y te trata como a alguien importante, qué grande y qué pequeño hace que te sientas. Y ves qué poco importa la procedencia, la nacionalidad o la religión, y te das cuenta de que todos hablamos el mismo idioma. Otro día quedo con Pablo, un español amigo de Bruno y que reside en Bolivia desde hace unos años; paseamos por el centro, vemos tiendas en las que venden artículos de brujería, fetos de llamas disecados, gente que realiza amarres, lee las manos... Subimos en la moderna línea roja del teleférico que une las ciudades de La Paz y El Alto y, tras cinco días en esta ciudad, reanudo de nuevo la marcha rumbo a la frontera con Perú.

Tras una sufrida salida de La Paz entre atascos, ruido y humo, como cada vez que cruzo una gran ciudad, continúo avanzando paso a paso, kilómetro a kilómetro, alejándome de la gran urbe y volviéndome a perder en paisajes más naturales. A mi paso por Huarina veo por primera vez en mi vida el mítico lago Titicaca, el lago navegable a mayor altitud del planeta, y me sabe a conquista. No puedo creer lo que ven mis ojos, haber llegado hasta aquí caminando con mis propios pies desde España. Me siento privilegiado, un afortunado de poder presenciar el espectáculo que se despliega ante mí, saboreo tanto cada logro, cada instante, cada momento. A la altura de Huatajata voy caminando absorto en mis pensamientos, disfrutando del paisaje, cuando mi vista se posa en un cartel que dice: «Kon-Tiki, museo de balsas transoceánicas». Rápidamente mi memoria vuela al libro escrito por Thor Heyerdahl en el que el explorador noruego narra su expedición de 1947 por el océano Pacífico desde América del Sur hasta la Polinesia a bordo de una embarcación fabricada con madera, totora y pergamino, materiales autóctonos, siguiendo el estilo de construcción indígena. El propósito de Heyerdahl era demostrar la posibilidad de que pobladores procedentes de Sudamérica podrían haber llegado a la Polinesia ya en época precolombina en embarcaciones similares a la suya movidas únicamente por las mareas, las corrientes y el viento. Sin pensarlo dos veces, dejo el carrito a la entrada y entro en el museo. Conozco a Paulino, indígena aimara que lleva décadas fabricando estas embarcaciones. Le escucho fascinado y sueño con hacer algo parecido algún día, embarcarme en una vuelta al mundo en barco o cruzar algún océano a bordo de una embarcación a vela y sin motor. La totora y el pergamino son vegetales autóctonos, huecos y muy ligeros, que confieren a la estructura flexibilidad y flotabilidad sin perder resistencia. En un pequeño muelle improvisado en la orilla del lago puedo observar cómo están construyendo una. Insiste en que me quede, y aunque podríamos quedarnos días contándonos historias y aventuras, me despido de él con un apretón de manos agradecido por haberlo conocido y, dejando abierta la posibilidad de volver a vernos algún día, avanzo unos kilómetros más con los últimos rayos de luz y monto mi tienda de campaña bajo el hermoso cielo estrellado.

El lago Titicaca se divide en dos lagos como dos hermanos, el mayor y el menor, unidos por el estrecho de Tiquina. A la mañana siguiente cruzo el estrecho hasta el otro lado, alcanzo San Pedro de Tiquina y me pongo en camino rumbo a Copacabana, población en la frontera con Perú. Asciendo hasta los 4.250 metros de altitud mientras el cielo se va nublando paulatinamente y observo con cautela cómo caen los rayos a lo lejos. Me detengo unos segundos a echar unas fotos en un mirador con bonitas vistas panorámicas sobre el lago cuando escucho el sonido de un claxon pitando en la carretera. Me vuelvo para ver qué ocurre y veo mi carrito rodando pendiente abajo. Me da un vuelco el corazón, echo a correr detrás de él angustiado, incapaz de alcanzarlo, cuando milagrosamente aparece una piedra en el suelo que hace que el carro vuelque. Cuando llego a su altura, lo enderezo, volviendo a ponerlo sobre las ruedas y compruebo que está todo bien, apenas unos arañazos y manchas de tierra. Por suerte, ha quedado todo en un susto. Ya al atardecer atisbo Copacabana allá a lo lejos, con las primeras luces encendidas en la orilla del lago. Pero en la montaña las distancias son engañosas, todavía me quedan más de diez kilómetros que pueden ser muy largos, las nubes negras se ciernen sobre mí y comienza a llover; y yo creía estar cansado, pero echo a correr empujando el carro con el temor de ser sorprendido por algún rayo. Cuando llego a Copacabana es de noche, cojo una habitación en un hostal y me quedo un día preparando la inminente entrada a Perú. El martes 21 de octubre me pongo en camino a las siete de la mañana y, justo cuando cumplo un año y siete meses de caminata desde que salí de Madrid y con más de veintiún mil kilómetros en mis pies, alcanzo la frontera con Perú. Me dirijo a la Oficina de Inmigración boliviana para que me sellen la salida del país. Apenas quinientos metros más adelante está el control de entrada a Perú, me ponen el correspondiente sello en el pasaporte y, tras diecisiete días en Bolivia, doy mis primeros pasos por el que ya es mi país número veintidós: Perú.

Perú

Recuerdo cuando todavía no había comenzado mi expedición y estaba en el Centro de Vacunación Internacional de Madrid, sentado frente a la doctora que me pondría todas las vacunas, soñando que algún día estaría recorriendo las lejanas y exóticas tierras de Perú. Me preguntaba cómo sería y quién sería yo para entonces. Pues bien, ese día había llegado, y era hoy. Resulta curioso pensar en el poder de la imaginación, cómo visualizar y proyectarnos en el futuro, con trabajo, esfuerzo y constancia, aquello que hemos soñado puede ocurrir. Camino a través de un escenario muy similar a Bolivia: casas de adobe, cultivos y granjas con ovejas, burros, cerdos, llamas y el cielo nublado. Al acabar la jornada, casi de noche y al abrigo de un muro, acampo junto al lago Titicaca y el volcán Khapía. Mientras monto la tienda se acerca una pareja de pescadores que ha dejado la barca en la orilla: son los dueños de la casita de adobe junto a la que he acampado y que usan de almacén. Me cuentan que acaban de poner los cebos para pescar y por la mañana los retirarán, que también trabajan en el campo recogiendo guano de las ovejas para abonar los cultivos de papas, y que duermen tres horas al día. Ante semejante labor siento que lo que yo hago es poca cosa.

A la mañana siguiente, al poco de ponerme en camino, comienza a llover de nuevo. Cuando llego a Juli estoy completamente empapado, la chaqueta que tengo no es impermeable. Me tomo un caldo de cabeza de cordero con patatas para entrar en calor por cinco soles, y me sirven el caldo con la mandíbula del cordero dentro del cuenco. Por las mañanas suelo entrar en alguna de las posadas que hay a lo largo del camino a desayunar una sopa nutritiva y caliente, ideal para templar el cuerpo tras una noche con temperaturas bajo cero. Finalmente, tras dos largas jornadas alcanzo Puno. Paseo por sus calles con la sensación de estar todavía en Bolivia: mujeres vestidas con telas de colores, un bombín sobre la cabeza y el niño envuelto con una manta a la espalda. Me doy una vuelta por el mercado, me gustan los mercados, en ellos se respira la atmósfera de una población, las calles llenas de puestos de fruta y verdura, compro paltas, mangos y un queso de res de un kilo por apenas unos soles, saco algo de dinero, compro una nueva tarjeta SIM y un mapa de Perú. Hay un curioso fenómeno social que llama mi atención y es el de la justicia comunitaria, asambleas de gente que se reúne en la calle por barrios y en las que deciden entre todos sobre un tema que los atañe, ya sea la organización en la recogida de basura o la sentencia sobre alguien a quien han sorprendido robando. Tras una noche en la que cae una tormenta de época me pongo en camino hacia Arequipa.

Ingenuamente, creía que a partir de Puno el camino sería descendente, pero de los trescientos cincuenta kilómetros que distan hasta Arequipa, los primeros doscientos cincuenta son en ascenso. Pasado el lago Lagunillas, comienza una subida de varios kilómetros hasta los 4.550 metros sobre el nivel del mar de Crucero Alto, pero que ya hago con bastante facilidad aclimatado a la altitud; de aquel dolor de cabeza de los primeros días no he vuelto a tener síntomas. Avanzo entre tierras de labor y labranza, puedo ver a los campesinos arando la tierra con sus bueyes. Cuando cae el sol, acampo a la intemperie con mi tienda de campaña. He dormido con el forro polar puesto, el agua de las botellas se ha convertido en hielo y hasta que el sol no incide directamente sobre la tienda no me pongo en marcha: las temperaturas descienden hasta los diez grados bajo cero por las noches. Camino con el gorro y los guantes puestos, por las mañanas el aire es tranquilo y frío, pero a partir de mediodía se levanta un viento que sopla fuerte en mi contra y dificulta mucho caminar por el Altiplano. Avanzo a través de la Reserva Nacional de Salinas y Aguada Blanca, desde el mirador Carlitos, a 4.320 metros de altitud, diviso los volcanes Misti, Pichu Pichu y Chachani, y pienso que los paisajes más bellos son aquellos en los que menos ha intervenido la mano del hombre. Los pobladores del lugar conservan una visión del mundo muy ligada a la naturaleza y al equilibrio de todos sus elementos, mantienen el *yanapakuy* (división intrafamiliar del trabajo), el *ayni* (trabajo recíproco), el *tinkan* (el pago a la tierra y al agua) y el conocimiento y el uso de las plantas medicinales. Su economía está basada en el pastoreo de camélidos sudamericanos domésticos que les proporcionan carne y fibras para vestirse y comercializar. Atravieso la Pampa Blanca, un área de suave relieve formada por depósitos volcánicos y a partir de ahí inicio el descenso rodeando el volcán Misti rumbo a Arequipa.

A veces, perdido en las inmensas llanuras y los amplios parajes, se me olvida en qué país estoy. He pasado ya por tantos que pierdo la noción. Hoy, bajando hacia Arequipa se me ha olvidado por completo que estaba en Perú, ha sido una sensación extraña, porque por unos segundos no sabía dónde me encontraba, tan sólo un lugar del mundo sin nombre ni hora... y yo caminando entre montañas, tal como llevo haciendo los últimos veinte meses. Entonces, he caído en la cuenta y me he vuelto a agarrar a la realidad. Pero en el fondo qué más da, sólo son constructos, conceptos, invenciones humanas en absoluto vitales. Cada día amanece igual, los árboles no tienen nacionalidad, los pájaros no entienden de fronteras... Ríes porque ríos de vida corren por tu sangre.

Paso un par de días descansado en Arequipa, la «Ciudad Blanca», y durante las siguientes jornadas voy perdiendo altura, respiro mejor, hace más calor, me cuesta menos hinchar la esterilla por las noches y el paisaje se va desertizando lentamente otra vez conforme me acerco a la costa, montañas de arena y roca fragmentada van dominando el paisaje. Son jornadas en constante descenso con bajadas de cientos de kilómetros en las que tengo que ir reteniendo el carrito con mis piernas, pero, sobre todo, son días de enorme satisfacción por saber que he conseguido superar la cordillera de los Andes, por haberme atrevido y haberlo realizado, por haber conocido Bolivia y la belleza del Altiplano, esa joya de difícil acceso tan bien guardada entre las altas cumbres. Todo sabe infinitamente mejor cuando lo logras mediante el esfuerzo y con tus propios medios. Me fundo con la naturaleza, me siento a gusto en ella, me siento vivo, aunque a menudo resulte dura y hostil.

El miércoles 5 de noviembre, alcanzo de nuevo la costa del océano Pacífico a la altura de Camaná.

Camino por verdes arrozales regados por el agua dulce de los ríos que van a dar al mar hasta que poco a poco el paisaje vuelve a ser un árido desierto, me recuerda absolutamente a los días que caminé por la costa chilena, playas hermosas, inmensas y desiertas que invitan a quedarse unos días en ellas haciendo nada. Amanece a las cinco menos cuarto, y a las cinco y media ya estoy en marcha. Los días son de nuevo húmedos y calurosos junto al océano, en estas fechas se acerca el verano austral y cada vez me encuentro también más próximo a la línea del ecuador, desde que rebasé el trópico de Capricornio en Antofagasta vuelvo a estar en la zona intertropical. La gente me avisa de que tenga cuidado con el sol porque pega bravo y la carretera se convierte en una plancha. En ocasiones avanzo inmerso en la niebla y el vapor de agua que desprenden las olas al chocar contra las rocas. Los días nublados se agradecen porque interponen unas nubes entre el sol abrasador y mi cabeza, lo que hace que me deshidrate menos. Voy acampando en playas y acantilados con unas vistas inmejorables sobre el océano y desde donde observo el sol poniéndose tras el horizonte al atardecer, o entre dunas sobre la arena mientras el cielo se va cubriendo lentamente de estrellas como un traje de lentejuelas.

* * *

Me siento en un bar de Chala a tomar una sopa de carne mientras en la radio suena la emisora Calle Criolla, música local con letras de encuentros y desamores a las que me encanta prestar atención. En la puerta, una pizarra con el menú del día: lapas, pejerrey, ceviche, papas a la huancaína y salteado de lomo. Ahora ya voy sabiendo qué significan esos nombres, pero al principio, por mucho que hablara español, no me enteraba de nada. Enfrente, dos coches parados con el maletero abierto y un grupo de personas negociando con el motor de una embarcación. Las moscas vuelan a mi alrededor. En la mesa, servilletas de papel cortadas en cuatro para que cundan más, unos trozos de limón y salsa de ají picante. Veo a la gente pasar, algunos miran dentro del bar y nuestras miradas se encuentran por un instante, y pienso que cada persona es un mundo, cada uno con su historia tratando de sobrevivir, y que no sabemos nada, vamos tirando cada uno de nuestra madeja, entrando y saliendo por las puertas, subiendo y bajando escaleras, cruzándonos por las aceras, llenando las calles con hilos de colores que se anudan y entrelazan tejiendo la vida social y la historia de los pueblos. Apuro las últimas cucharadas de sopa, me levanto, pago dos soles, me gusta el nombre de esta moneda, y voy a dar un paseo. Me gusta observar los balcones y la rejería de las ventanas, las farolas y los tejados, mirando hacia arriba y hacia abajo, los nombres de los callejones y el azulejo en el que vienen escritos, los toldos de las tiendas, la musiquilla ocasional que sale de un móvil o de una ventana, el olor a jabón y el pelo limpio de esa chica que acaba de pasar y la gente sentada en los bancos de las plazas haciendo exactamente lo mismo que yo, contemplar el mundo con los sentidos abiertos y disfrutar de la vida. A veces juego a pegar trozos de conversaciones que voy escuchando por la calle, como si fuera la rueda de una radio que va deslizándose por el dial, o me voy riendo solo por algo que acabo de ver, y entonces me acuerdo de un amigo y pienso que tendría que estar aquí también para verlo juntos.

El sol hace todos los días lo mismo, sale cada mañana potente y confiado, y no por ello brilla con menos intensidad. Atravieso Atiquipa y las lomas costeras con mayor biodiversidad del planeta, con especies endémicas como el casi extinguido árbol arrayán, diferentes tipos de cactus o el zorro gris, un oasis verde y azul en mitad del desierto donde toman agua de la lluvia y la neblina con un sistema de atrapanieblas, reforestan los bosques y cultivan olivos con los que elaboran un sabroso aceite. Llego a la mítica población de Nazca, conocida por sus famosas líneas, geoglifos trazados por la cultura nazca sobre la superficie terrestre y compuestos por cientos de figuras como el colibrí, el mono, la araña, la ballena o una curiosa figura antropomorfa entre otras, muchas leyendas hay sobre ellas. Tras varios días realizando jornadas de cincuenta, incluso sesenta kilómetros, con mucho calor a través de desierto, dunas y arena, exceptuando algún verde valle con cactus y palmeras plataneras o los cultivos de vid, sandía y melón, alcanzo la población de Pisco.

No debe de ser un pueblo muy seguro cuando las tiendas y los negocios abren dejando las rejas puestas, hablas con el tendero, compras los productos y pagas todo desde la calle a través de los barrotes, detalles en los que te vas fijando con los sentidos abiertos, tomando nota de lo que observas y escuchas en el entorno y que te hace subir la guardia y elevar el nivel de alerta. Salgo a dar una vuelta por esta población, cuyo nombre en quechua significa «Pájaro», y me detengo en un bar, me seduce la idea de tomarme un pisco en Pisco. El pisco, uno de los productos bandera de Perú, es un aguardiente elaborado a partir del mosto fermentado de ciertas variedades de uvas y que se lleva exportando a Europa y otras partes de América desde el siglo XVII. El camarero me explica, mientras me prepara en la barra un piscosour con un pisco natural de cuarenta grados, zumo de limón, clara batida de huevo, hielo y un par de gotas de angostura que, tras llevar una semana fermentando el mosto se decide si se hace vino o pisco, y que este último se destila con un alambique. Me lo sirve en un vaso ancho con una rueda de limón y una pajita. Entra muy fácilmente. Tras bebérmelo salgo a la calle con una sonrisa y el mundo parece ahora diferente, echo de menos a algún amigo con el que compartir también este tipo de momentos.

El 28 de noviembre alcanzo Lima, destino en el que tenía puesta la mente cuando todavía estaba en España y donde viven amigos a los que conozco desde hace años. Mi idea es quedarme unas días, no sé cuántos, descansando, disfrutando de la compañía y celebrar las que ya son mis segundas Navidades en el viaje. Entro en la ciudad por el sur, a través de La Villa y Chorrillos acompañado por mi amiga Paquita. Caminamos tomando pisco, comiendo chicharrones y chocolate que compramos en la fábrica de la plaza de armas de Barranco, poniéndonos al día después de tanto tiempo transcurrido desde que nos vimos por última vez. Llegamos al barrio de Miraflores, donde viven Germina, Mila, Pili y Grecia, bisabuela, abuela, madre e hija respectivamente, cuatro generaciones de mujeres cada cual más hermosa en una casa de varias plantas y un ático luminoso y colorido con geranios en el balcón. Son mis merecidas vacaciones, el descanso del guerrero tras un año y ocho meses de expedición prácticamente sin interrupción, orgulloso y satisfecho por haber llegado hasta aquí con mis propios pies. Es verano y, a pesar de que suele haber nubes sobre la ciudad, pega el sol y hace calor. También son mis primeras Navidades en la vida en manga corta, acostumbrado a pasarlas siempre en el hemisferio norte con frío, lluvia y nieve. Una mañana nos acercamos al poblado indígena shipibo de Cantagallo. En el año 2000, catorce familias de esta comunidad procedentes de la región del Ucayali se asentaron en el distrito del Rimac, y en la actualidad son más de doscientas familias. Van pasando los días, las semanas y mi estancia en Lima se convierte en la más larga hasta la fecha de todo mi viaje. Es curioso, porque cuando la gente tiene vacaciones lo que quiere es irse de casa, pero yo que me paso el día al aire libre ahora lo que no quiero es salir de casa. Lentamente voy cambiando los horarios, comienzo a acostumbrarme a unas comodidades, a estar entre algodones y en buena compañía, y me voy relajando, bajando la guardia y el nivel de concentración y alerta que requiere viajar a pie... En definitiva, comienzo a sentir el calor de un hogar, y aquí es donde el guerrero pierde su escudo. Me encanta ver a Grecia desde por la mañana libre y creativa, jugando con unas tijeras en la mano más grandes que ella cortando todo lo que encuentra a su paso; me enamoro de Pili, valiente y luchadora diseñando ropa, cortando telas, haciendo patrones mientras los rayos del sol entran por la ventana inundando su taller; Germina, con una vida en la mirada, su luz y su sabia lucidez; y Mila... Mila cuidándonos a todos en una casa que palpita llena de vida y de color como un árbol que nutre con su savia de las raíces a las hojas cada generación.

> La noche en silencio, el tiempo suspendido en el aire, los dos nos quedamos dormidos en el sofá y, entonces, rompió a llover. Y pude oler el mar en tu cuello, y me pareció escuchar el canto de las gaviotas en tu respiración...

Una noche, en la buhardilla, Paquita y yo hacemos una sesión de ayahuasca con la maestra Olguita, chamana curandera shipiba y su compañero también chamán, un verdadero privilegio, ya que generalmente un solo maestro suele guiar grupos de entre cinco y veinte personas, incluso más. La ayahuasca o yagé es una bebida utilizada por los pueblos indígenas amazónicos. Su ingesta produce estados modificados de conciencia en los que se suceden visiones, emociones diversas y procesos de catarsis a los que las tradiciones amazónicas reconocen un valor potencialmente sanador. Este tipo de experiencias que preferiblemente han de vivirse en la selva deben realizarse únicamente si sientes que es el momento adecuado, con absoluta tranquilidad para poder entregarte a los efectos y recibir las revelaciones que te muestre, y en un ambiente y una compañía que te transmitan seguridad y confianza. Sentados en círculo, con una pequeña mesita en medio sobre la que hay un tapete con bordados shipibos, charlamos tranquilamente mientras Olguita saca de su bolso una botella con un brebaje elaborado con la liana de la ayahuasca y la hoja de la chacruna y bebemos la cantidad que nos ofrece, apenas un vasito con un líquido espeso y oscuro de sabor fuerte, como a tierra o corteza. Ellos también beben, vomitan los tres en un cubo, yo soy el único que no lo hace, siento curiosidad por ver qué me revelará mientras al mismo tiempo presto atención al ritual, los gestos y los movimientos de los chamanes desde un punto de vista más antropológico. La chamana

Olguita enciende un mapacho y ella y el chamán fuman inundando la atmósfera con un humo denso. Van pasando los minutos sin que ocurra nada extraordinario, sentado en posición de flor de loto con los brazos apoyados sobre las rodillas y las palmas de las manos abiertas, relajado, respirando lentamente, atento a mis sensaciones en silencio, sintiendo la calma en el aire cuando poco a poco la estancia comienza a cobrar un tinte mágico, como si estuviera dentro de un cuento, y entonces lo siento venir. Estamos a oscuras, los sentidos se agudizan, las formas se mueven y contonean levemente como si las paredes respiraran y la casa tuviera vida. Puedo escuchar alguna voz lejana y siseos mucho más cerca, mi mente es capaz de separar los sonidos por distancias en diferentes capas y concentrarse en cada uno de ellos aisladamente, los olores y el sabor en mi boca se vuelven intensos, empiezo a realizar un chequeo de mi cuerpo sintiendo una a una cada parte, me encuentro bien, mientras siento mis pulmones inhalando y exhalando el aire y reparo en la importancia de la respiración y la conciencia. Paquita, a mi izquierda, se tumba boca arriba sobre el colchón y Olguita comienza a entonar ícaros, un leve canto que se produce expulsando suavemente aire a través de la boca formando dulces melodías. A partir de aquí pierdo la noción del tiempo y me sumerjo en otra dimensión, los sentidos comienzan a mezclarse, como si pudiera saborear lo que huelo, tocar lo que veo y sentir cada palabra, cada pensamiento, con una profundidad y una trascendencia jamás imaginadas. Los ícaros de los chamanes van creciendo con una armonía y una belleza increíbles, envolviéndome con su magia, entrelazándose mutuamente como crecen los árboles, las lianas y las enredaderas, su canto es el agua del arroyo que corre por la selva. Entendimiento y sentimiento se abrazan, cada pensamiento encierra una verdad evidente que ha estado ahí desde siempre, como si fuera capaz de descifrar los enigmas de cada fenómeno, de deshacer la trama del bordado hilo a hilo, el porqué que se esconde tras cada acción, de ver a través de la materia la luz y las sombras del espíritu, de sentir una empatía y una compasión infinitas por el mundo... Puedo verlo todo con una claridad meridiana, una lucidez reveladora, sin misterios ni secretos, en comunión con el universo. El canto de los maestros curanderos, sentados frente a mí, aumenta y disminuye durante toda la sesión como oleadas en la noche guiando mi viaje. No sé cuántas horas transcurren, a veces en silencio, sumergido en mi interior... Permanezco sentado con los ojos cerrados y las manos abiertas aceptando con libertad las cosas como vienen, sin miedo, estoy en paz, todas las piezas encajan en su sitio y, una vez más, sólo una verdad: el amor que subyace al final de todas las cosas. De vez en cuando abro los ojos ligeramente, en un momento tranquilo, debe estar cerca el amanecer porque comienzan a cantar los pájaros. Paquita me pregunta: «¿Qué tal estás?»; le respondo, dándole el peso y el valor, la importancia y la trascendencia precisas a cada palabra: «Muy bien, ¿y tú?». «Muy bien», me responde ella también, y puedo sentir cómo Olguita sonríe levemente. No he visto pumas ni serpientes cósmicas, no he regresado al vientre de mi madre ni he tenido grandes revelaciones que no supiera ya, un ritual de ayahuasca viene a ser un viaje acelerado a tu interior, a esos rincones y lugares escondidos mostrando la salud de tu espíritu, de ahí su uso medicinal y curativo. Lo que te muestra son señales y de lo que te enseña se pueden extraer lecciones y aprendizajes. Sin embargo, cuando llevas prácticamente dos años caminando por el mundo y pasas tanto tiempo en soledad conversando contigo mismo, tienes tiempo abundante para pensar, reflexionar y poner en orden todos tus asuntos. Preparamos un juguito de mango suave y ligero para romper el ayuno y dar la bienvenida al nuevo día, contentos y agradecidos por la experiencia vivida, por haber superado la prueba. Y en mi cabeza, una frase...

La risa de tu espíritu surcando el aire hasta mi ser.

Los siguientes días celebramos la Nochebuena y la Navidad todos juntos en familia, comemos pavo, nos hacemos regalos, y empiezo a pensar que la fecha de mi marcha se aproxima, algún día he de partir y continuar el viaje. Saboreo los últimos días de este preciado alto en el camino que, sin yo saberlo todavía, marcaría un antes y un después en mi aventura, y el 29 de diciembre de 2014, sin esperar a que acabe el año, tras un estupendo mes en Lima y con mucha pereza me vuelvo a poner en camino. Voy absorto en mis pensamientos, los recuerdos de estos días pasados, la pereza de volver a estar en la calle y tener que buscar otra vez un lugar para dormir cada noche, la morriña de dejar atrás a mis amigos y el calor de un hogar y, sin darme cuenta, me voy adentrando poco a poco en el peligroso barrio del Callao. Me he olvidado por completo de las normas que seguir cuando se atraviesa una ciudad, caminar siempre por avenidas principales más concurridas y seguras, y me meto empujando mi carrito con la ropa limpia, las gafas de sol y perfectamente aseado por callejuelas desiertas donde cada vez hay gente con peor aspecto y mala cara. De repente, por el rabillo del ojo, veo a un grupo de personas apoyadas en una pared a escasos metros. Justo cuando paso al lado se acercan hacia mí, uno de ellos es una mujer con una sillita de bebé, lo cual hace que me relaje y no me sienta amenazado, pero antes de que me dé cuenta, cuando los he rebasado y los tengo a mi espalda, tres de ellos se echan sobre mí y me agarran por los hombros, la cintura y las piernas inmovilizándome, mientras otros dos me vacían lo que llevo en los bolsillos. Son momentos muy tensos, forcejeo y sujeto el carro con todas mis fuerzas, el tiempo se dilata hasta hacerse eterno, no sabes si va a salir una pistola o un cuchillo a pasear. Por un instante mi mirada se cruza con la de la mujer con la sillita de bebé que contempla la escena a escasos metros, puedo ver unos ojos vacíos en un rostro demacrado por la droga y observo horrorizado cómo la sillita es de juguete y el bebé de mentira. De repente, salen todos corriendo como las ratas y me quedo en mitad de la calle desierta con el pantalón rajado sin la cámara de fotos, el teléfono móvil y un caleidoscopio que llevaba en el bolsillo. Salgo de ahí presuroso hacia una gran avenida buscando una comisaría de policía donde dejar mi carrito y regresar al lugar de los hechos para buscar a esa chusma y recuperar mis cosas, sin embargo, cuando encuentro la comisaría la policía me dice que he tenido suerte de salir de ahí con vida, que es una zona en la que se trafica con armas y drogas, en la que ni ellos mismos entran, la zona de los Barracones. Un par de amables agentes tiene el detalle de acompañarme a comprar un móvil y un chip nuevos, los más baratos que encuentro, uno de ellos me regala su placa a modo de consuelo y prosigo mi camino buscando un lugar para pasar la noche. Creo que el día ya ha estado suficientemente emocionante, esta mañana me encontraba tan a gusto en casa y en buena compañía y unas horas después estoy de nuevo en la calle, solo y me acaban de atracar. Hasta el día de hoy yo me creía invulnerable, que caminaba al amparo de una burbuja protectora, casi dos años sin haber sufrido un asalto, sin embargo, más allá del robo, hoy se rompe algo en mi mente, un equilibrio y una fortaleza que me hacían creer invencible, intocable, en estado de gracia. Me doy cuenta de que soy frágil y susceptible de sufrir la violencia en los países que todavía tengo por delante, curiosamente aquéllos donde se habla mi mismo idioma, que son miles los kilómetros que tengo que recorrer a través de territorios y zonas donde el crimen organizado y la delincuencia están a la orden del día, que al hacerlo solo y a pie el riesgo aumenta al máximo y que salir a caminar cada mañana ya no va a ser un placer. Hay lugares donde la vida no vale nada y por unas zapatillas te pueden matar. En la naturaleza sabes lo que hay, pero ahora entra en juego una nueva variable, una vuelta de tuerca más si cabe: la delincuencia. Cuando hablo con mis amigos les cuento lo sucedido, a punto estoy de volver a casa con ellos. Por la noche viene Pili a verme y me trae un pantalón nuevo, una cámara de fotos y una sonrisa que me hace olvidar por completo lo sucedido.

El 31 de diciembre acampo en mitad del desierto con bastante morriña, son días difíciles en los que tengo ganas de terminar el viaje. Veo todo lo que me queda por delante y siento como si me hubiera quedado sin fuerzas. Luchando por un sueño, buscando un ideal, queriendo cambiar el mundo, poniendo mi vida en juego, ¡qué idiotez!, que cada uno se salve a sí mismo. Otra vez con las uñas negras, el pelo sucio y la tienda de campaña llena de arena sacudida por el viento del desierto en mitad de ninguna parte, sólo la luna y las estrellas me acompañan, la vida es dura y golpea por estos caminos de Dios que hemos elegido... Sé valiente, sé real, ten fe y pelea, ocupa el lugar que te corresponde, nunca dejes de creer que luchar por lo que es correcto merece la pena.

El 1 de enero comienzo el año caminando veinticinco kilómetros en ayunas, me levanto cubierto de arena tras toda la noche soplando el viento; además, la tienda no se fijaba bien al suelo y los clavos salían volando. Camino con la sensación de que la muerte me está esperando en un lugar no muy lejano, como si viniera pisándome los talones. Tras un año y nueve meses de viaje he vivido situaciones peligrosas, pero he salido de ellas indemne y sin preocuparme ni perder la sonrisa. Ahora es distinto, tengo la sensación de haber perdido mi aura, mi buena suerte, algo ha ocurrido, me siento desmotivado, como si ya hubiera recorrido todo lo que tenía que recorrer, como si me hubiera dejado algo atrás, los pies me pesan y cada paso me cuesta. Y sé que el miedo llama al problema, pero he de sacar fuerzas de las entrañas y caminar, caminar, caminar, siempre hacia delante, porque este viaje, como la vida misma, es una constante conquista. A las ocho de la mañana ya hace mucho calor, el aire es tan seco y el paisaje tan árido que las montañas y las rocas se deshacen y se convierten en arena, no ha cambiado nada respecto al desierto de Atacama. Voy recorriendo los últimos cientos de kilómetros a través de la geografía peruana. Muy a mi pesar me voy a ir del país sin conocer la selva y el principal destino turístico, el archiconocido poblado andino inca Machu Picchu. En muchos países hay interesantes regiones que me dejo por visitar y que tal vez sean motivo de viajes posteriores, como el lago Bled en Eslovenia, la Capadocia turca, la Persépolis iraní, el Taj Mahal en la India, el campamento base de algún ocho mil en la cordillera del Himalaya, Phuket en Tailandia, el monte Uluru en Australia, la Patagonia chilena o el salar de Uyuni en Bolivia. Cuando viajas a pie se tarda mucho en cubrir las distancias y el tiempo del visado apremia, aunque también soy consciente de estar siendo testigo de infinidad de lugares que no aparecen en ninguna guía y de los que no habla nadie, donde realmente se conoce cómo es un país, sus gentes y su cultura. Las siguientes jornadas atravieso con relativa facilidad, a pesar del tremendo calor, los ciento cincuenta kilómetros del desierto de Sechura entre el macizo Illescas y el litoral del Pacífico, antes de llegar a Piura, donde paso unos días descansando en compañía de Josefina, una amiga que viene a visitarme desde Argentina. Entre los tres mil kilómetros que he caminado por Perú, haber parado en Lima un mes a celebrar las Navidades y las visitas que recibo, excedo los noventa días concedidos para cruzar el país. A partir de aquí la travesía por Perú, el país en el que más tiempo he pasado hasta la fecha, tres meses y medio, y al que sin duda volveré algún día, va tocando a su fin.

El 9 de febrero de 2015, tras pasar tres horas en el concurrido control de Huaquillas y pagar una multa de veinte dólares, uno por cada día excedido en el visado, cruzo la frontera y me adentro en Ecuador. Hasta pronto, Perú, hasta la vista...

Ecuador

Es cruzar la frontera y simultáneamente cambiar el paisaje. Estoy a poco más de tres grados latitud sur, atrás queda la aridez de los desiertos costeros y frente a mí se despliega el verdor de las junglas y montañas de Ecuador, uno de los países con mayor biodiversidad del planeta y el que mayor concentración de ríos por kilómetro cuadrado tiene del mundo. Su territorio es atravesado verticalmente por la cordillera de los Andes, quedando al este un sector importante de la selva del Amazonas y al oeste la llanura costera. Me dirijo a Huaquillas y cojo una habitación por doce dólares, tal vez sea mi imaginación, o que desde el atraco de Lima estoy mucho más atento, pero se respira en el aire cierta tensión, los negocios abren con las rejas echadas, guardias armados con fusil en las puertas de bancos y gasolineras, malas caras..., se eleva mi nivel de alerta. Voy rebasando plantaciones de palmeras bananeras y cacao, Ecuador es el mayor exportador mundial de banano y también uno de los principales de cacao, veo gente trabajando con unos machetes enormes en fincas y haciendas, cortan los racimos de banana, las separan por unidades, las lavan en una especie de piscinas y las envasan. La tarde que llego a Naranjal lo hago completamente mojado por la lluvia, alquilo una habitación, me doy una ducha, lavo la ropa y salgo de noche a cenar algo sin alejarme mucho del hotel. Estoy en la calle principal a la luz de unas farolas frente a un puesto ambulante donde hacen hamburguesas cuando a mi derecha veo dos tipos mirándome las zapatillas y comentando entre ellos. Me pongo alerta. A los pocos segundos se detiene a mi izquierda un autobús y, cuando se abren las puertas para que se apee la gente, un grupo de chavales con bates de béisbol y cadenas asaltan a golpes a los viajeros que se bajan, robándoles las mochilas, los bolsos, las carteras... Observo la escena de violencia impactado, mientras que el resto de la gente que hay alrededor ni se inmuta y sigue haciendo sus cosas, como si fuera normal y estuvieran acostumbrados, el pan de cada día, nadie socorre a los viajeros que tratan de defenderse como pueden. Recojo mi hamburguesa y vuelvo zumbando a la habitación sin pensármelo dos veces.

El mundo es bello, pero también cruel y hay lugares donde la vida no vale una mierda. Caminas solo por esos lugares. No importa lo guapo que seas ni los músculos que tengas, tus tatuajes ni tus pendientes, dan igual tus estudios y la profesión de tu padre, no vale nada de dónde vengas, tu dinero ni tus contactos. Estás solo, y estás vendido. Demasiadas veces te han preguntado si vas solo, si no te han atracado, demasiadas veces te han deseado suerte y aconsejado cuidado. El mundo no es hermoso ni la gente linda. El mundo es duro, crudo y salvaje. Inevitablemente te volverás más duro, más serio, más alerta, mirarás los peligros a la cara, cada voz, cada palabra, cada mirada, cada instante, cada paso, dónde no detenerte, dónde sentarte, medirás cada rasgo, cada matiz en la vibración, cualquier gesto que te inspire desconfianza, tú solo, cada vez más lejos de esa cultura occidental blanda y dependiente, y también más disgustado con la chusma que puebla algunos lugares del mundo, la debilidad y la falta de voluntad, de ética y de valores.

En un principio había tres pilares fundamentales en mi aventura para mantener la fortaleza durante un esfuerzo tan continuado: la alimentación, la higiene y el descanso. Posteriormente, apareció otro factor indispensable, el cuidado del material, ya que las inclemencias y el constante castigo lo van deteriorando y exige cada vez con mayor frecuencia un mantenimiento, revisiones y ajustes. El quinto pilar es la seguridad, salvaguardar la integridad física resulta de vital importancia, protegerse de los elementos, los animales, las enfermedades y la delincuencia callejera. En este sentido, voy pensando qué hacer en Colombia.

Colombia era un país que no contemplaba en mi itinerario por razones de seguridad, así que eché a caminar y opté por tomar una decisión cuando llegara la ocasión, preguntando a la gente local y adaptando mi itinerario en función de las circunstancias. Cuando estaba en Perú comencé a mover hilos en este sentido, preguntando a contactos, viejos amigos colombianos que hice en España, viajeros y organizaciones vinculadas con el mundo del *trekking* y la aventura. Prácticamente todos, incluido el Consulado español de Cali, me desaconsejaron la idea de recorrer a pie el país o, sencillamente, no me dieron una respuesta clara evitando influir en mi decisión o no queriendo sentirse responsables, algo completamente comprensible y por lo que les estoy agradecido. En la actualidad, las Fuerzas Armadas Revolucionarias de Colombia (FARC) están en proceso de paz con el Gobierno, pero hay frentes que actúan al margen de esta guerrilla, no reciben fondos y se dedican también a los atracos y los secuestros como forma de financiación, están presentes en estas zonas y, por consiguiente, es un riesgo aún mayor recorrerlas a pie. Como alguna persona se ha esforzado en recordarme, soy conocedor de la belleza tanto de Colombia como de sus gentes, sabedor de su riqueza medioambiental, gastronómica, cafetera y musical, así como de las lindas mujeres que la habitan. Sin embargo, me veo en la tesitura de volver a recordar que recorro los países caminando y en solitario, sin ningún tipo de protección ni compañía más que mis propias fuerzas, habilidad y entereza, que no estoy visitando los países ni haciendo turismo, que no llego en avión, me subo a un taxi, voy al hotel, de ahí al restaurante y al museo, que paso por lugares por los que no ha pasado nunca antes un extranjero caminando, que cada día me he de buscar la vida para comer y dormir allí donde me sorprenda la noche, que la velocidad a la que me desplazo es de seis kilómetros por hora empujando un llamativo carro azul de cincuenta kilos en el que porto mis únicas y escasas pertenencias, que soy el centro de todas las miradas cuando atravieso una población, que he caminado rodeado por grupos de gente y por largas y solitarias carreteras donde te meten un tiro, te tiran a la cuneta y nadie se entera. Tienes que hacer un ejercicio de concentración, desligarte del entorno, escuchar tu intuición, tu sentido común y tratar de tomar una decisión lo más sensata posible. Basándome en estos hechos y, tras darle muchas vueltas, decido evitar Colombia.

Voy rebasando las poblaciones de Babahoyo y Quevedo inmerso en la lluvia y la humedad con cielos encapotados, con los pies mojados y las piernas llenas de picaduras e irritaciones en la cara interna de los muslos, contemplando martines pescadores, pájaros picapinos, garzas, llamativas iguanas de colas anilladas escabulléndose entre la vegetación, armadillos, colibríes, mariposas, árboles de la papaya, maíz y plátano, observando cómo ponen los granos de cacao a secar cuando la lluvia da una tregua, disfrutando del rico pan de yuca, los deliciosos jugos de frutas y el agua de coco que compro en puestos a lo largo del camino. Cada vez que veo un animal nuevo es un momento mágico de asombro y fantasía, me produce una gran emoción estar por primera vez en mi vida frente a un rinoceronte, un oso hormiguero, un varano o una anaconda, contemplarlos en libertad y en todo su esplendor, y me quedo observándolos durante el tiempo que sea posible, algo parecido a lo que debe de sentir un niño cuando aprende a andar o logra una nueva conquista en su vida. No soy biólogo ni un gran científico, no manejo datos, estadísticas ni porcentajes, sencillamente veo un ave y disfruto con los colores de su plumaje, su vuelo y su canto sin necesidad de saber en ocasiones cómo se llama. En la naturaleza hay «algo» íntimamente ligado con nuestra salud física y mental, y ese «algo» es sencillamente la vida. Porque la naturaleza viva es un bien de valor incalculable y hemos de cuidarla, no desde el esfuerzo, el sacrificio o la culpa, sino desde el gusto y la pasión por un mundo lleno de belleza.

A partir de Patricia Pilar y Santo Domingo de los Colorados el camino se va adentrando en terrenos más exigentes, pero bonitos y tranquilos, voy ganando altura a base de ir subiendo cuestas por verdes paisajes entre montañas cubiertas de pura selva. Son las siete de la tarde, me encuentro en las inmediaciones de Ganaderos Ocenses, cuando comienza a llover con fuerza. Me acerco a una pareja de policías que encuentro a la entrada de la población y me dejan acampar en la azotea de la comisaría. La lluvia repiquetea sobre el tejadillo metálico, cuelgo mi ropa mojada de una cuerda para que se seque con la brisa y me meto en el interior de la tienda para intentar dormir inmerso en la algarabía de ruidos procedentes de la selva. Cuando me despierto a la mañana siguiente y salgo de la tienda lo primero que veo es un precioso y enorme escarabajo Hércules macho de color dorado sobre una reja metálica. Paso un rato observándolo y tomándole fotos, dicen que es el animal más fuerte del planeta, capaz de cargar un peso ochenta y cinco veces superior al de su propio cuerpo. Por lo general, cuando llueve me pongo la ropa impermeable, pero con el calor y la humedad que hace en esta región, si me la pusiera ahora, lo que no me mojase por la lluvia lo haría por el sudor, así que decido quedarme en camiseta de manga corta. Atravieso las reservas de Maquipucuna, Pululahua y la región de Mindo, capital internacional de las aves y una de las zonas con mayor biodiversidad del planeta, cuenta con una rica fauna y zonas de observación y avistamiento de aves.

Ya es de noche, son más de las siete y estoy dentro de mi tienda acampado en el corazón de la selva, sucio y sudoroso, protegido entre las ruinas de una casa que he encontrado en el camino. Oigo sonidos alrededor, ranas, insectos, aves y animales que no reconozco, haciendo un ruido ensordecedor, como si estuvieran serrando madera, señal de la intensa actividad nocturna que acontece en la selva. Escribo mientras como algo, antes de acostarme salgo un momento de la tienda para hacer pis y descubro asombrado al contemplar a mi alrededor cómo miles de diminutas luciérnagas blancas se encienden y se apagan en las copas de los árboles, brillando en la oscuridad, regalándome un espectáculo único y el privilegio de presenciar, una vez más, la belleza y la magia de la naturaleza.

Con el nuevo día me levanto a las cinco y media, recojo la tienda y me pongo en camino. Pasado Nanegalito comienzo la ascensión hasta Puerto Quito, a tres mil cien metros sobre el nivel del mar, muy cerca de la capital, prácticamente a una jornada de camino. Cuando lo alcanzo son las siete de la tarde, estoy completamente mojado por la lluvia y el sudor, es de noche y no encuentro dónde dormir, así que comienzo el descenso. Tras una dura etapa de montaña de más de cincuenta y cinco kilómetros, de ésas en las que te sientes pletórico, aflora el animal que llevo dentro y empujo con fuerza, completamente asalvajado, con el pelo mojado y la lluvia resbalando por mi cara. Alcanzo la ciudad y el *Monumento a la mitad del mundo*, el lugar exacto por el que pasa la línea del ecuador. Con un pie a un lado de la línea en el hemisferio sur y con el otro en el hemisferio norte, me sabe a conquista haber llegado caminando hasta este emblemático lugar. Poco después me enteraría de que, con la aparición de la tecnología GPS a finales del siglo XX, se descubre que el monumento se encuentra realmente doscientos cuarenta metros al sur del verdadero ecuador, sobre el paralelo 0° 0' 7,83'' latitud sur.

Durante los siguientes días me alojo en casa de mi amigo Fabián Ocaña y aprovecho para conocer este destino imprescindible. Visitamos el impresionante centro histórico, la iglesia de San Francisco, la *Virgen alada* de Quito, el museo del gran pintor Oswaldo Guayasamín, en el que quedo realmente impresionado por la obra del maestro, como *Ternura* o *Lágrimas de sangre*, y un largo etcétera que hace de estos días una verdadera delicia.

El 3 de marzo de 2015 le pongo el punto y final a la apasionante travesía que durante los últimos meses me ha llevado recorrer la América andina, pongo rumbo a Panamá y enfilo la caminata por una nueva región del planeta: América Central.

Capítulo 8

Centroamérica

Panamá

Localizada en el istmo que une América del Sur con América Central, la República de Panamá tiene una población superior a los cuatro millones de habitantes. Su famoso canal conecta las costas del Atlántico y del Pacífico, y se llevó muchas vidas por delante durante su construcción por la malaria y la fiebre amarilla. Panamá va a ser un país de tránsito por el que voy a caminar en el anonimato, ya que mi mirada está puesta en Costa Rica y, un poco más allá, en esa delicada zona conformada por Honduras, El Salvador y Guatemala. Paso un par de días en la capital, conociendo la ciudad y preparando el itinerario, y el 6 de marzo me pongo en camino. Cruzo sobre el canal de Panamá corriendo por un puente horrible, sin arcenes y lleno de tráfico, jugándome literalmente la vida, cuando llego sano y salvo al otro lado no puedo sino exclamar: «¡No me han matado de milagro!». Inmediatamente me para la policía, me pregunta si soy extranjero y me pide el pasaporte, le explico el reto en el que estoy inmerso y con una sonrisa me deja marchar.

Apenas tengo ya dinero, poco más de mil euros para toda la travesía que me resta por América, he de realizar largas jornadas sin detenerme y dormir en la carpa siempre que pueda, tratando de economizar al máximo. A media tarde alcanzo una población con alojamientos, La Chorrera, pero decido continuar un poco más y al caer la noche acampo en una gasolinera. Es mi primera noche al aire libre en Panamá, espero que sea tranquila.

Me levanto a las cinco y media, cuando todavía está a oscuras, tras una noche en la que me despertaba el ruido puntual de algún camión, y cuando amanece a las seis ya estoy caminando. Me duelen los pies, en Quito me deshice del último par de zapatillas que me regaló Marcelo en Santiago de Chile y que apuré hasta hacerle agujeros en las suelas, y vuelvo a llevar el par viejo y desgastado con el que atravesé Australia y que guardaba en mi carro por si acaso. Durante los días siguientes realizo jornadas de cincuenta kilómetros con el viento en contra, ampollas en los pies por las viejas zapatillas, y acabo los días realmente fatigado. Panamá es un país caro, se maneja el dólar y me llama la atención que la mayoría de los coches no llevan matrícula. Rebaso Penonomé, la joya colonial Natá de los Caballeros y al caer la noche no encuentro dónde dormir y me empiezan a brear los mosquitos; en esta región hay dengue y fiebre amarilla, sobre todo en las zonas rurales. Acabo entrando en una granja de cerdos y el encargado, Arcadio, que vive en una humilde choza con su familia, me deja un hueco para acampar en la explanada que hay frente a su casa, sopla el viento y en el cielo despejado brillan las estrellas. Cuando me levanto a la mañana siguiente, lo primero que hago es ponerme el chubasquero por la cantidad de mosquitos que hay, prefiero sudar a coger la fiebre chikungunya. Conforme me alejo de la capital el paisaje se vuelve más rural y campestre, pero tampoco especialmente atractivo. Recuerdo cómo al principio de esta aventura le iba echando fotos a todo, sin embargo, ahora, tras dos años de viaje, necesito ver algo realmente nuevo e interesante para que merezca la pena sacar la cámara. Voy bebiendo refrescos de guayaba, piña y tamarindo, para contrarrestar los efectos del calor, y comiendo sandía, coco y mango que venden en los puestos de las calles; de vez en cuando paro en alguna fonda del camino a tomar un arroz con frijoles y pollo, mientras voy rebasando las poblaciones de Santiago, La Mesa, González...

* * *

En David me encuentro con un ciclista que viene pedaleando desde México y me cuenta que ha venido por Belice y Honduras; voy sondeando el terreno tratando de trazar la ruta más segura posible para los próximos meses. En Costa Rica tengo un contacto a través de las redes sociales, Chikitipá, que me ofrece su apoyo cuando cruce el país. Me tomo un día de descanso y el 17 de marzo, tras catorce días recorriendo Panamá, cruzo la frontera con Costa Rica por Paso Canoas. Los trámites son sencillos y rápidos, me revisan el equipaje en la aduana panameña y me ponen el sello de salida. Me dirijo al puesto de control costarricense, me piden un billete de avión de salida del país, pero les explico mi intención de cruzarlo caminando y me ponen el sello de entrada por sesenta días. Hay gente tumbada durmiendo a la sombra, junto al puesto hay una oficina de cambio, la tasa es de 528 colones por dólar, recojo mi carrito y me adentro en el país.

Costa Rica

Pocas cosas pero muy buenas había oído de Costa Rica, como que no tiene ejército, que es uno de los lugares más bellos del mundo y que es número uno mundial en felicidad, buenas referencias que hacían que tuviera ganas de conocer estas tierras. Camino por una estrecha carretera mientras las iguanas se escabullen a mi paso entre los cañaverales, alcanzo la población de Ciudad Neily y cojo una habitación en el humilde pero acogedor hotel Elvira por siete mil colones, cuando a los escasos minutos rompe a llover con fuerza. Lavo la ropa, la tiendo en los tendederos bajo el tejadillo y extiendo en el suelo la tienda de campaña para que se vaya secando con la brisa de la humedad y la condensación de las noches anteriores. Me gusta ver caer la lluvia. Compro una tarjeta SIM nueva, hablo con mi contacto Eduardo, conocido como *Chikitipá*, y con la Fundación Vida Nueva de donación y trasplante de órganos, que me van a brindar desinteresadamente su ayuda a lo largo de mi travesía por Costa Rica. A partir de aquí tengo la opción de avanzar por el interior del país a través de San Vito, sin embargo, resuelvo hacerlo por la costa que, a pesar de ser más húmeda y calurosa, presenta menos desniveles.

A la mañana siguiente, tras desayunar arroz con pollo, el alimento que yo creo que existe en prácticamente todos los países que he atravesado, reanudo la marcha. En Costa Rica es una hora menos que en Panamá, el clima es tropical por su cercanía al ecuador y hay dos estaciones climatológicas, una seca de noviembre a abril y otra húmeda de mayo a noviembre. Tras una jornada con mucho calor alcanzo Piedras Blancas, me acerco a una casa a preguntar si puedo acampar en el jardín y la familia que vive en ella me permite hacerlo en la parte trasera, protegido bajo un tejado, justo en ese instante como la tarde anterior, como si estuviera esperando a estar a resguardo, comienza a llover. Tienen el detalle de invitarme a cenar y mientras comemos un rico gallo pinto —el plato típico de arroz con frijoles y tortillas hechas a mano—, converso con uno de los hijos, que es camionero, sobre la ruta más segura en los países que tengo por delante. A partir de Nicaragua y hasta Estados Unidos tengo una zona caliente en términos de seguridad, por lo que voy tanteando, preguntando y sondeando el terreno para ver qué itinerario es mejor seguir. Mis primeras impresiones de Costa Rica son que es un país seguro, de bellos paisajes y gente acogedora. El 21 de marzo de 2015, con más de veinticinco mil kilómetros en mis piernas, cumplo dos años caminando alrededor del mundo. Se dice pronto, pero no son los kilómetros, el número de países recorridos ni las zapatillas gastadas, sino las experiencias y la intensidad de cada día vivido a flor de piel, ese camino donde sufrimiento y belleza se dan la mano, algo único y mágico difícil de explicar. Nunca hubiera sido capaz de imaginar que en dos años me encontraría en Costa Rica, lo que he vivido y visto con mis ojos, lo bien aprovechado y lo que me ha cundido todo este tiempo. Tras una etapa dura con mucho calor y humedad y cuestas con pendientes de entre el 15 % y el 20 % de desnivel, que subo empujando el carro prácticamente tumbado, alcanzo San Isidro de El General. Al día siguiente afronto la ascensión al cerro de la Muerte, a 3.335 metros de altitud. Me pongo en camino a primera hora de la mañana con la intención de hacer noche en el alto. Subo raudo y con buen tiempo los primeros treinta kilómetros a través del Parque Nacional Los Quetzales, apretando los dientes, cerrando los puños alrededor del manillar, empujado por el ejemplo de la gente luchadora que puebla el planeta y la belleza del paisaje. De repente, comienza a llover con fuerza y los veinte kilómetros restantes los hago bajo la lluvia, inmerso en una niebla cerrada, manteniendo el cuerpo caliente por el esfuerzo de la ascensión, pero cuando alcanzo el puerto es de noche y estoy mojado hasta los huesos. Rebaso La Georgina y me dirijo a la casita de madera de Elisabeth y Oldemar, amigos con quienes me pusieron en contacto hace unos días. Están al tanto de mi llegada, llamo a la puerta a oscuras en mitad de la tormenta, sólo alumbrado por la luz de mi frontal, y sale a recibirme un hombre mayor, Oldemar. Me pongo ropa seca y cenamos una nutritiva sopa caliente con patatas y carne, ideal para templar el cuerpo fatigado, mientras charlamos de la vida, de Dios y del mundo junto a la cocina de leña. Me conmueve la gente humilde, su generosidad y su bondad. En la pared, un marco con una frase: «Servir y ayudar al que lo necesita es nuestro deber». Duermo en un catre de madera bajo el peso de seis mantas de lana mientras escucho repiquetear las gotas sobre el tejado, me gustan las casas de montaña que huelen a leña mientras el fuego crepita en la hoguera y la lluvia cae ahí fuera en la noche fría.

* * *

A la mañana siguiente me despido agradecido de ellos y comienzo el descenso. Camino por el Parque Nacional Tapantí, el día ha amanecido despejado y sin lluvia, pero conforme avanzo kilómetros y pasan las horas, el cielo se va nublando paulatinamente. Me siento fuerte, disfruto del paisaje, miro hacia arriba observando la evolución de las nubes cuando de repente veo sobre mi cabeza un quetzal de hermosos colores y largas plumas en la cola volando de un árbol a otro y al que me es imposible fotografiar. Veo también algún colibrí, incluso un tucán piquiverde en lo alto de una copa. Yo no era aficionado al mundo de las aves antes de comenzar este viaje, pero ahora no puedo sino sentirme tremendamente afortunado por la gran cantidad de especies que estoy viendo con mis ojos y escuchar su canto al atravesar a pie lentamente y en silencio los hábitats salvajes en los que viven. Me gusta la montaña, mi cuerpo está acostumbrado a las subidas, el frío, los bosques silenciosos, el esfuerzo y la tranquilidad.

Estoy apenas a dos jornadas de camino de la capital, San José. Cuando alcanzo La Lucha salen a recibirme Evelia y su marido Gerardo, caminamos juntos unos kilómetros hasta su casa, donde tienen el detalle de invitarme a pasar la noche. Son jornadas cortas en las que disminuyo el ritmo y las distancias recorridas, pero en las que disfruto de la compañía y la hospitalidad y aprendo de las conversaciones que tenemos. Cuando llegamos a Cartago sale a recibirme Guillermo, quien me acogerá esta noche en su casa, y me lleva a dar un paseo para conocer la ciudad. Este viaje es de una riqueza sin igual, no sólo medioambiental —por atravesar infinidad de ecosistemas y ver con mis propios ojos tantas especies de animales, plantas y paisajes que pueblan el planeta Tierra, en contacto con la lluvia y el viento, los pájaros y las estrellas—, también lo es en el plano técnico, por aprender a subsistir en condiciones climatológicas tan adversas y cambiantes de humedad, temperatura, sequía, escasez, por hacerlo todo caminando y resolver situaciones comprometidas con muy limitados recursos. Y los planos histórico y cultural, al visitar los museos, los templos, las iglesias, las mezquitas, las pagodas, las catedrales, las plazas mayores, las galerías de arte, los monumentos, los vestigios de otras épocas y las civilizaciones de los países y las religiones que voy recorriendo con mis pies. También desde un punto de vista antropológico, cuando convives con las gentes de cada país y te empapas con sus músicas, bailes y danzas, cuando comes con ellos los platos típicos de su gastronomía y observas sus gestos y costumbres, cuando desfilan ante ti los coloridos trajes populares y las vestimentas de cada región, cuando contemplas tantos idiomas, dialectos y escrituras, maneras diferentes de comunicarse y tratas de aprender unas palabras de todos y cada uno de ellos, cuando ves tantas formas de Gobierno, caminas por los barrios más pudientes y las calles más humildes y marginales, cuando te abren las puertas de sus casas, visitas sus hogares y te muestran lo más íntimo de cada rincón, su vida y sus familias. Y, por supuesto, en lo humano, interior y personal, la enorme cantidad de vivencias diarias, reflexiones, experiencias y pensamientos, en un constante estado de conmoción y en situaciones extremas, de lo más hermoso a lo más crudo, de la sonrisa de un niño a la soledad y la lucha por la supervivencia.

Al día siguiente camino apenas diez kilómetros, en la que yo creo que es la etapa más corta de mi viaje, hasta el Parque Natural Tres Ríos, donde conozco a Chikitipá, quien contactó conmigo a través de las redes sociales y lleva dándome cobertura desde que entré en el país. Es un gran aficionado a caminar y realiza rutas a pie por todo el país con una bandera amarilla ondeando en su mochila. Me lleva a casa de su amiga Irma, donde pasaré la noche. A media tarde pasa a la casa una vecina, una mujer amable y sonriente, charlamos un rato, le cuento mi viaje y me pregunta si puede rezar por mí; le contesto que por supuesto. Se sienta en una silla frente a mí, me toma las manos y comienza a invocar en voz alta protección para mi persona en lo que me resta de camino a Dios, a Jesús, al Espíritu Santo, a los ángeles y los arcángeles en un ritual que dura varios minutos en los que permanezco inmóvil recibiendo su energía llena de tranquilidad, buenas intenciones y un ligero cosquilleo recorriendo mi piel. A lo largo de mi viaje recibo la ayuda de muchas personas, pero sobre todo de mujeres, tal vez porque los hombres son más desconfiados y agresivos, se encargan de la seguridad mientras ellas tienen más corazón, son más generosas y sensibles. Al día siguiente alcanzo San José acompañado por Chikitipá, Adolfo, Rossy y María Luisa, de la Fundación Vida Nueva de trasplantes, quienes han tenido el detalle de contactar con varios medios de comunicación y de conseguirme varias noches gratis en un hotel. Además, recibo algunas donaciones y me puedo permitir tirar a la basura mi octavo par de zapatillas desgastado y lleno de agujeros y comprarme uno nuevo, que tanta falta me hacía.

* * *

Tras dos días en la capital decidiendo qué itinerario trazar en los próximos meses, la opción de hacerlo por el oeste siguiendo la ruta Panamericana va cogiendo fuerza, ya que es la más transitada. Abandono San José acompañado por Eduardo *Chikitipá* y Rossy. Costa Rica es también conocida por sus plantaciones de café, de la especie arábica en su mayoría, por las condiciones ideales que presenta de altitud, temperatura y precipitaciones, así como los suelos fértiles de origen volcánico. Al acabar la jornada alcanzamos Grecia, donde Ricardo Chacón tiene a bien invitarnos a dormir en su casa, y donde pruebo la lengua de vaca y los marañones, conocidos como anacardos en España.

A partir de aquí camino de nuevo en solitario, la mayoría de las noches acogido por amigos de la fundación, que han hecho una cadena a lo largo del país ofreciéndome su ayuda. Pasada Liberia avanzo por un tramo, como dicen por estas tierras, más «sólido», refiriéndose a inhóspito, duro y deshabitado, aunque la gente que encuentro me reconoce de haberme visto los días anteriores en prensa y televisión y se detiene a hacerme fotos y regalarme agua. Me adentro en los parques nacionales de Santa Rosa y Guanacaste por terrenos ligeramente ondulados, y observo monos aulladores comiendo hojas en lo alto de los árboles. Cuando está a punto de hacerse de noche me parece vislumbrar algún pequeño animal que no distingo desapareciendo entre la vegetación, carteles que avisan de la presencia de pumas y jaguares que no me tranquilizan en absoluto, mientras la luna llena asoma entre las copas. Encuentro la caseta vacía de unos guardas y decido acampar junto a ella, pero cuando tengo la tienda montada, aparece un trabajador del parque, Edgar, y me recomienda no dormir en ese lugar, no tanto por el riesgo de ataque de animales salvajes, sino por ser zona de paso del narcotráfico que entra desde Nicaragua y lugar donde en ocasiones se detienen para hacer sus negocios. No sé si lo dice para amedrentarme y disuadirme de acampar libremente en un parque natural, habiendo una zona específicamente habilitada para ello, o si es cierto, el caso es que me lleva a un camping en el corazón del bosque donde puedo montar mi carpa y pernoctar tranquilamente. Cuando llegamos descubro un lugar precioso, con los rayos de la luna filtrándose entre las ramas de los árboles y el canto de aves nocturnas que jamás había escuchado inundando el aire. A mi alrededor, lucecitas de otras tiendas de campaña con aventureros, biólogos y amantes de la naturaleza, una atmósfera mágica y auténtica en la que me siento un privilegiado, un personaje de novela. Además, Edgar tiene el detalle de traerme un *tupper* con comida caliente para que me vaya al saco completamente satisfecho tras la larga jornada.

A la mañana siguiente abro los ojos con los primeros rayos de sol, salgo al exterior y lo primero que veo es un insecto palo del tamaño de mi mano sobre la lona de la tienda, un grupo de monos de cara blanca comiendo hojas y colgándose por las ramas sobre mi cabeza, unas hormigas blancas enormes correteando por el suelo, menos mal que hace unos días tapé con cinta aislante los agujeritos que se van haciendo en el suelo de la carpa, y varias personas haciendo fotos con unas cámaras enormes. Aunque me quedaría tranquilamente varios días haciendo rutas y recorriendo los apetecibles senderos que se pierden entre la vegetación delante de mis ojos, conociendo el parque, la fauna y disfrutando de la naturaleza salvaje, reanudo la marcha. Tengo que deshacer el camino que anoche hice con Edgar, unos kilómetros extras en la etapa de hoy que recorro con mis pies a gusto, sin prisas, disfrutando de los bosques de roble encino que pueblan esta región, rumbo a la frontera con Nicaragua. Tras varias horas de caminata alcanzo la población de La Cruz, a escasos veinte kilómetros de la frontera, me detengo un par de días para reponer fuerzas, preparar la entrada en el que ya es mi país número veintiséis, y el 7 de abril de 2015 enfilo el punto fronterizo de Peñas Blancas. La verdad, me da pereza abandonar Costa Rica no sólo por lo bien que me han tratado los ticos y la belleza de sus paisajes, sino también por la peligrosidad de los territorios que tengo por delante. No me importaría nada vivir una temporada aquí; al menos, espero regresar en otra ocasión y conocer lugares que me han quedado pendientes, como el Parque Nacional Manuel Antonio, o subir al monte Chirripó o algunos de los ciento doce volcanes que salpican su geografía.

Cuando llego a la frontera me ponen el sello de salida de Costa Rica y tengo que pagar un pequeño impuesto, la primera vez que me ocurre en todo el viaje. Tengo que pasar también un simbólico examen médico. Bajo una carpa hay tres tipos con bata, uno me pasa una especie de pistola blanca por la cara y otro me da un papelito con el que sellar la entrada a Nicaragua. Tras este curioso procedimiento echo la vista atrás por última vez, antes de seguir empujando mi carrito hasta el puesto de control nicaragüense, y me despido de Costa Rica con una expresión que resume muy bien el ambiente que se respira en ese país: ¡pura vida!

Nicaragua

Me dirijo a la ventanilla de entrada a Nicaragua y el policía que me pone el sello en el pasaporte me cobra doce dólares. Me quedo con la sensación de que me ha timado, tal vez sólo sea la desconfianza que llevo activada, en cualquier caso no puedo hacer nada. A escasos metros, detrás de una alambrada metálica, hay dos tipos sentados cambiando dinero a través de un agujero practicado en la malla por el que pasan los billetes con cierto aire clandestino, una imagen de película. Me acerco sin perder nunca de vista mi carro y cambio algo. Antes de entrar en cada país consulto cómo está el cambio, luego en la frontera sondeo quién ofrece la mejor tasa y voy cambiando pequeñas cantidades.

Hay gente alrededor, no sabes muy bien haciendo qué, paseando, esperando, vendiendo en puestos ambulantes, tratas de ser práctico, mostrarte decidido y resolver con presteza tus asuntos en un lugar que te es ajeno y en el que nunca antes has estado. En la misma frontera compro una SIM a un chaval que lleva un chaleco rojo de la compañía Claro por la que pago cien córdobas con saldo incluido. Es una operación que trato de realizar siempre lo antes posible, aunque no siempre funciona a la primera, para poder comunicarme y estar localizable. Doy mis primeros pasos por Nicaragua y pongo rumbo al interior del país, tierra de lagos y volcanes.

Camino junto al Gran Lago de Nicaragua por un paisaje más árido que en Costa Rica, el día está completamente despejado y es caluroso. Del interior del lago emerge la isla de Ometepe, en la que despuntan dos volcanes, el activo Concepción y el inactivo Maderas, y puedo atisbar una pequeña fumarola saliendo por el cráter del primero. Avanzo tranquilo y en silencio, disfrutando del paisaje y de una enorme bandada de golondrinas que vuela en círculos en el cielo, cuando de repente escucho una especie de ladrido procedente de unos árboles. Al mirar hacia las ramas distingo una hembra de mono aullador con su cría y el macho avisándome de su presencia, echándome del lugar. He oído que en ocasiones defecan sobre el que está abajo, así que les echo un par de fotos y continúo el camino con presteza para no darles la oportunidad. Comienzo a tomar precauciones, como caminar siempre a la luz del día por rutas principales y tener un lugar seguro donde pernoctar, no hacerlo solo y al aire libre con la tienda, sino en un alojamiento o casa, los comentarios de Edgar en el Parque Nacional Santa Rosa sobre la ruta de los narcotraficantes hacen que eleve mi nivel de alerta: transito por una carretera peligrosa en la que por lo visto hay tiroteos entre bandas. Cuando alcanzo a media tarde la población de La Virgen me acerco a una humilde vivienda que hay junto al camino a preguntar si me dejan un espacio donde poner la tienda de campaña. Hay una familia charlando en la puerta y no sólo acceden, sino que me invitan a cenar. De noche, con la tienda montada en el patio delantero de la casa y sentado sobre un tronco con un plato de gallo pinto y salchichas sobre las rodillas, hablo con el padre de familia. Trato de explicarle que estoy dando la vuelta al mundo caminando, pero cuando me pregunta dónde queda España, le señalo con el dedo hacia el este, cambio de conversación y hablamos del campo y otras cosas más prácticas, cercanas e interesantes.

Voy realizando etapas de cincuenta y cinco kilómetros con mucho calor, las temperaturas sobrepasan con facilidad los treinta y cinco grados, y tengo que estar constantemente bebiendo, así como ir bien cubierto para protegerme de los rayos solares que inciden verticalmente en estas fechas. Camino raudo rebasando Nandaime, Jinotepe y pequeñas poblaciones junto a la carretera, casas hechas con chapas de metal o con madera y bambú. Gente trabajando en las plantaciones de arroz y maíz, paseando en bicicleta o con un machete en la mano, cortando ramas, puestos de fruta y niños jaleando son escenas de lo más normales. Los árboles están cargados de mangos, personas con palos los recogen para vender y yo aprovecho para ir comiendo algo dulce, saludable y gratis sobre la marcha. A pesar de que tengo algún contacto en la capital, Managua, y el atractivo de sitios como Granada y Masaya, continúo mi camino por la carretera vieja a León sin desviarme. Resulta curioso cómo en América hay poblaciones con el mismo nombre que en España: León, Granada, Córdoba...

Un día me encuentro en la carretera con un ciclista norteamericano, me cuenta que detrás de él viene un chico llamado Jamie corriendo y empujando un carrito similar al mío, me facilita su *e-mail*, me pongo en contacto con él y nos encontramos en la población de Chinandega, cerca de la frontera con Honduras. Tengo curiosidad por conocerlo. Quedamos en unos puestos de la calle para cenar cuando ya es de noche y nos damos un efusivo abrazo al encontrarnos, propio de aquellos que viajan a pie, sabedores de las dificultades y la intensidad de este medio de transporte sin igual. Compartimos experiencias y consejos para el itinerario que tenemos por delante mientras tomamos un zumo y una hamburguesa. Es escocés, lleva una barba de varios meses y va corriendo desde Canadá hasta Argentina realizando etapas que rondan la maratón diaria, me comenta qué habitual se ha vuelto para él realizar ya esas distancias, que viene a través de la ruta Panamericana y no ha tenido ningún problema hasta la fecha. Tras una hora larga de conversación contagiándonos entusiasmo, sabedores de la importancia de un buen descanso, nos despedimos deseándonos éxito en nuestras empresas con la intención, tal vez, de volvernos a ver algún día en Europa. Siempre es especial encontrarte con alguien de tu especie.

Después de la belleza de Costa Rica y la preocupación por los peligrosos países que tengo por delante, la travesía por Nicaragua queda un poco ensombrecida, a pesar de los atractivos con que cuenta el país. Poco a poco, conforme me voy acercando a Honduras, puedo notar en el aire la tensión, un paisaje más inhóspito y la ley que impera. Me acuesto en calzoncillos dentro de mi tienda, sudando sobre el saco del calor que hace; ellos lo hacen en hamacas colgadas en el exterior. Tras una noche en la que he dormido regular por el constante mugido de las vacas y el ladrido de los perros, y una etapa corta de apenas veinte kilómetros con mucho calor, alcanzo Somotillo a media mañana. Estoy a cinco kilómetros de la frontera, cojo una habitación en el hostal que me recomendó Jamie hace unos días y preparo la entrada a Honduras.

El itinerario por Honduras va a ser un mero tránsito de ciento cincuenta kilómetros que voy a dividir en tres etapas de cincuenta cada una, rodeando el golfo de Fonseca rumbo a El Salvador. Calculo a conciencia las jornadas, ya que he de terminarlas necesariamente en una población con alojamiento para pasar la noche a resguardo, y elaboro una lista de contactos en los siguientes países con los *e-mails* y los mensajes que he recibido a través de las redes sociales. Como cada vez que cruzo una frontera, aviso también a la Embajada de mi presencia e intenciones de atravesar el país a pie y pongo a punto el carrito. El 18 de abril me despierto a las cinco de la mañana, recorro los cinco kilómetros que distan a la frontera, pago los dos dólares de impuestos para salir y cruzo el puente sobre el río Guasaule que me lleva a Honduras. Atrás queda Nicaragua, territorio que he recorrido sin pena ni gloria, y el viaje da una vuelta de tuerca más, me adentro en una de las regiones más peligrosas del planeta, solo y caminando.

Honduras

Las maras son pandillas criminales que nacieron en los años ochenta en las calles de Los Ángeles (Estados Unidos) para cuidar a los emigrantes salvadoreños del maltrato y desprecio que sufrían por parte de otras bandas y nacionalidades. Los países donde tienen más presencia precisamente son Honduras, Guatemala y El Salvador, al ser deportados sus miembros desde Estados Unidos. Las maras han experimentado un incremento notable, en países de Centroamérica cuentan con más miembros que la policía y el ejército juntos, controlan los barrios, las calles, hasta el punto de que hay exceso de población carcelaria, es decir, no caben ya en las prisiones. Los mareros suelen iniciarse cuando tienen entre diez y veinte años, entran a la mara en busca de apoyo o de una familia, y un alto porcentaje de adolescentes se ha visto vinculado con bandas callejeras. Entre las diferentes bandas que hay, destacan la Mara Salvatrucha y la M-18; se distinguen por los tatuajes, aunque esta práctica va en retroceso para evitar ser reconocidos, su propio lenguaje de señas y un salvaje uso de la violencia con la que disparan, acuchillan e incluso desmembran a sus víctimas. Son organizaciones jerárquicas, la manera de entrar a formar parte y ascender dentro de ellas es por méritos y rituales, como aguantar una paliza o matar a alguien; una vez dentro, ya no se puede salir, y la única manera de hacerlo es muerto, tal como reza el principio «vives para la mara o mueres por la mara».

Al otro lado del puente me dirijo a la caseta de Honduras y pago los tres dólares de rigor para entrar. Me hago una foto deprisa y mal encuadrada junto a un cartel que de la bienvenida al país, no quiero enseñar mucho la cámara para evitar situaciones incómodas; de ahí me tengo que alejar caminando solo, y enfilo con presteza la carretera a Choluteca. Camino raudo, conforme va pasando el día el calor va en aumento, la gente vive en cabañas de metal y cañas, y los niños me llaman gringo cuando me ven pasar. A ratos voy confiado; otros, incómodo por los gritos de la gente desde sus casas, vas desarrollando el instinto, ves malas caras, aparte de que en los países pobres la vida es dura y la gente está más desatendida, tiene menos comodidades y en ocasiones no muy buen aspecto. Me cruzo con tres ciclistas, uno de ellos mexicano, documentando la travesía que están realizando a lo largo de la ruta Panamericana, me cuenta que no han tenido problemas en los países anteriores, claro, son tres y van en bicicleta, pero me llama la atención que entre su equipaje llevan un machete para defenderse y proteger sus pertenencias. A media mañana me detengo en una pulpería (una tienda de abarrotes) a comprar algo de comida y el tendero, muy sorprendido porque viajo solo y caminando, me aconseja que a las seis de la tarde, hora en la que ya es de noche, tenga un techo bajo el que cobijarme; si no, «pum pum», me dice, reproduciendo los sonidos de un disparo con su mano en forma de pistola apuntando al aire. A las tres y media, tras una veloz etapa de más de cincuenta kilómetros, alcanzo Choluteca, atravieso una zona humilde a la entrada y cojo una habitación por cuatrocientos lempiras. Es mi primer día en Honduras, voy cogiéndole el pulso entre la tranquilidad y la tensión constante, no resulta fácil psicológicamente recorrer un país cuando las únicas referencias que tienes son la existencia de las maras, los asaltos con violencia y que te estás jugando la vida al hacerlo. Caminar siempre por grandes avenidas y encontrar un lugar seguro para dormir antes del anochecer son dos prácticas que he de seguir a rajatabla. Unos camioneros me contaban cómo por las noches tenían que dormir varios camiones juntos para defenderse de asaltos a mano armada en los que les cortaban el tubo de la gasolina y les robaban la carga. De las cincuenta ciudades más peligrosas del mundo, cuarenta y ocho están en América, ahora no sé si fue tan buena idea decidir recorrer este continente longitudinalmente de sur a norte, o si debería haberlo hecho transversalmente de Chile a Argentina. Puedo notar cómo aquel sentimiento poético, romántico e inocente con que partía al inicio de mi aventura hace unos años se ha ido diluyendo y dejando paso a una actitud mucho más práctica y dura conforme he ido sufriendo la crudeza del camino y afrontando las dificultades que realmente supone dar la vuelta al mundo a pie. Y, seguramente, ésa sea la única manera de sobrevivir.

* * *

A lo largo de mi viaje se han cruzado miles de perros en mi camino, el mundo está lleno de ellos, perros sueltos, callejeros, por lo general son huidizos y oportunistas, siguen su camino y se apartan cuando pasas. Muchos otros tienen dueño, cuidan una propiedad y ladran cuando te ven, incluso salen corriendo hacia ti y se quedan a escasos metros, ladrando, amenazantes, persiguiéndote hasta que te vas. Has de vigilar tu espalda porque se acercan por detrás, han sido cientos las veces que me he tenido que agachar para coger una piedra y tirársela, aunque a veces basta simplemente con el amago para que se detengan. Al poco de abandonar Nacaome, hacia las ocho de la mañana, caminando por una zona inhóspita, paso frente a una casa muy humilde, poco más que una cabaña de chapa y piedras con niños harapientos jugando en la entrada, cuando dos perros de mediano tamaño con aspecto poco saludable, flacos y con manchas en la piel, salen corriendo y ladrando rabiosos hacia mí. Se acercan por detrás, pero en esta ocasión, en vez de tirarles una piedra, cometo el error de lanzarles una patada y uno de ellos me da un mordisco y me clava los dientes en el gemelo izquierdo. Poco más que marcarme, pero suficiente para romperme el pantalón, hacerme una herida y que su saliva entre en contacto con mi sangre. Me cago en todo, les tiro varias piedras y saco el botiquín para hacerme una primera cura. Estoy en mitad de ninguna parte, en una zona muy rural, no me gusta detenerme aquí, pienso mientras me lavo con suero, desinfecto con yodo y me cubro la herida con una gasa. ¡Cómo un pequeño error cuando estás tan expuesto puede darle un giro al viaje! Ahora tendré que ponerme la vacuna de la rabia y estoy muy lejos de un hospital. Antes de salir de España me puse la vacuna con una validez de dos años, pero el perro me ha mordido justo a los dos años y un mes, con la vacuna caducada, y he de ponerme una nueva. Pasa por mi cabeza la idea de no vacunarme y probar suerte, tal vez el can no tuviera la enfermedad, pero siendo un poco inteligente prefiero no correr el riesgo, es un virus que ataca al sistema nervioso y letal prácticamente en el cien por cien de los casos. Poco antes de alcanzar El Amatillo veo una farmacia, me acerco ingenuamente a preguntar si tienen o me pueden poner la vacuna antirrábica, pero me responden que no y me indican que lo haga en la primera población que encuentre en El Salvador. Esa noche la paso en una austera habitación en la frontera, me vuelvo a hacer unas curas en la pierna y a la mañana siguiente, tras una travesía de tres días por Honduras, me adentro en El Salvador. Por delante una jornada de sesenta kilómetros hasta la población de San Miguel, a más de cuarenta grados de temperatura, con la amenaza de las maras y la delincuencia y con una mordedura de perro en la pierna.

El Salvador

En el control fronterizo de El Salvador no sellan el pasaporte a la entrada, espero no tener ningún problema a la hora de salir del país. Me hago una foto con bastante tensión junto a un cartel que dice: «Bienvenidos a El Salvador: pueblos vivos te reciben», vamos a ver cómo de vivos son estos pueblos, o en qué sentido lo dicen. Son las siete de la mañana y ya avanzo empujando presuroso mi carrito para llegar a San Miguel antes de que anochezca, allí tengo un amigo que me ofrece su ayuda, Edwin. El peligro y la amenaza constantes hacen que cada mañana salga a caminar con angustia y no disfrute en absoluto. Militares en la carretera, controles de policía y guardias de seguridad armados con escopetas me infunden algo de seguridad, a la par que elevan mi nivel de alerta y me dan una idea de la situación que vive el país, de dónde me estoy metiendo. A mediodía me detengo en un restaurante junto a la carretera y, mientras como un trozo de pollo y un refresco de tamarindo, veo pasar diez autobuses con las ventanas enrejadas, llenos de presos con las cabezas rapadas, tatuajes y miradas amenazantes, escoltados por patrullas armadas de policía. Contemplar esto nada más entrar en un país es poco tranquilizador. Abandono la Panamericana y pongo rumbo a Santa Rosa de Lima, a pesar de que no es la ruta principal, sí es más corta y la que he de seguir si quiero llegar hoy a San Miguel a ponerme la vacuna de la rabia. Hace dos días que me mordió el perro y comienza a ser peligroso dejar pasar más tiempo. Cuando alcanzo San Miguel tras una etapa de sesenta kilómetros son las cinco de la tarde, Edwin me está esperando en una gasolinera a la entrada, vamos caminando hasta su casa, dejamos el carrito y, sudado y sin comer, vamos corriendo a una clínica de la Seguridad Social, la vacuna de la rabia no se pone en los hospitales privados. Ya dan igual los kilómetros que haga cada día, qué coma o el descanso que realice, es la mente la que tira del cuerpo y a la vista está que a estas alturas está uno completamente embrutecido. La atención es gratuita, presento mi pasaporte y, tras esperar unos minutos, me atienden estupendamente. Si bien la vacuna antirrábica que me puse en

España consistía en tres pinchazos a lo largo de un mes y tenía una validez de dos años, ésta son cinco pinchazos también a lo largo de un mes y tiene una duración de cinco años. Mi idea era ir poniéndome las correspondientes dosis en los hospitales que fuera encontrando a lo largo del camino para no tener que interrumpir la marcha, pero cada vacuna es personalizada, es decir, una vez abierto el paquete y puesto el primer pinchazo me tengo que poner los cuatro restantes en el mismo lugar, ya que necesita ser conservada en frío en una nevera y no puedo llevarla en el carrito. Ésta es la razón por la que, aun siendo El Salvador el país más pequeño de la América continental, conocido también como «el Pulgarcito de América», pasaré en él más de un mes.

Me quedo durante una semana en casa de Edwin, tiempo en el que me pongo los tres primeros pinchazos y, gracias a su ayuda, realizo entrevistas para diferentes medios locales, doy charlas a los jóvenes estudiantes del Centro Cultural Salvadoreño-Americano, la escuela de ingeniería Itca-Fepade y la Universidad de El Salvador con motivo del Día del Planeta. Recorremos lugares históricos, visitamos un campamento guerrillero, un museo del FMLN y la mítica radio clandestina Venceremos, fundada en el caserío El Escondido, que el ejército era incapaz de localizar y que informaba al pueblo y a los guerrilleros de lo que acontecía durante la guerra, rompiendo el cerco de desinformación del Gobierno. Nos bañamos en la playa del Cuco y en el río Sapo con unas preciosas formaciones geológicas, pozas, cascadas naturales y el agua caliente. Me familiarizo con las pupusas, el alimento por excelencia del país, unas tortas que pueden ser de maíz o arroz, rellenas de chicharrones, loroco, queso, frijoles... mientras aprovecho para informarme más de la situación actual que vive el país.

La población de San Miguel es un verdadero horno. Paseando por sus calles, Edwin me explica cómo las maras controlan los barrios, hacen pintadas en las paredes delimitando sus áreas y apostan a chavales en las esquinas controlando los movimientos sospechosos, reportándolos a sus superiores y dando la voz de alarma cuando se acerca algún furgón de la policía o el ejército. El mayor conflicto es entre ellas, pero también se enfrentan a las fuerzas del orden, roban, secuestran y asesinan a otras personas, también a turistas. La población vive con temor, y prácticamente todo el mundo tiene un familiar, amigo o conocido que ha muerto a manos de las maras. Además, ocurre que en América al hablar el mismo idioma entiendo lo que se dice, entiendo la noticia de la radio en la que cuentan cómo unos niños de nueve años asesinaron a otro y lo enterraron cerca del río, o paseo por la calle y leo las portadas de los periódicos en los kioscos, donde cuentan que en El Salvador hay treinta y cinco homicidios diarios junto a la foto de un muerto en un charco de sangre en la acera, o estoy hablando con una amiga y me cuenta cómo los asaltaron e intentaron raptar al cruzar la frontera con Guatemala, o cómo los mareros acribillaron a balazos a su primo cuando fueron a extorsionarlo a su negocio y se negó a colaborar, o cómo la mujer de la limpieza viene a trabajar unos días sí y otros no en función de cómo estén ese día las calles de su barrio, porque vive en una zona muy peligrosa, o aquella familia que se tuvo que cambiar de casa porque recibieron cartas con amenazas de la mara... Y así, cientos de noticias trágicas que asolan el país y escuchas con los pelos de punta mientras una especie de terror, de pensamiento angustioso, se va apoderando de tu mente. Has de luchar para que no te inmovilice, porque convierte en una verdadera preocupación salir a caminar cada día. El 29 de abril reanudo la marcha con la mente puesta en cubrir rápido y a ser posible, sin percances, los más de ciento cincuenta kilómetros que distan a la capital.

Los primeros kilómetros transcurren con normalidad, a la altura de San José Quelepa abandono la Panamericana y pongo rumbo a San Rafael Oriente rodeando el volcán de San Miguel. Nunca había visto un país con tantos nombres de santos y que a la vez fuera tan violento. Veo a chavales jóvenes en la cuneta de la carretera vendiendo garrobos (iguanas) vivos atados en manojos de tres por veinticinco dólares. Poco antes de la rotonda donde el camino se desvía hacia la playa del Cuco me detengo en un restaurante completamente vacío a tomar un jugo. Cuando lo termino, pago y me voy a poner de nuevo en marcha, aparece toda la familia, me hablan de cómo la fe es un escudo, una burbuja protectora ante los peligros del camino, me toman de las manos y, haciendo coro, rezan por mí invocando a Dios, a Jesucristo, a los ángeles y a todos los santos, ritual que dura varios minutos y al que siempre accedo, pues no veo mala intención en él. Me despido agradecido, como en ocasiones anteriores, sin darle más importancia ni sospechar lo que tengo por delante. Camino a buen paso por una carretera larga y solitaria, una recta de treinta kilómetros rumbo a Usulután, junto a granjas abandonadas y casas en mal estado, una zona inhóspita y desprotegida que huele a peligro. Llevo la cara cubierta con una camiseta para evitar la fuerte insolación, aun a riesgo de ser sospechoso tanto para la policía como para las maras, cuando de repente oigo un ruido a mi espalda. Me vuelvo inmediatamente y veo a dos chavales con mal aspecto que han llegado a mi altura en bicicleta, uno de ellos me pregunta en inglés: *Where are you from?* En estas situaciones, lejos de achantarme, me pongo a la ofensiva, mostrando seguridad y le contesto: «¿Por qué me hablas en inglés?». Se suceden una serie de preguntas, de dónde soy, adónde voy, qué llevo en el carro... mientras pedalean a mi lado. Obviamente, no son policías y respondo lo que me da la gana confiando en que no les dé por detenerme y la situación pase a mayores, les digo que soy de Chile, que llevo agua en el carro y me dirijo a Usulután, no les voy a contar que vengo de Europa y que en mi carrito llevo un ordenador y una cámara de fotos. Sé perfectamente que son mareros y han venido a controlarme. Tras unos instantes, se dan la vuelta y se marchan, mi tensión va en aumento, acelero el paso. A los pocos kilómetros, de nuevo dos chavales en bici y con malas pintas salen cuando me ven pasar y me preguntan lo mismo, tienen toda la carretera controlada. Estoy solo en mitad de ninguna parte, absolutamente vulnerable, sin protección, sin armas ni más recursos que mis propias piernas para salir de ahí empujando un carro. Intento llamar a un contacto que tengo en Usulután, Miguel, para ver si me puede acompañar haciendo de coche de asistencia, pero está trabajando y no me contesta. Al rato, veo a lo lejos a dos chavales hablando con un hombre; cuando me ven, el hombre cruza al otro lado de la carretera. Llevan dos machetes desenfundados en la mano y me ven venir. Tengo que pasar por ahí, darme la vuelta y salir corriendo hacia atrás no me garantiza nada, sería mi perdición. Me voy abriendo ligeramente hacia el interior de la carretera para tener espacio de reacción, mantener una distancia de seguridad y quedar fuera del alcance de los machetes. Cuando llego a su altura, uno de ellos me dice: «Para ahí, higüeputa, dame lo que llevas». Le contesto sin dudarlo, con la cara tapada y caminando a paso rápido por el centro de la carretera: «No te voy a dar nada», listo para recibir el ataque, soltar el carro y salir corriendo. Por lo menos lo intento, no estoy dispuesto a entregarle mis escasas pero valiosas pertenencias, con las que llevo dos años dando la vuelta al mundo al primero que me lo pida. Y yo no sé si habló la valentía, la temeridad o la inconsciencia, si fue el destino, mi buena suerte, la varita mágica por la que parezco estar tocado o todos los ángeles y arcángeles protectores invocados por aquellos que rezaron por mí, no sé si la seguridad con la que les contesté los amedrentó, si piensan que tal vez llevo una pistola o pertenezco a un rango superior de la mara, si como nunca nadie les lleva la contraria se quedan tan sorprendidos que no saben cómo reaccionar, el caso es que se quedan inmóviles, callados, girando sus cuellos mirándome mientras paso presuroso a escasos metros girando también mi cabeza, controlando que no salgan corriendo detrás de mí y me sigan, vigilando mi espalda, hasta que metro a metro, con grandes zancadas, me voy alejando del lugar. Pero sigo en tierra de nadie, en mitad de ninguna parte y a quince kilómetros de Usulután, los quince kilómetros más largos y tensos de mi vida. Siento el peligro de recorrer a pie el país, es mi segundo día de caminata y tengo este percance, es un peligro real, temo por mi vida, voy caminando solo y en cualquier momento me pueden matar. Prosigo con la amenaza en el cuerpo, me voy cruzando con algún marero más apostado en la carretera, pero ya no me importunan, esta vez me he librado de milagro. Cuando llego a Usulután me están esperando Miguel, Milton, Rubén y Gabriel, de la comunidad Monseñor Romero. Les cuento lo sucedido y me acogen con los brazos abiertos mientras trato de tranquilizarme, organizar la seguridad y conseguir asistencia para recorrer las siguientes jornadas: me resisto a caminar solo.

Durante el día que me quedo en Usulután hablo por teléfono con Fernando, un amigo español que vive en la capital y es el director del Centro Cultural de España en El Salvador, me pone en contacto con Piedad, policía nacional de la Embajada española, quien, a su vez, me pone en contacto con Cáceres Rivas, de la policía de El Salvador. A través de este último y del encargado de la comisaría de Usulután me irán asignando acompañamiento hasta Zacatecoluca y, en teoría, por todo el país con patrullas que irán escoltándome mediante relevos.

El 1 de mayo me despido de mis amigos y retomo la marcha a las seis y media de la mañana, acompañado por una patrulla de policía en moto, armada con un fusil de asalto. Hace mucho calor y tengo que beber constantemente, voy corriendo, me quiero demorar lo menos posible en cubrir los cincuenta kilómetros que distan a Zacatecoluca. Al cabo de unas horas se dan el primer relevo, me despido agradecido de los policías en moto y aparece un vehículo: me dicen que me van a seguir a cierta distancia sin perder el contacto visual para no llamar tanto la atención. Continúo corriendo mientras pienso que tal vez ir escoltado por la policía sea contraproducente, pues es un claro indicio, bien de que soy alguien importante o de que llevo algo de valor en el carro, despertando aún más el interés de los mareros. En cualquier caso, miro hacia atrás para asegurarme de que la patrulla está ahí. De vez en cuando paro a comer algo y hablar con gente que me reconoce por las entrevistas que he hecho estos días anteriores. Gracias a la presencia policial, el itinerario no me está pareciendo hoy tan peligroso. Hay un momento en el que echo la vista atrás y no veo a nadie, vuelvo a sentirme completamente desprotegido, acercándome a una de las zonas más violentas del país, donde se encuentra el penal de máxima seguridad de Zacatecoluca. En su interior, no sólo están los reos más peligrosos; los alrededores están controlados por mareros que se comunican con los jefes presos. Sigo corriendo, cruzo el río Lempa y al cabo de unos instantes aparece otra pareja en moto que me escolta hasta que definitivamente a las tres y media alcanzo la población. Es un verdadero lujo caminar protegido, aunque mucho más me gustaría que no hiciera ninguna falta y el país respirara paz. Viene Fernando desde la capital, que está tan sólo a una jornada de camino, se lleva mi carrito en su coche y al día siguiente, sin escolta, con tan sólo una mochila en la que porto algo de agua y corriendo los sesenta kilómetros que distan a la capital, alcanzo con tensión San Salvador.

Me quedo casi tres semanas en la capital, hasta que me ponen los dos últimos pinchazos de la vacuna antirrábica. Durante este tiempo me alojo unos días en casa de Fernando, en la colonia San Benito, y otros en las lomas de San Francisco, en casa de Ricardo, un amigo que he hecho a través de internet, corredor y miembro del equipo Trail Runners de El Salvador. Visito el volcán Boquerón, imparto algunas charlas en el Centro Cultural de España y en la Universidad Francisco Gavidia, cuyos alumnos me invitan un día a hacer rapel en la Puerta del Diablo. Pero si hay un sitio en el que paso más horas que en ningún otro y donde yo me siento como en casa es La Casa Tomada, un oasis en el desierto, un espacio cultural y artístico lleno de vida en el que se reúnen diferentes colectivos, tienen lugar talleres de fotografía, teatro, radio, conciertos, cantina..., y donde se respira una atmósfera envidiable, sobre todo teniendo en cuenta el contexto en que se da. Allí conozco a Virginia, un bonita tatuadora de El Salvador y, como llevo tiempo queriendo hacerme dos tatuajes y el camino me brinda la oportunidad, es ella quien me tatúa: una pluma y un corazón con alas. Tras una fiesta en La Casa Tomada, que coincide con el Congreso de Periodismo Latinoamericano organizado por el diario *El Faro*, en la que me despido de mis nuevos amigos y en vísperas de la beatificación de monseñor Romero en la plaza del Salvador del Mundo, el 22 de mayo, reanudo la marcha.

* * *

En esta etapa hay una serie de lugares en los que no debo adentrarme por seguridad; son Lourdes y Ciudad Arce. Poco antes de llegar a esta última cojo la vía de circunvalación para no entrar en la población y afronto una larga y solitaria subida, noto la tensión en el aire. A mitad de cuesta oigo un ruido detrás de mí, me vuelva inmediatamente y veo dos mareros con machetes acercándose. ¡Mierda, otra vez! Me da un vuelco el corazón. El Salvador es un país en el que hay que estar constantemente alerta, mirando hacia atrás y vigilando tu espalda. Me preguntan de dónde vengo, a dónde voy y qué llevo en el carro; les respondo caminando presuroso, sin detenerme, empujando con fuerza y con una mano el carrito cuesta arriba, sin dejar de mirar atrás, manteniendo una distancia de seguridad. Cuando comprueban que no soy de la mara rival se dan la vuelta y se marchan. Lo que me sorprende esta vez es una furgoneta que nos seguía por el carril contrario, creía que era un conductor curioso y que, al verlo, los mareros se retirarían, pero cuando observo que la furgoneta da la vuelta también y se va por el mismo lugar que ellos caigo en la cuenta de que iban juntos... Al rato me encuentro a varios deportistas que corren por el arcén de la carretera con un coche de asistencia, sin dudarlo me uno al grupo y con ellos, tras una etapa de más de sesenta kilómetros, alcanzo Santa Ana. Allí conozco a Carlos, deportista y profesor de educación física que tiene el detalle de hospedarme en su casa. Al día siguiente cubro la distancia de treinta y cinco kilómetros que separa Santa Ana de Ahuachapán, donde me quedo un día dilucidando qué hacer. Estoy a veinte kilómetros de la frontera con Guatemala y tengo dudas sobre si recorrer ese país. A pesar de las largas distancias que estoy realizando me cuesta conciliar el sueño por las noches, estoy intranquilo, tenso, algo nervioso. Me levanto por las mañanas sin ganas de salir a caminar, con la sensación de estar jugando a la ruleta rusa, tentando la suerte, no estoy disfrutando nada. Me he librado de varias situaciones peligrosas y tengo la corazonada de que la próxima se va a saldar con un atraco o algo peor... Ya no sé siquiera si ha sido buena idea hacer entrevistas y darme a conocer, sospecho hasta que puedan planear un secuestro, tenderme una emboscada en un tramo solitario del camino. Llevo la web sin actualizar para no delatar mi posición, incluso soy reacio a comunicárselo a mi gente de confianza, por si las maras espían mis redes sociales. Por las noches, en la habitación, siento el desgaste psicológico, tan alejado de aquella idea romántica de caminar disfrutando de la naturaleza y la libertad, y la presión, pienso que si no hiciera público el viaje ya me habría saltado esta región, como si al no recorrer un país fuera a defraudar a los seguidores y a traicionar la filosofía del reto. La mente flaquea atenazada por el miedo y se vuelve desconfiada, o tal vez eso sea lo normal y lo extraño era la temeridad que ostentaba. Me cuestiono mi valentía, es muy fina la línea entre el valor y la temeridad, entre la cobardía y la sensatez, entre la vida y la muerte. Es la valentía la que lanza al aventurero a la conquista de sus sueños, pero son la sensatez, el sentido común y tomar las decisiones correctas los que lo mantienen con vida y le conducen al éxito. Tras treinta y cinco días en El Salvador de los que apenas he caminado siete, pero muy intensos, y tras conocer en el camino una gran cantidad de buena gente, pongo rumbo a la frontera con Guatemala sin mucha convicción. Es una pena que países con una población tan estupenda y hospitalaria y una naturaleza tan rica tengan que vivir con el yugo del miedo y la inseguridad.

Me pongo en marcha a las seis de la mañana, recorro tranquilo los veinte kilómetros a través de Las Chinamas. En la carretera que va desde la frontera a Jalpatagua y posteriormente a la capital guatemalteca se producen asaltos y secuestros, son tramos totalmente desolados, sin poblaciones ni servicios, de difícil comunicación a través del móvil y, de noche, el peligro se multiplica por la ausencia de alumbrado público. Cuando los recorres caminando y solo, el riesgo aumenta al máximo. Cambio algo de dinero, en el puesto de control salvadoreño tampoco ponen sello de salida, cruzo el puente El Jobo sobre el río Paz, frontera natural entre ambos países, y muy poco seguro, como tanteando mis sensaciones sobre el terreno, doy mis primeros pasos por Guatemala. Me dirijo a un puesto de policía para ver si me pueden escoltar hasta Jalpatagua, población que dista veinte peligrosos kilómetros. Le explico mi empresa y la conversación con el agente roza la comedia. Me cuenta que no tienen gasolina para mover las unidades, pero que, si le doy dinero, tal vez pueda comprar algún galón. Para corroborar sus palabras me explica cómo, cuando pasan los cárteles de la droga y las bandas armadas, ellos tienen que ir a pie. Le escucho atónito, sin saber muy bien si me está hablando en serio o se está quedando conmigo. Para rematarlo, cuando le pregunto si Guatemala es un país seguro, me responde que sí, que se puede acampar tranquilamente, pero que he de tener cuidado con las creencias de la gente, los jinetes sin cabeza y esa clase de leyendas.Hablar con este tipo precisamente lo que no me da es ninguna tranquilidad y confirma mis sospechas de que adentrarme en el país no es una buena decisión. Mi mente es reacia a hacerlo, uno tiene que guiarse por su instinto e intuición, seguir su olfato y su propio camino. Haciendo caso a mi voz interior decido no recorrerlo, me despido de Centroamérica y continúo la travesía por una nueva región del planeta: América del Norte.

Cuando has mirado la muerte a la cara, cuando la has sentido merodeando a tu alrededor y su aliento en tu nuca, sabes el milagro que es estar vivo, una chispa que dura apenas unos segundos, un sueño, una llama que se apaga de un soplo. Y te levantas dando gracias cada mañana.

Capítulo 9

América del Norte

México

El 29 de mayo de 2015 comienzo la travesía por Norteamérica en la población de Tapachula, al sur de Chiapas, junto al océano Pacífico y en la frontera con Guatemala. Por delante, una de las tierras que más me apetecía conocer y que siempre me cautivó: México, un país lindo y mágico, cargado de historia, cultura, naturaleza, gastronomía y belleza; demasiado grande como para conocer en tan sólo los seis meses de un visado que pienso apurar hasta el final como una buena copa de vino. Mi idea es alcanzar la capital, Distrito Federal, detenerme allí un tiempo para decidir qué itinerario seguir rumbo a Estados Unidos y tratar de conseguir financiación para lo que me resta de expedición. Hay momentos en los que no puedo evitar sentir algo de melancolía, alejado de mi gente, en un entorno hostil y sin apenas medios para continuar, salvo mis dos pies y una voluntad de hierro; hay que mantenerse alerta y con la guardia alta para no perder la concentración. Por suerte, estos días me acompañará Paulo, un chico mexicano que vive en Playa del Carmen, que contactó conmigo hace más de un año y cuya compañía agradezco enormemente para ir adentrándome lentamente en este nuevo mundo.

Durante los primeros días le voy tomando el pulso a este nuevo país rumbo al norte de Chiapas. Los tacos de pastor, alambre, bistecs, huaraches, fajitas, nachos, siempre acompañados con chile y limón, son platos fáciles de encontrar en los puestos de comida callejera. Ahora, en junio, comienza la época de lluvias, frente a las costas del Pacífico pasan las primeras tormentas tropicales, *Blanca* y *Carlos*, que dejan abundantes precipitaciones; permanezco atento a las previsiones meteorológicas para planificar las etapas, nos ponemos en camino a primera hora de la mañana para estar bajo techo a media tarde, cuando estalla la tormenta y comienza a llover. Los días son calurosos, rondando los cuarenta grados de temperatura con mucha humedad, me quedo en pantalón corto y camiseta y cubro las distancias corriendo. A Paulo le salen varias ampollas en los pies, por lo que acaba las jornadas en autobús, se adelanta y va buscando un lugar para pernoctar cuando llego yo; en ocasiones, la presidencia municipal o algún hotel tienen la cortesía de ofrecernos una habitación gratis. La tarde que llego a Tonalá lo hago completamente empapado. Coincide con las elecciones federales y en las calles hay desplegado un amplio dispositivo policial por la crisis social que vive el país, acentuada por la desaparición de los cuarenta y tres estudiantes normalistas de Ayotzinapa. También ocurre que México es el último país antes de entrar a Estados Unidos, por él pasan miles de inmigrantes centroamericanos, por lo que hay frecuentes controles migratorios. Todos los días me paran por lo menos un par de veces los agentes de migración para pedirme el pasaporte y comprobar que llevo la documentación en regla. Me cuenta mi amigo que hay un tren de mercancías, conocido como *La Bestia*, que utilizan los inmigrantes ilegales para atravesar rápidamente México. Se estima que todos los años medio millón de migrantes usa este peligroso medio para evitar los centros de detención y los numerosos puestos de control, aunque con frecuencia el precio que pagan es alto: accidentes, violaciones, secuestros, la extorsión de bandas criminales violentas y funcionarios corruptos, incluso la muerte. Paulo me pone también al día con el albur, juego de palabras con connotaciones sexuales para el que los mexicanos tienen mucha picardía. De hecho, tienen fama de reírse de todo, hasta de la muerte, así que comienzo a aprender algunas palabras, a evitar expresiones como *subir arriba, entrar dentro*, y, por ejemplo, a buscar sustitutos del verbo *coger*, que en España usamos constantemente y que aquí significa *follar*. Y así, aprendiendo y compartiendo el camino, dejamos atrás el estado de Chiapas y nos adentramos en el de Oaxaca...

* * *

El día que alcanzo Juchitán de Zaragoza lo hago también completamente mojado, tras realizar una jornada de cincuenta kilómetros corriendo bajo la lluvia. Cuando llego, las calles están inundadas por el desbordamiento del río Los Perros y por la insuficiente red de canales y alcantarillado. Aquí me despido de Paulo, él va a Tijuana, lugar en el que se crio y al que hace años que no vuelve, nos damos un abrazo y continuamos cada uno nuestro camino. A partir de aquí abandono la costa rumbo a la ciudad de Oaxaca. Hablando con personal del servicio de emergencias y protección civil me cuentan que en la región que atravieso hay una epidemia de fiebre chikungunya que afecta al 70 % de la población. Es un virus africano, detectado por primera vez en Tanzania, que contrae el humano por la picadura delos mosquitos *Aedes aegypti* y *Aedes albopictus*, el mismo que contagia el dengue. Provoca fiebres altas, dolor de articulaciones y unas manchas que salen en la piel, síntomas que pueden durar días, meses, incluso años. Es una enfermedad para la que no hay remedio ni vacuna, la única opción es intentar paliar los síntomas y esperar a que el organismo la combata y la elimine. He bajado mucho la guardia caminando estos días en pantalón corto y camiseta, durmiendo sin tela mosquitera, más aún en época de lluvias, cuando la humedad y los mosquitos aumentan, confiado tal vez por los miles de kilómetros que llevo recorridos sin haber enfermado ni una sola vez. Espero que no me salga muy caro...

El estado de Oaxaca alberga una gran riqueza; en él conviven más de dieciséis grupos étnicos con sus culturas propias y es el estado mexicano con mayor biodiversidad. Avanzo por el terreno ondulado ligeramente montañoso de la sierra sur hasta que alcanzo la hermosa población de Oaxaca, inmersa en los valles centrales. En unos días viene de nuevo a verme Josefina, así que hago un alto en la caminata para tomarme un tiempo de descanso. Viajo a la capital, a casa de mi amigo Fabio, para dejar mi carrito y recibirla, pero las cosas dan un giro inesperado. A la mañana siguiente de haber llegado a Distrito Federal, me levanto con un ligero malestar que va aumentando a lo largo de todo el día, hasta que ya por la tarde me pongo el termómetro y veo que tengo fiebre. Al principio no sé a qué achacarlo, si al sobreesfuerzo de los días anteriores, tal vez a haber comido algo en mal estado... Soy reacio a tomar nada y espero a ver cómo evoluciona. Sin embargo, el cuadro empeora, la fiebre va en aumento y al día siguiente amanezco con cerca de cuarenta y un grados, tras toda la noche sudando. «Qué momento más oportuno para enfermar —pienso—, justo cuando voy a recibir visitas.» Por lo menos, dentro de lo que cabe tengo suerte, estoy en casa de mi amigo bajo un techo y en una cama, no ahí fuera, en mitad de ninguna parte, bajo la lluvia y durmiendo en la tienda de campaña. Me paso dos días postrado con más de cuarenta grados y la sensación de que me va a estallar la cabeza, sudando en los delirios de la fiebre. Estoy preocupado porque no sé qué tengo, alejado de mi país, sin seguridad social ni seguro médico internacional y con la incertidumbre de ver cómo va a evolucionar, esa es mi gran preocupación. Comienzo a sospechar que puede ser la fiebre chikungunya o el dengue. Aunque nunca fui amigo de las medicinas, en esta situación me dejo cuidar y Fabio me da algún paracetamol e ibuprofeno para aliviar la fiebre. Al tercer día, la fiebre comienza a remitir y ya me puedo levantar de la cama, pero aparecen unos dolores en las articulaciones, sobre todo en los hombros, las rodillas, los tobillos y las muñecas, que hacen que me sienta como un trapo y me cueste mucho moverme. Me pongo a investigar por internet y, aunque no tengo ningún análisis médico ni prueba Elisa que lo corrobore, por la epidemia de Chiapas y el poco cuidado que he tenido para protegerme de los mosquitos casi tengo la certeza de que es fiebre chikungunya. El vocablo *chigunguña* es de origen makonde, un idioma bantú del sur de Tanzania y el norte de Mozambique, y significa «enfermedad del hombre retorcido». Descubro que el dolor en las articulaciones puede persistir semanas, meses, incluso años, con recaídas, y mi preocupación va en aumento, no ya por la continuidad del viaje, sino por mi propia salud. Me pregunto cómo hará la población de países pobres para curarse alejada de hospitales y sin un sistema sanitario en condiciones, así que comienzo a buscar soluciones y, tras contrastar varias fuentes, elaboro un remedio natural. Pongo varios litros de agua a hervir en una olla y preparo una infusión de mango verde, malagueta (pimienta), canela y limón que estoy bebiendo durante los siguientes días. A partir del quinto desaparece el dolor de articulaciones y sólo me quedan unas manchas de color rojo en la piel, que cubren mi cuerpo y se acentúan con el esfuerzo, y una sensación de fatiga o cansancio. Justo entonces, llega Josefina. Desconozco las propiedades del remedio casero, incluso si ha tenido algo que ver, o si ha sido por estar en un buen estado de forma, el caso es que a la semana estoy prácticamente curado. Le doy las gracias a Fabio por su hospitalidad y sus cuidados durante esos días y, tras este susto que espero no rebrote, me tomo unos días de vacaciones, tiempo que aprovecho para descansar y hacer algo de turismo por este apasionante país. Visitamos lugares como el Museo de Frida Kahlo y la zona arqueológica de Teotihuacán, con las pirámides del Sol y de la Luna. Puebla y Cholula, las bellas playas de Puerto Escondido, San Cristóbal de las Casas y el yacimiento arqueológico maya de Palenque. Tras este descanso conociendo algunos de los rincones más hermosos de México, mi querida amiga regresa a Argentina y yo lo hago a Oaxaca para reanudar mi camino allá donde lo dejé hace unas semanas. Curiosamente, estos días se fuga de la prisión el capo mexicano Chapo Guzmán, líder del cártel de Sinaloa.

Es mediados de julio y justo en estas fechas se celebra en Oaxaca la Guelaguetza, una palabra de origen zapoteca que denota el acto de dar y participar cooperando, un don gratuito que no lleva más obligación que la reciprocidad. Su origen se remonta a la época colonial y la celebración del Corpus Christi por parte de los carmelitas, a la que pronto se agregaron el entusiasmo y las tradiciones indígenas, en concreto una festividad dedicada a Centeotl, deidad del maíz. Durante estos días, las calles se llenan de espectáculos folclóricos, desfiles, danza, música y cantos de los que participa todo el pueblo y que disfruto tomando mezcal, bebida alcohólica elaborada a partir del corazón de algunas especies de agave o maguey. Con algo de pereza tras este parón, me pongo en marcha y voy cruzando los más de doscientos kilómetros que distan de Tehuacán a través de la Sierra Norte. Camino entre los dos mil y los tres mil metros de altitud por paisajes sin apenas poblaciones, con cactus y vegetación arbustiva, mucho calor, poca agua y hermosas vistas. Tras cinco días atravesando las montañas para alcanzar Tehuacán, y tres días más por una carretera criminal, donde si no me atropellan es de milagro, llego a Puebla.

Para alcanzar la capital, Distrito Federal, tengo dos opciones: una de ellas es bordear las montañas que separan ambas ciudades por carretera, lo que supone recorrer ciento treinta kilómetros de tráfico peligroso y la otra, una variante más corta, bonita y tranquila, atravesar las montañas a través de un punto a tres mil seiscientos metros sobre el nivel del mar, entre los volcanes Popocatépetl e Iztaccíhuatl, llamado el Paso de Cortés, lugar por el que Hernán Cortés entró en el valle de México-Tenochtitlán buscando conquistar la capital azteca en 1519.

El 3 de agosto abandono Puebla. Alcanzo Cholula, donde se levanta la pirámide con la base más grande del mundo, cuatrocientos metros por lado, y también la que tiene mayor volumen, en cuya parte superior está construida la iglesia de Nuestra Señora de los Remedios. Continúo la ascensión por una pista de ceniza volcánica negra acumulada durante años de antiguas erupciones en la que se van clavando las ruedas del carrito. Camino entre pinos con el cielo despejado, pero conforme van pasando las horas se va cubriendo con nubes hasta que a media tarde comienza a llover. Tras una etapa de cincuenta kilómetros alcanzo Buenavista, muy cerca del Paso de Cortés, y me resguardo en una humilde cabaña de pastores, donde paso la noche protegido de la tormenta a la luz de unas velas y al calor de un fuego que enciendo en la chimenea...

Estoy sentado frente a una mesa de madera, escribiendo a la luz de dos velas, el aire y mis manos huelen a pino y resina, a mi lado el fuego crepita en la hoguera hipnotizándome con su danza. A mi espalda un catre con varias mantas y las sombras bailando en la penumbra, cuánto más cálida es la luz del fuego que la de la bombilla, qué silencioso debía de ser el mundo antes de la civilización... La lluvia cae ahí fuera repiqueteando sobre el tejado, mientras a lo lejos retumban los truenos y la magia inunda cada rincón de esta estancia.

Al día siguiente, tras una noche mágica y lluviosa, el cielo amanece azul despejado, los rayos del sol se filtran entre las ramas de los árboles y entran por mi ventana dándome los buenos días. Me pongo en camino, disfrutando del hermoso paisaje y del aire puro. ¡Qué bien hice eligiendo este camino! A mi izquierda observo la cumbre ligeramente nevada del volcán Popocatépetl, que en lengua náhuatl significa «Montaña que Humea», con 5.426 metros de altitud y una pequeña fumarola saliendo de su cráter. A mi derecha se alzan las también nevadas cumbres del Iztaccíhuatl, la «Mujer Dormida» por la forma de su silueta. Rebaso el Paso de Cortés y comienzo el descenso a través del parque nacional entre bosques de pino; a partir de aquí restan poco más de setenta kilómetros hasta la capital. Rebaso las poblaciones de Amecameca y Chalco, y el 5 de agosto, tras una agitada entrada entre el bullicio y el tráfico, alcanzo Distrito Federal (DF), una de las mayores aglomeraciones urbanas del mundo y la más grande del continente americano, con una población que ronda los veinte millones de habitantes. Allí tengo un contacto, Francisco, quien me ofrece su ayuda y alojamiento. Algunos medios de comunicación y agencias de noticias vienen a recibirme y a cubrir mi entrada hasta el Zócalo o plaza de la Constitución, en el corazón de la ciudad, construida sobre la antigua Tenochtitlán y donde se levanta la catedral metropolitana, entre otros edificios, con las sedes de los principales poderes. La ciudad fue fundada en 1325 por los indígenas mexicas sobre el lago de Texcoco, y llegó a convertirse en la capital del Imperio azteca. Debido a la gran cantidad de viaje que llevo ya realizado y a las experiencias que puedo contar, al maravilloso recibimiento que me brinda la gente, a la oportunidad que se presenta de dar charlas en universidades, a la infinidad de lugares interesantes por conocer que se despliegan ante mí, a la necesidad de recaudar fondos y de planificar el itinerario que todavía tengo por delante y, sobre todo, a la hospitalidad de Francisco y a lo excepcionalmente a gusto que me siento en México, paso en esta ciudad la temporada más larga sin caminar, más que nunca antes, en ningún otro sitio: dos meses.

Con veintinueve países en mis piernas y más de veintiocho mil kilómetros recorridos en dos años y medio de viaje, el primer mes en la capital es frenético, inmerso en la tarea de conceder entrevistas para medios. Una mañana acudo a una emisora llamada Radio Mojarra, que emite sobre todo para audiencia latina en Estados Unidos y, tras una entrevista de poco más de media hora, salgo del estudio con quinientos dólares en el bolsillo que los oyentes han donado apoyando mi causa, para que pueda continuar mi viaje; me quedo sorprendido con semejante gesto de generosidad. Más adelante, la ayuda de esta emisora desempeñará un papel fundamental en mi travesía por Estados Unidos, pero claro, yo todavía no sabía siquiera si iba a poder recorrer ese país. En un principio, mi idea era partir de DF hacia el norte bordeando la costa del golfo de México y entrar en Estados Unidos por Tamaulipas. Cuando recabas información y te cuentan que a ese estado lo llaman «Mataulipas» por el alto índice de peligrosidad, los cárteles de la droga y el crimen organizado —que hacen arriesgado incluso cruzarlo en coche—, te ves en la obligación de reorganizar el itinerario. La segunda opción que barajé fue subir a través de Guadalajara, Mazatlán y cruzar el desierto de la Baja California hasta Tijuana, donde me reencontraría con mi amigo Paulo, y entrar a Estados Unidos por San Diego y Los Ángeles. A pesar de ser una opción muy apetecible y algo peligrosa, teniendo en cuenta que viajo a pie, no dispongo de medios para después atravesar todo Estados Unidos desde el Pacífico al Atlántico, así que la opción que va ganando peso es enfilar el camino rumbo a Cancún para posteriormente recorrer la Costa Este de Estados Unidos, desde Miami hasta Nueva York.

Comenzaba a comprender que aquella duda sobre qué itinerario seguir, si hacia Cancún o hacia Tijuana, entre la ruta corta y segura que me llevaba pronto a casa o la larga e incierta que me adentraba de nuevo por una vereda dura y desconocida, entre la que olía a hogar y familia, o la que me llevaba en brazos de la aventura y la soledad, por bosques, desiertos y montañas, era en realidad una bifurcación de caminos, una encrucijada en el interior de su espíritu, una decisión vital en la que estaba en juego algo más que un simple itinerario, algo más que la ruta para llegar a un lugar. Se trataba de una decisión vital, cuánto tiempo más estaba dispuesto a postergar la decisión de regresar, de dar los pasos que me llevarían de vuelta a casa. A pesar de las dificultades y las penurias, ¿quería llegar a casa?, ¿sería capaz de adaptarme a una rutina, a una estabilidad, a un lugar? ¿O estaría condenado de por vida a errar por el mundo, como un vagabundo, siempre a la caza de mis sueños, tras los dictados de un corazón indomable...?

Voy haciendo salidas puntuales con Francisco y María a conocer rincones y pueblos mágicos de México. Visitamos las cascadas de Ixtapan del Oro y me baño en el Salto de Chihuahua; siento la tremenda fuerza con que cae el torrente de agua desde sesenta metros de altura. Santiago de Querétaro y su impresionante centro histórico, Patrimonio de la Humanidad. Visito la hermosa ciudad de Morelia y Uruapan, el Parque Natural Barranca del Cupatitzio y las cascadas de Tzaráracua, donde la naturaleza despliega todo su esplendor, en el estado de Michoacán. Ascendemos al volcán Nevado de Toluca, de 4.680 metros de altitud, y descendemos al interior del cráter, donde se encuentran, silenciosas, las lagunas del Sol y la Luna. Y un largo etcétera que hace que me enamore de México, un país lindo y pasional, lleno de colorido, y me reafirme en que el mundo es un hermoso lugar que merece la pena cuidar.

Un día hago con María una escapada a Real de Catorce, en la sierra de San Luis de Potosí, antigua población minera y rincón mágico donde parece que el tiempo se hubiera detenido. Agotadas las vetas de plata hace años, se pensó que se convertiría en un pueblo abandonado; sin embargo, hoy en día sigue vivo gracias a las peregrinaciones que acuden a visitar la estatua de *San Francisco de Asís*, en la parroquia de la Purísima Concepción, y a la cultura de los indígenas huicholes, los últimos guardianes del peyote. En esta región se extiende parte del desierto de Wirikuta, uno de los territorios sagrados en la cosmogonía de los huicholes, para quienes la creación del mundo ocurrió aquí. Creen que fue en este lugar donde salió el sol por primera vez y habitan deidades y espíritus ancestrales; por tanto, consideran que cada elemento natural que vive en Wirikuta es igualmente sagrado. Uno de sus ritos es la peregrinación a través del desierto hasta el lugar donde salió el sol, el Cerro Quemado. Y ésta es la razón principal de nuestra visita. Llegamos de noche. Me gusta llegar de noche a los lugares, te da una visión y una percepción diferente, y levantarte por la mañana en un lugar completamente nuevo, rodeado de cosas nuevas, como si hubieras llegado en sueños. Ubicamos el Cerro Quemado y conocemos a Lorenzo, caballerango con quien al día siguiente bajamos a caballo hasta el desierto. Más que un desierto, Wirikuta es un jardín, alberga la mayor biodiversidad y concentración de cactáceas por metro cuadrado del planeta, muchas de ellas endémicas y en peligro de extinción, además de vegetación arbustiva, águilas y otras especies. Buscamos un lugar para poner la tienda y hacer un fuego para pasar la noche; mientras recogemos algo de leña. Y cuando el sol está bajando comenzamos «la caza del peyote», un pequeño cactus sin espinas que crece a ras de suelo entre la tierra y que para los huicholes simboliza el corazón del dios venado, Tatewari, el dios del fuego. Lorenzo nos enseña a reconocer la primera cabeza, prácticamente enterrada en la tierra, y la manera correcta de escarbar a su alrededor y cortarla para que pueda generar nuevos hijuelos. Lo ideal sería realizar este ritual guiados por un chamán, pero como no conocemos a ninguno nos aventuramos y decidimos hacerlo por nuestra cuenta. María encuentra el segundo botón, y así hasta un total de seis, que vamos compartiendo los dos, limpiándoles la tierra superficial y masticándolos crudos en pequeños gajos. El sabor es tremendamente amargo y hace que después de comer tres cabezas cada uno seamos incapaces de tomar más. Lorenzo se marcha a lomos de su burrito y nos deja disfrutando de un precioso atardecer, mientras la mescalina comienza a hacer sus efectos psicoactivos, nuestros ojos se tornan brillantes, las pupilas se dilatan y los últimos rayos del sol nos bañan con su luz como una hermosa canción. Todo se vuelve especial, inmersos en una bella postal en mitad del desierto, conectados al mundo a través de los sentidos, percibo el planeta como un inmenso ser vivo del que formo parte, el aire tibio, la suave brisa, el olor de las plantas, el color de la tierra, la línea naranja sobre el horizonte..., estímulos que me cautivan, desgrano y entiendo, el paisaje ya no es un escenario que contemplo como un espectador ajeno, sino un estado emocional, un reflejo de mi espíritu, un lugar al que pertenezco. Siento que se despliega ante mí una nueva forma de conocimiento, cada fenómeno es digno de veneración y respeto: los cactus, las piedras, las plantas, las águilas son seres como yo, todos formamos parte de este mundo y compartimos los mismos secretos y misterios, el misterio de la vida, la energía creadora. Lentamente, el sol se esconde tras el horizonte, el día se despide de nosotros y con él su luz se va apagando, dando paso a otro momento, otro estado, la noche. María y yo rompemos de vez en cuando el silencio de asombro e introspección y hablamos compartiendo sentimientos. Ella me dice que no siente ningún efecto y me hace gracia, está semiconsciente y no distingue la magia de la realidad. Siento que he de permanecer atento y cuidarla, como aventurero más experimentado en pasar las noches al aire libre y más familiarizado con estados alterados de conciencia, pero enseguida me doy cuenta de que no hay nada de lo que preocuparse, ella es un alma libre, limpia, inocente y en paz, con alas y raíces, y dejo las cosas fluir... Confía plenamente en mí y los dos estamos tranquilos y a gusto. Echamos una manta sobre el suelo mientras el cielo se va llenando de estrellas y nos tumbamos descalzos a contemplar el firmamento. Millones de puntitos titilan ahí arriba, como una hermosa melodía, me siento afortunado de darme cuenta de que son de colores amarillos, azules, verdes y rojos, no me explico cómo nunca antes me había fijado. La vida no puede entenderse si no se mira con amor, la ciencia acaba en

Dios, pero el hombre blanco no respeta la tierra, lo sagrado ni las tradiciones. Ella está maravillada con la belleza del espectáculo, el tiempo va pasando, puedo sentir la Tierra girar sobre su propio eje y las constelaciones desplazándose en el cielo, cuando una fuerte ráfaga de viento agita el fuego en la hoguera. Me incorporo rápidamente para comprobar que la tienda de campaña sigue clavada al suelo y las llamas no la han alcanzado, cuando María ve un pequeño escorpión a un palmo escaso de nuestros pies descalzos... Nos quedamos atónitos, entonces entiendo que el viento tan sólo ha sido una señal para que nos incorporemos y lo veamos. Nos quedamos observándolo un rato y, al final, con algo de pena y remordimiento, a pesar de que hay una voz que me dice que no le haga daño, lo alzo con un palo y lo tiro al fuego para quedarnos tranquilos y evitar sorpresas desagradables. Al mirar hacia arriba volvemos a quedarnos embelesados con la belleza del firmamento.

> Contempla las estrellas, pero no olvides atar tu caballo al poste.

Al cabo de un rato, no sé cuánto tiempo ha pasado, aparece de nuevo el caballerango y nos dice que ya pronto va a amanecer. Nos miramos María y yo, sorprendidos, con una sonrisa y un gesto de extrañeza, ¿cómo es posible que hayan pasado más de ocho horas? Nos metemos en la tienda para intentar echar una cabezada y cuando el sol ha vuelto a despuntar sobre el horizonte, cruzamos el desierto a lomos de los caballos de regreso a Real de Catorce. De nuevo, tal como me pasó con la ayahuasca en Perú, no vi lagartos, águilas ni venados de colores, tampoco tuve grandes revelaciones, creo que las lecciones que me deja son más sutiles, para pensar, reflexionar y saborear con el tiempo. Sin duda alguna, es una experiencia reconfortante de la que disfruto mucho y me siento muy agradecido con María, con la Tierra y con la vida...

Durante los días en la capital pruebo el pulque, los chapulines, el nopal y las micheladas. Visito el excepcional Museo de Antropología y el Museo Soumaya, en el que me quedo emocionado viendo las esculturas de Rodin. Me llevan a bailar al Guadalajara de Noche, en la plaza de Garibaldi, con sus mariachis, a ver el espectáculo de Las Luchas, y celebramos brindando con tequila en La Chilanguita el que ya es mi tercer cumpleaños en el viaje. Una noche me invita a su casa la familia de Ricardo Salas, periodista a quien tuve el gusto de conocer hace unas semanas con motivo de una entrevista que me hizo, cenamos juntos y tras una agradable velada compartiendo momentos, experiencias de la vida y disfrutando de su compañía, me entregan un sobre con una importante donación. No sé qué decir, me quedo durante un momento sin palabras ante semejante gesto de generosidad, hasta que puedo articular un profundo y sentido «gracias». La vida me lleva en volandas, el tiempo va pasando y los días son tan cortos, siento como si se escurrieran entre los dedos de mis manos, el momento de volver a ponerse en marcha se acerca, apenas me quedan dos meses en mi visado y la distancia por cubrir hasta Cancún es larga. Finalmente, por motivos de seguridad y presupuesto, desecho la opción de caminar a Tijuana, pero, sobre todo, porque empiezo a sentir que el final del viaje se acerca. Con las paradas que he ido haciendo en Lima, San Salvador, DF y otros puntos de América, estoy tardando lo mismo en recorrer este continente que los tres anteriores. El 2 de octubre de 2015, tras cincuenta y siete increíbles días en la capital, me despido de mis queridos amigos, de Francisco y su casa en la colonia Observatorio, y vuelvo al camino.

* * *

Durante las siguientes jornadas cruzo el Parque Nacional Cañón del Río Blanco, los paisajes son bonitos, y me adentro en el estado de Veracruz, una zona caliente en términos de seguridad. En México hay varios cárteles y organizaciones, como la Familia Michoacana, el cártel de Sinaloa, los Zetas, los Templarios... asentados en varios estados, pero en Veracruz —según tengo entendido— no hay uno firmemente consolidado, están en pugna entre ellos, por lo que la situación es todavía más inestable. A partir de

Córdoba hay doscientos kilómetros solitarios sin apenas poblaciones, he de encontrar un lugar seguro para pernoctar antes de que anochezca y espero no tener problemas con el tema de los atracos y los secuestros. Voy preguntando en casas-restaurante que hay junto a la carretera si me dejan un lugar para acampar, pero en ocasiones obtengo negativas y he de seguir buscando; me fastidia que tras todo el día caminando, cuando pregunto por un simple espacio para poner la tienda me digan que no. Me cuenta el chico de un restaurante los atracos y asaltos con armas que se producen en esta carretera, que si pones la tienda en mitad de ningún sitio para dormir es muy probable que no amanezcas y que hay un grupo armado subvencionado por el Estado que se toma la justicia por su cuenta y que al que sorprenden a partir de las once de la noche en la calle sin una explicación, lo ejecutan. Así están las cosas. Cuando ya es de noche, casi *in extremis* y con la tensión en el cuerpo, alcanzo una gasolinera Pemex, me acerco al guarda de seguridad armado con un fusil de asalto y le pregunto si puedo acampar, que si hace falta le doy dinero, y me responde: «¿Ah sí?, ¿cuánto vale tu vida?». Monto la tienda en un trozo de césped, a pesar de que el ambiente no me inspira ninguna confianza, pero, dentro de lo que cabe, creo que es el lugar más seguro, o el menos inseguro...

> Da igual si estás sucio o cansado, si tienes hambre o tienes frío, lo importante es que estás vivo.

Me levanto a las seis y media tras una noche regular, desayuno unos huevos revueltos con jamón y frijoles y me pongo en camino; el destino de hoy es Cosamaloapan, a sesenta kilómetros, y no me puedo permitir quedarme a mitad de camino. No paro ni a comer, el paisaje es bonito, ríos y humedales con garzas y nenúfares, se me hace de noche cuando todavía estoy a varios kilómetros. Cuando por fin llego, cojo una habitación y me acuesto triste, tumbado boca arriba, mirando el techo, después de los días tan buenos en la capital otra vez sintiendo la angustia de avanzar por territorios peligrosos, saliendo a caminar sin ganas cada mañana.

Pero la tristeza y la melancolía son un sentimiento que no puedo permitirme, no puedo permitirme malgastar ni un ápice de energía en algo que no sea estrictamente el viaje, cada día he de salir a darlo todo y dejarme la piel en el camino. Al día siguiente camino cuarenta kilómetros hasta el cruce de la Isla. Hay una gasolinera con grandes explanadas de hierba, pero no me permiten acampar, lo hago junto a la humilde cabaña de unos vendedores de piñas que hay justo en frente. La mañana siguiente me pongo en camino cuando todavía es de noche, con el frontal en la cabeza. El paisaje es verde, húmedo y caluroso, y grandes lagartos se escabullen entre la vegetación a mi paso. Cuando llego a Acayucan, tras una etapa de setenta y cinco kilómetros por tramos solitarios de carretera, es de noche y llevo una buena paliza en el cuerpo, pero no estoy tan fatigado como cabría esperar; una vez rebasada una línea entro en una especie de trance y asalvajamiento que parecen hacerme inmune al cansancio. La última noche en el estado de Veracruz la paso en otra gasolinera cerca del cruce de Teapa, cuando le pregunto al encargado si es un lugar seguro y tranquilo, me responde con humor: «No tengas miedo, además, de algo hay que morir». Al día siguiente cruzo la frontera entre los estados de Veracruz y Tabasco, y tiene lugar uno de los episodios más intensos y peligrosos de mi aventura, de esos que le pondrían la piel de gallina a cualquiera y hacen que me plantee qué sentido tiene continuar el viaje.

Camino raudo y en dirección contraria por el arcén de la autopista 180D, una carretera larga y solitaria a través de campos y cultivos de maíz. Cuando llevas casi tres años dando la vuelta al mundo a pie, por lo general, por zonas muy rurales y nada turísticas, comienzas a desarrollar un olfato y un instinto que te avisan de qué zonas son peligrosas, dónde estar alerta y extremar las precauciones, y ésta es una de ellas. Kilómetros y kilómetros de carretera inhóspita y solitaria sin restaurantes, poblaciones, casetas de cobro, gasolineras... Es media tarde y llevo un par de horas estudiando la situación, imaginando cómo reaccionar en caso de que me asalten. No puedo pasar a los carriles del otro sentido porque hay una gran zanja separándolos, imposible de franquear con el carrito, campos y humedales por el otro lado. De repente, a lo lejos y de frente, por mi mismo arcén, veo a tres personas. Al principio no sé si se acercan o si los estoy alcanzando por la espalda, pero pasados unos instantes me puedo cerciorar no sólo que de que se acercan, sino de que son tres tipos jóvenes con machetes y uno de ellos sin camiseta, pequeños detalles que le hacen a uno sospechar. Inmediatamente, me quito las gafas de sol y las guardo en el bolsillo en un gesto que no pueden percibir, pues son muy llamativas y delatan mi condición de extranjero. Acto seguido me abro ligeramente hacia el interior de la carretera para no quedar encerrado y tener el espacio de los carriles para reaccionar en caso de necesitarlo, caminando sobre la línea blanca del arcén, mientras avanzo con paso veloz y decidido hacia ellos, contemplando la posibilidad de que tan sólo sean campesinos que vuelven a casa tras una jornada de trabajo en el campo. Sin embargo, cuando apenas nos separan veinte metros, se abren ocupando todo el arcén y uno de ellos comienza a mirar repetidamente hacia atrás para comprobar que no viene ningún automóvil, lo que hace que se confirmen mis sospechas, mi corazón se acelere, mis piernas se tensen y se preparen para lo peor, un asalto inminente. Lejos de achantarme o darme la vuelta, aprieto el ritmo, y, cuando estamos apenas a cuatro metros, el que ha estado mirando hacia atrás y camina por el lado interior de la calzada, apuntándome con el machete, me dice: «Para ahí, cabrón, ¿qué llevas en el carro?». No lo pienso ni un instante, en apenas una fracción de segundo, sin responderle y aprovechando la inercia del carrito, me apoyo en el manillar haciéndolo girar sobre las dos ruedas traseras hacia el interior de la carretera y, como no viene ningún vehículo, echo a correr empujándolo con todas mis fuerzas, rebasándolos a la distancia suficiente como para que no me alcancen de un machetazo. Esta veloz reacción que no esperaban es lo que me da la ventaja necesaria para salvar la situación, mientras los asaltantes tratan de entender lo que ocurre. El estado físico y mental en que te sitúas, ese instinto salvaje que se despierta cuando llevas tanto tiempo caminando alrededor del mundo al borde de la supervivencia, es lo que marca la diferencia y hace que en apenas una fracción de segundo puedas tomar la decisión correcta, tener la reacción adecuada, solventar con éxito situaciones extremas y salvar la vida. Salen corriendo detrás de mí, puedo oír cómo uno me grita: «¡No corras, que te vamos a seguir!». Miro hacia atrás y veo cómo uno me sigue a escasos metros con el machete en la mano por en medio de la carretera y otro por el arcén, el tercero debe de haberse quedado atrás. Pienso en aprovechar la pequeña distancia que les llevo para, en un gesto rápido, sacar mi riñonera roja (ésa en la que llevo la documentación y el dinero) y soltar el carrito, pero no estoy dispuesto a desprenderme de él hasta que no quede más remedio. Es ya mucho tiempo viajando con *Jimmy*, llevo todo mi viaje guardado en el ordenador portátil y, sobre todo, no me da la gana darle mis cosas a esa chusma. Sin embargo, también sé que no hay ordenador ni dinero que valga una vida y, si tengo que deshacerme de mi material, lo haré. Pasa algún coche y un autobús sin la más mínima intención de parar, mientras sigo corriendo empujando el carrito por el otro lado de la carretera pegado a la zanja. Miro hacia atrás un instante y veo que ya sólo me sigue uno blandiendo el machete en el aire, realizando su último esfuerzo —escalofriante imagen—, hasta que ése también se cansa y deja de seguirme. Yo sigo corriendo, mirando hacia atrás, comprobando cómo se alejan, con verdadera tensión por lo que acaba de pasar. Me siento como la liebre que quiebra milagrosamente a los galgos, como la gacela que huye de los leones, en una situación límite y salvaje; sin embargo, sé que todavía no acabo de librar el peligro. Sigo a pie y solo en medio de ninguna parte, en una carretera larga y solitaria en la que continúo sin tener ningún refugio, un restaurante, un pueblito donde protegerme. Alzo las manos a los pocos coches que pasan pidiéndoles auxilio, pero no se detiene ninguno. Temo que los asaltantes llamen por teléfono o se encuentren con algún amigo, vuelvan a darme caza en una o dos motos y me cierren el paso, ahí entonces ya no tendré escapatoria. Alterno tramos corriendo y caminando sin saber qué hay más adelante, dosificando las fuerzas para que si vuelven a sorprenderme no esté completamente exhausto, mientras pienso en la idea de esconderme entre los arbustos hasta el día siguiente, pero lo descarto porque, si ya es inseguro de día, no quiero imaginarme de noche. Sin duda, es un mal día para morir. Llamo cuatro veces al 074, teléfono de emergencia en carretera, pero no me responde nadie; llamo al teléfono de emergencia consular, pero tampoco me atienden, me parece increíble. Un día estás rodeado de gente, atendido por medios de comunicación, dando charlas en universidades, durmiendo en hoteles y, cuando realmente lo necesitas, no hay nadie, estás solo. Llego a plantearme terminar el viaje, qué sentido tiene seguir jugándome la vida cuando sabes que no hay nada mejor ni más importante que estar cerca de los tuyos disfrutando de la paz y la tranquilidad, saboreando los pequeños detalles de la vida cotidiana, un buen vino, una película, el calor del fuego, un paso por la montaña. Me detengo un instante rápido y con el pulso tembloroso a meter las gafas y el agua en el carro y colgarme alrededor de la cintura una bolsita con la documentación y el dinero en caso de que vuelvan y tenga que salir corriendo, desprendiéndome de todo. Llevaba ya cincuenta kilómetros recorridos cuando aparecieron, y fácilmente he alcanzado otros cinco después. Vuelvo a llamar al 074 por quinta vez cuando, a los treinta segundos de dar tono la llamada, por fin responde la voz de una mujer. Apenas hemos hablado diez segundos cuando el saldo de mi móvil se termina. ¡No me lo puedo creer!, me parece estar en medio de una película, no he tenido tiempo ni de explicarle mi posición, cómo cojones puede ser que un teléfono de emergencia no sea gratuito. Sigo avanzando veloz, sudando, sin apenas agua, mirando hacia atrás, maldiciendo que haya gentuza así sobre la faz de la tierra, cuando a lo lejos, por fin, puedo distinguir a un grupo de operarios trabajando en unas obras de la carretera. Me acerco hasta ellos, pregunto por el encargado y le expongo mi situación. Me siento terriblemente aliviado, me dan agua y me dicen que apenas unos metros más adelante hay unas casetas de cobro y una gasolinera, mientras me cuentan cómo hace unos días asaltaban también en esa misma zona al topógrafo, robándole el dinero que llevaba encima, o cómo cortan la carretera con troncos y piedras y asaltan a los coches.

Tras este suceso, la sensación que llevaba tiempo rondando en mi cabeza de que el viaje va tocando a su fin se convierte en una certeza. Un viaje vital, una aventura así, comienza cuando sientes que es inevitable, una llamada de la vida, la única opción posible y, del mismo modo, acaba cuando sabes en tu interior que ya es hora de terminar. Este intento de asalto con los machetes ha sido la gota que colma el vaso, ya no tiene sentido seguir jugándome la vida. Podría argumentar que no tengo dinero ni patrocinadores para continuar, y ser cierto, pero esta expedición es una demostración de que cuando quieres algo luchas por ello sin excusas y si le pongo fin es, sencillamente, porque así lo siento. Que no recorra África, que sean cuatro o cinco continentes los que he atravesado es secundario; mi sueño, mi objetivo, mi reto, era dar la vuelta al mundo caminando y me encuentro a punto de conseguirlo, lleno y satisfecho. Decido caminar los novecientos kilómetros que distan a Cancún y allí tomar una decisión cuando llegue. Mucha gente me pregunta de dónde saco la fuerza para seguir luchando y no abandonar. En primer lugar, de estar haciendo lo que me gusta, es mi sueño y mi elección, tengo un compromiso conmigo mismo. En segundo lugar, saber que lo que estoy haciendo sirve para algo, es decir, tiene una trascendencia, tanto el mensaje medioambiental por el que camino como el motivacional, mostrar que no hay nada imposible, que las cosas pueden ser de muchas maneras diferentes y la vida es un regalo que tenemos que aprovechar. En tercer lugar, la energía que recibo de la gente, el apoyo de familiares y amigos, y el ejemplo de miles de héroes anónimos y gente luchadora que hay en el mundo.

Durante las siguientes y tensas jornadas por peligrosos tramos de carretera donde afortunadamente no tengo más percances, alcanzo Villahermosa. Prosigo por la costa con tensión y el sentido de alerta activado hasta Campeche, donde recibo la visita de María coincidiendo con la celebración del Día de Muertos. Lo que más me impacta —nunca había visto nada igual en el mundo—, es la limpieza de huesos en el cementerio de Pomuch, una práctica regida por la ley de usos y costumbres de la cultura indígena, según la cual, cada año por estas fechas, desentierran a sus muertos y les limpian los huesos, les preparan telas limpias bordadas con flores y los vuelven a guardar en sus osarios hasta el año que viene en señal de cuidado, respeto y veneración a sus ancestros. No se queda uno indiferente cuando ve a un hombre cepillando la calavera y los huesitos de su madre, ante un contacto tan directo y natural con la muerte; me imagino las conversaciones y los pensamientos que tendrá en el silencio de la intimidad, eso sí es aceptar la muerte como parte de la vida. A partir de aquí, mi itinerario por México va tocando a su fin, apenas me quedan unos cientos de kilómetros, termino de recorrer el estado de Campeche y me adentro en el de Yucatán. Visito la increíble zona arqueológica de Chichén Itzá, me baño en el cenote Zaci de Valladolid y el 14 de noviembre, un día después del atentado en París, llego a Cancún, en el estado de Quintana Roo.

Me sorprende lo grande que es Cancún y que no pare de llover; tenía una imagen más paradisíaca de este lugar. Aquí se presenta la posibilidad de volar sobre el Atlántico, regresar ya a la vieja Europa y finalizar mi periplo alrededor del mundo, sin embargo, voy a intentar recorrer Estados Unidos, alcanzar Nueva York y culminar mi travesía por este continente de la manera más redonda posible. Durante estos días tramito el visado electrónico, actualizo las redes sociales, pongo a punto mi material y preparo el equipaje. Tras seis meses en México, el país en el que más tiempo he estado en todo mi viaje y que tantas cosas me ha dado, miles de experiencias, lugares y personas que me llevo en el corazón, me despido de él como reza la hermosa canción de Juan Gabriel: «Así fue...».

Estados Unidos

El 24 de noviembre de 2015 aterrizo en el aeropuerto de Miami dispuesto a afrontar la travesía por el que ya es mi país número treinta, y el último en mi recorrido por América, Estados Unidos, por la Costa Este hasta Nueva York. Era una incertidumbre si iba a poder llegar hasta aquí; sin embargo, gracias a las donaciones recibidas tengo algunos fondos para los primeros cientos de kilómetros. Después, tal como llevo haciendo todo el viaje, veré cómo resuelvo el resto de la travesía... «Simplemente camina y las cosas irán apareciendo según las necesites...» Este país es más caro que los anteriores y en unas semanas comenzará el crudo invierno, más aún conforme vaya avanzando hacia el norte: lluvia, nieve y temperaturas que rondarán con frecuencia los diez grados bajo cero auguran un final épico. En mi mente resuenan con respeto las grandes tormentas y nevadas que suelen azotar cada invierno el área de Nueva York. Tenía ganas de llegar a este país, en primer lugar porque me vuelvo a encontrar por encima del trópico de Cáncer, es decir, salgo de la zona intertropical húmeda y calurosa, y en segundo lugar, porque dejo atrás esa región del planeta tan peligrosa por la que llevo caminando los últimos meses. Afortunadamente, en Miami hay un elevado número de hispanohablantes procedentes en su mayoría del Caribe y América Latina, lo cual amortigua el contraste de los primeros momentos, sin embargo, tengo noventa días en mi visado para alcanzar Nueva York, por lo que no me puedo detener mucho en los sitios.

Los dos primeros días los paso en casa de Elena y Mikel, en Coral Gables, amigos de mi ya querida Eliana, que lleva dándome cobertura desde Perú y vive en Denver. El cuarto jueves de noviembre, se celebra el Día de Acción de Gracias. Es una suerte estar aquí en estas fechas, una bonita e inesperada coincidencia más en el viaje, como si la vida fuera poniendo las celebraciones a mi paso. Lo festejo por la mañana en familia con Mikel y Elena, y por la tarde con Cynthia, Cindy y un grupo de amigos latinos. El resto de los días que me quedo en Miami lo hago en casa de Cindy. Es mi primera vez en Estados Unidos, sin embargo, voy contemplando y descubriendo todas esas cosas de las que había oído hablar o visto en las películas. Paseo por la Pequeña Habana, el colorido barrio de Wynwood, camino por Ocean Drive, donde veo mansiones, hoteles, restaurantes, cócteles tropicales, cuerpos esculturales que juegan al voleibol en la playa o patinan por el paseo marítimo, coches deportivos..., un mundo de lujo y ostentación, pero que también forma parte del universo humano. De Miami a Nueva York distan aproximadamente mil cuatrocientas millas, voy a subir por la costa, que resulta algo más corto. Si bien es cierto que el final se aproxima, todavía me quedan muchos kilómetros por delante llenos de experiencias y dificultades, y mi mente sigue inmersa en la aventura, en absoluto se relaja ni se confía, sabedor de que sigo teniendo que darlo todo cada día y que cada paso cuenta. Me desprendo del que ya es mi décimo par de zapatillas y que traía desde España, y el 2 de diciembre, tras una semana en Miami, me pongo en camino.

Al principio, la ruta es relativamente fácil, no tengo más que seguir la línea de la playa, a veces por el paseo marítimo, otras por la carretera de la costa, la US1 y la A1A. A pesar de que el tiempo empeora y me toca otra vez progresar bajo la lluvia, el estado de Florida es cómodo para caminar. Lejanas quedan ya aquellas carreteras criminales de Bangladés o el tráfico caótico de la India. Hay una curiosa mezcla, voy atravesando zonas de mansiones, yates y coches de lujo que se alternan con áreas marginales, de *homeless* y borrachos. Mi sentido de alerta enseguida se activa en esos barrios, desde que atravesé El Salvador cada vez que escucho un ruido a mi espalda, un crujido, el leve chasquido de una rama, me vuelvo automáticamente, no me gustan las calles desiertas ni las zonas estrechas. Me llama la atención que prácticamente nadie camina, la gente va en coche a todas partes, los negocios están adaptados para poder consumir sin bajarse del automóvil, los llamados *drivethru* en el McDonald's, en los cajeros de los bancos, en las farmacias, y hay un exceso de población con sobrepeso. Muchas poblaciones están hechas de tal manera que hay que ir en coche a todos sitios porque todo queda lejos, no son ciudades cálidas y acogedoras, sino barrios residenciales dispuestos en cuadrícula y centros comerciales en que abastecerse. Me fijo en los que en las gasolineras venden dónuts y perritos calientes, raciones enormes y la cultura del usar y tirar está firmemente instaurada, envoltorios, cajas, platos, vasos y cubiertos de plástico que se van a la basura tras un solo uso. El concepto de vivir a lo grande, un coche grande y una barriga grande, derrochar como símbolo de poder y calidad de vida, el consumismo desatado. Un día alcanzo el Jonathan Dickinson State Park, donde se puede acampar. Me cobran treinta dólares por una ducha y un espacio donde poner la tienda; me siento pequeño cuando entro al parque empujando mi carrito y veo a mi alrededor las *motorhomes* en las que viaja la gente, auténticos autobuses. Algunos oyentes de Radio Mojarra que viven en Estados Unidos, emisora para la que hice una entrevista en DF, comienzan a ofrecerme también su ayuda por estas latitudes: alojamiento, comida, un par de botas nuevas con las que afrontar los kilómetros de travesía invernal que tengo por delante, incluso me acompañan algunos tramos caminando. Cuando alcanzo las poblaciones de Cocoa y Titusville salen a recibirme los radioescuchas de Orlando y pasamos un día estupendo en esa ciudad comiendo y brindando con tequila. Preparan una comida en el restaurante Los Girasoles de Luz y organizan una colecta para mi viaje con la que recaudan más de mil dólares y por la que les estoy muy agradecido. Prosigo rumbo al norte, rebaso Jacksonville y el 19 de diciembre paso mi última noche en Florida, en un camping de Yulee, muy cerca de la frontera con el estado de Georgia. Tumbado en mi tienda de campaña tras una larga jornada, rodeado de caravanas y alguna bandera confederada ondeando en el aire, me sabe a conquista haber recorrido mi primer estado, ver cómo poco a poco voy avanzando kilómetros y doblegando este país. Y hay algo aquí que me es familiar y me recuerda a Australia, más allá del idioma, la cultura o una historia reciente, y probablemente sea el espíritu de aventura que se respira en el aire.

* * *

Una de las cosas que más llama mi atención es la gran cantidad de iglesias que me voy encontrando por el camino. El ser humano necesita creer, alimento para el espíritu, algo que reconforte su alma, le dé un sentido a la vida y una explicación a por qué estamos aquí. Entonces proliferan los pastores, las sectas y una iglesia en cada manzana. A lo largo de mi vida he viajado a muchos países, he conocido infinidad de personas que profesan filosofías, ideologías, culturas y religiones muy diferentes, pero todos tenemos algo en común, todos necesitamos creer en algo, encontrar una razón para vivir, un motivo por el que luchar. Porque ¿cuál es el sentido de la vida, su significado más profundo? ¿Tener un cuerpo bonito, un coche y una casa grandes, éxito en nuestras carreras, subir las montañas más altas de la tierra, buscar la belleza, alcanzar la iluminación, tener una familia, disfrutar de los pequeños detalles, cuidar el mundo en el que vivimos, hacer felices a los demás, servir a la gloria de Dios? Me atrevería a decir que la vida tiene tantos sentidos como personas habitamos el planeta... En Occidente, el Primer Mundo, vivimos tiempos en los que hay cierta falta de consistencia, también de voluntad, como si hubiésemos perdido el norte, unos valores que nos guíen y le den una explicación a por qué estamos aquí y hacemos lo que hacemos. Como si ya no bastara con el milagro de vivir para estar contentos, hemos hecho del dinero y del materialismo la luz que guía nuestros pasos, pero no calman la sed de nuestro espíritu. Hay que reconducir la situación, encontrar un nuevo camino, una luz, una guía, unas pautas, referentes, algo en lo que creer...

Nos dicen que hay que comprar, consumir, rodearse de cosas, pero cuando lo hacemos seguimos insatisfechos, cuando no podemos nos genera frustración. Hemos elegido el sedentarismo, la comodidad de un sofá entre cuatro paredes y la falsa seguridad de un trabajo frente a la brisa del océano, el viento frío que corta nuestra cara en el gélido invierno, los bosques nevados, las hogueras y las noches bajo el inmenso cielo estrellado. Hemos renunciado a la vida libre y salvaje, nos hemos alejado de la naturaleza, condenados a vivir amontonados en ciudades de humo, asfalto y metal, sin ni siquiera haber abandonado la lucha por la supervivencia. Nos han conducido como a un rebaño, como a un burro tras la zanahoria del progreso, y lo peor de todo es que somos cómplices del engaño. Pero en la naturaleza y los misterios de una vida sencilla está todo lo que necesitamos... Las mentes poderosas no son las que ejercen el control, sino aquellas que, libres e independientes, escapan de él. Después de dar una vuelta al mundo caminando adquieres cierto bagaje, unos ojos que han visto muchas cosas y una mente abierta a la que todo discurso, que obedece a una época y circunstancias concretas y fuera de las cuales carece de sentido, le queda ya pequeño. Te transformas en una persona libre que a fin de cuentas, si cree en algo, es en sí misma.

Cuando alcanzo Brunswick, el 21 de diciembre, hago un alto en el camino para celebrar la Navidad. Viajo a Denver, Colorado, invitado por Eliana y su familia, con quienes tengo el placer de celebrar las que son mis terceras y últimas Navidades en el viaje. Cuando llego nos damos un abrazo, después de tantos meses hablando por teléfono, no sabía yo que Colorado fuera un lugar tan bonito e interesante: nieve, frío, naturaleza, deporte, aventura, una mentalidad abierta, buena calidad de vida, mi primer sentimiento es que podría vivir aquí tranquilamente. Visitamos Boulder, las montañas y rocas rojizas de Colorado Springs, pasamos un día estupendo en la estación de esquí de Vail, realizo alguna entrevista para la televisión... Los días van pasando, me tratan tan bien que me da una pereza increíble marcharme, pero así es mi viaje y así es la vida, he de continuar mi camino como ave de paso, disfrutando cada momento como un regalo, sin retener y dejando fluir las cosas con libertad. No puedo evitar sentirme en deuda con todas aquellas personas que a lo largo de mi aventura y a lo ancho de todo el planeta me han tendido una mano, dándome una lección de generosidad y recordándome que el ser humano merece la pena. Más allá de las experiencias vividas, los paisajes recorridos, los retos físicos superados o la satisfacción de cumplir un sueño, las personas son el mayor tesoro de mi viaje. A veces tenemos una imagen distorsionada por los medios de comunicación, todo son malas noticias, guerras, asesinatos, robos..., pero yo he cruzado el mundo caminando con mis pies, lo he visto con mis ojos y puedo asegurar que la violencia no es norma, no es lo habitual, la inmensa mayoría de la humanidad es buena, doy fe, yo soy la prueba viva de ello, sino, no habría podido recorrer ni un kilómetro. Recibes una verdadera lección de humildad cuando en países pobres donde tienen muy poco lo comparten todo contigo, lo cual te lleva inexorablemente a apreciar lo que tienes. En Occidente quejarse es deporte nacional, pero yo llevo tres años viviendo con lo que cabe en un carrito, lavando mi ropa a mano, durmiendo en una tienda de campaña y duchándome con agua fría, si la hay. Cuando regresas de nuevo al Primer Mundo aprecias todo mucho más, abrir un grifo y que salga agua, apretar un botón y que se encienda la luz, una cama, un plato de comida caliente... En vez de quedarnos de brazos cruzados esperando a que nos den las cosas hechas, debemos apreciar lo que tenemos y trabajar para mejorarlo.

Tras este parón navideño, el 2 de enero regreso a la población en la que interrumpí la marcha, Brunswick, y prosigo la caminata.

* * *

A partir de aquí me adentro en el estado de Carolina del Sur. Lo que más me preocupa es el frío y la delincuencia, las *gangs* de latinos y negros que controlan la droga, las armas y la prostitución en pequeñas poblaciones y algunos barrios periféricos que he de cruzar, sobre todo en el estado de Nueva Jersey. Echo de menos la seguridad de Europa, poder salir a pasear tranquilamente por donde quiera y a la hora que quiera, me acuerdo de lugares como El Retiro, La Pedriza o el Rastro de Madrid. Camino entre pantanos, plantaciones de algodón y zonas rurales poco habitadas, abandono la idea de ir por la costa y me adentro ligeramente por el interior, que es más seguro. Me llama la atención la gran cantidad de hindúes que hay regentando pequeños negocios, gasolineras y moteles de carretera de baja categoría y poco higiénicos, pero muy socorridos cuando en ocasiones se hace de noche y no encuentro dónde acampar. Voy cayendo en rincones perdidos del mundo, pequeños pueblos olvidados de la mano de Dios en mitad de ninguna parte, y una mañana se detiene a mi lado un coche de policía. Tienen fama de racistas en estos estados sureños. El agente se baja para pedirme la documentación y le cuento el reto en el que estoy inmerso, como en tantas otras ocasiones. Toma nota en su libreta mientras masca una bola de tabaco, se marcha y a los cinco minutos, tras comprobar en internet que todo lo que le he dicho es cierto, regresa para hacerse una foto conmigo.

Durante las siguientes jornadas continúo recibiendo visitas de personas que vienen a caminar conmigo y ofrecerme su ayuda; sin duda alguna, Estados Unidos es el país en el que más acompañado estoy caminando. Cruzo la frontera con Carolina del Norte y pongo rumbo a Raleigh, donde me espera otra comunidad de radioescuchas. Está siendo un invierno caluroso, con temperaturas anormales para estas fechas hasta que por fin, cuando estoy en Wilson, los medios anuncian la proximidad de una tormenta, la tormenta *Jonás*, que azota la Costa Este de Estados Unidos. Con ráfagas de viento superiores a los cien kilómetros por hora, miles de vuelos cancelados, veintinueve muertos y la que se considera una de las cinco mayores nevadas caídas en Nueva York, las autoridades declaran el estado de emergencia desde Virginia hasta Massachusetts y recomiendan a la gente no salir de sus casas... Un escenario trepidante que estoy deseoso de probar, la gloria es para los valientes, vamos a ver de qué es capaz esa tormenta. El 22 de enero abandono Rocky Mount temprano por la mañana. Si en Estados Unidos ya es raro ver a alguien caminando, hacerlo en mitad de la tormenta empujando un carro a quince grados bajo cero, con el estado de emergencia declarado y más de ochenta millones de personas aisladas resulta muy, pero que muy raro. El viento sopla en mi cara, cae una lluvia gélida que se transforma en hielo al tocar el suelo, pero voy bien abrigado. Algún coche, de los pocos que circulan, se detiene a preguntar si necesito ayuda, les respondo agradecido que no y continúo la marcha disfrutando del frío y la nieve. Una capa de hielo va cubriendo mi chaqueta con el paso de las horas, la cremallera está absolutamente congelada y es imposible deslizarla, el hielo cubre también la lona de mi carro y le cuelgan estalactitas congeladas por los bajos, pero mi cuerpo se mantiene caliente con el ejercicio y mi mente activa y estimulada con el paisaje. Tras una etapa de treinta y dos kilómetros, alcanzo a media tarde y sin problemas la población de Enfield. Es viernes y vienen a buscarme desde Raleigh varios oyentes de la emisora mexicana para pasar con ellos el fin de semana. Disfruto de unos días de relax en buena compañía mientras termina de pasar la tormenta, me llevan a jugar a los bolos, damos un paseo por uno de los lagos en los alrededores de Raleigh, con el paisaje nevado, y celebramos una comida a la que viene mucha gente en el restaurante Los Tres Vaqueros. Tras esta breve parada en la que me tratan como un rey, vuelvo a Enfield y continúo sin más demora la caminata. La tormenta ya ha pasado, apenas quedan unos restos de nieve en los ribazos.

Los últimos días de enero me adentro en el estado de Virginia y llego a Norfolk, junto a la bahía de Chesapeake, un punto militar y de transportes estratégico. Comienzo así la última tirada y la más difícil por el frío y las *gangs*, con cierta urgencia por llegar a Nueva York antes de que expire mi visado y de que caiga la próxima nevada. Para evitar las poblaciones de Washington, Baltimore y Filadelfia, con sus conflictivos barrios periféricos, decido continuar por la costa. Gracias a las donaciones puedo permitirme dormir algunas noches en hoteles que voy encontrando en el camino, un merecido premio al esfuerzo realizado. Un día, entre las poblaciones de Salisbury y Georgetown, en la frontera entre los estados de Maryland y Delaware, el cielo se llena con bandadas de millones de aves que se posan en tierra y ocupan campos enteros. Son grandes, blancas, con las puntas de las alas negras y graznan todas a la vez, organizando un jaleo espectacular; parecen ocas o patos. Nunca había presenciado algo así. Cuando un ruido repentino las asusta, elevan el vuelo, dan varias vueltas durante unos minutos y se vuelven a posar como si fueran un único y gigantesco ser vivo. Camino absorto contemplando el espectáculo, investigando posteriormente descubro que son gansos de las nieves que emigran del Ártico hacia el sur buscando un clima más cálido durante el invierno.

Una mañana, en Cap May, no sé si salir a andar o quedarme descansando, cuando empiezan a caer unos copos de nieve. Sin pensármelo dos veces, agarro el carrito y salgo a caminar, no quiero correr el riesgo de que caiga una gran nevada y quedarme aislado. Avanzo por un estrecho carril bici entre árboles, mientras el paisaje se va cubriendo con un fino tapiz blanco; me gusta el silencio de los bosques nevados en invierno. Pudiera parecer, o tal vez cabría esperar, que cuando alguien consigue culminar la odisea de dar la vuelta al mundo a pie se vuelve una persona más fuerte, firme, dura y segura, sólida, entera, rotunda e infalible, llena de verdades, repleta de experiencias e historias que contar, forjada en mil batallas, la palabra adecuada en el momento oportuno, la conversación sabia y profunda. Pero eso no es más que un estereotipo propio de películas en las que vemos al protagonista volver como un héroe. Dar una vuelta al mundo caminando no te hace más hombre, mejor persona, más valiente ni más simpático, cada día tengo más clara la poca relación que existe entre superar grandes retos, tener fama o éxito, con ser un hombre o una mujer de verdad. Hombre es aquel que cuida y daría su vida por aquellos a los que ama. Sencillamente, te hace una persona más consciente de quién eres, de dónde estás y de qué quieres, de lo valioso que es el tiempo, profundamente agradecido con la vida por haber podido ver lo que has visto, las culturas que pueblan el planeta, los increíbles espectáculos de la naturaleza y vivir para contarlo. No soy más explorador que cualquier niño, más hombre que cualquier padre trabajador ni más valiente que cualquier persona que recorre su camino. Porque no es el reto que consigues, sino en quién te conviertes después de lograrlo. Si tuviera que resumir todo lo que he aprendido en este viaje con dos palabras, esas serían *amor* y *gracias*. El buen viajero viaja ligero y este viaje, al final, ha sido como la lluvia que cae limpiándolo todo. Entonces, veo el primer cartel que indica la distancia a Nueva York.

Recorro las últimas jornadas por Estados Unidos, y las que son también mis últimas etapas en América, por la costa de Nueva Jersey hasta que el 11 de febrero alcanzo con bastante frío el corazón de Nueva York: Manhattan, en la desembocadura del río Hudson. Tengo un cúmulo de sensaciones en el pecho, caminando entre grandes edificios y avenidas con mi chaquetón impermeable amarillo fosforito y empujando mi inseparable carrito azul que tantas aventuras ha vivido, entre el ir y venir de la gente, me siento como un vagabundo llegando a la tierra prometida. Éste es el lugar al que yo quería llegar, tras prácticamente tres años caminando por el mundo, el romántico final que estaba en mi mente, ahora sí me puedo dar por satisfecho. Me siento inmerso en un sueño, camino despacio sintiendo el momento, como tratando de aprehender cada partícula, respirando la atmósfera, haciendo fotos de lugares absurdos que para mí son nuevos, únicos y especiales, cualquier cartel, cualquier edificio, un semáforo, quiero inmortalizar este momento, me cuesta creerlo. Nunca pensé que llegar a una ciudad me provocaría este sentimiento. Hay algo especial en Nueva York, tal vez en mi subconsciente, por las películas, o por saber que aquí prácticamente termina mi viaje. ¡Joder, he llegado hasta Nueva York andando! Me dirijo a la Calle 21, donde vive mi amiga Teresa, en cuya casa me voy a alojar estos días mientras conozco la ciudad y preparo el vuelo a Lisboa, de vuelta ya a la vieja Europa...

Los días siguientes pasan volando. Vienen a despedirse de mí los últimos radioescuchas que tanto me han apoyado a lo largo de mi travesía por Estados Unidos. Dedicamos un día entero a visitar algunos de los lugares más emblemáticos, como la *Estatua de la libertad*, el Madison Square Park, los puentes de Brooklyn y Manhattan sobre el río Este, Chinatown, la Zona Cero, Broadway, Times Square... Me cuesta creer lo que ven mis ojos y, aunque no es mi ecosistema favorito, disfruto cada rincón y cada segundo como si estuviera inmerso en una película. De película es el encuentro que tengo con Eve Isquarm, exploradora que se encuentra estos días en Nueva York promocionando el libro de su última aventura. Quedamos una fría tarde de invierno en una cafetería cerca de Central Park; estoy emocionado de poder conocerla, conversar de aventurero a aventurero y compartir las impresiones, lecciones y reflexiones que dar la vuelta al mundo caminando, pasar tanto tiempo al aire libre inmerso en la naturaleza y expuesto a los peligros, han provocado en mí. Y es reviviendo cada momento, escuchándola, saboreando el auténtico espíritu de la aventura, como empiezo a sentir cierta pena y melancolía porque el viaje se acabe. Con la sensación de estar frente a un alma gemela con la que no hiciera falta hablar ni explicar las cosas porque hemos visto y llegado a los mismos lugares, nuestras conversaciones se alargan durante los días siguientes paseando por Central Park y las calles de Manhattan. Aunque todavía tengo que llegar a Madrid, Nueva York es el término de mi cuarto continente y el final psicológico de mi viaje. Después de tres años peleando todos y cada uno de los días por lograr un objetivo, volcando cada ápice de energía, cada célula de mi cuerpo en conseguir llegar hasta aquí, cuando tengo la meta al alcance de la mano y casi la puedo acariciar, una pregunta asalta inevitablemente mi mente: ¿y ahora, qué?

> ... Y tal vez haya algo de suicida en toda esta aventura, porque no hay nada más valioso que la libertad. Tal vez esté tratando de redimir alguna culpa, de poner el marcador a cero, de ocupar el lugar que me corresponde. Tal vez sólo esté tratando de vivir la vida como el preciado regalo, el valioso milagro que es, abrazando intensamente el aquí y el ahora. Tal vez esté buscando la gloria, aun a sabiendas de que sólo es una pasión menor. O tal vez sea un corazón herido buscando una razón para vivir, apostándolo todo a una carta, la última bala, la única salida... Porque sólo alguien desesperado, sabedor de que el tiempo se escapa, puede realizar actos tan temerarios y amar apasionadamente...

Paso varios días con algo de nostalgia porque no quiero que un viaje tan intenso, único y especial, se acabe. No ha sido un viaje al uso ni un paréntesis en mi vida, ha sido parte de la vida misma, durante tres años he sido caminante, soy caminante. Pero enseguida recompongo las ideas, soy consciente de que he vivido situaciones difíciles de las que no tenía claro si iba a salir y deseaba que llegara este día, mi sueño era llegar hasta aquí y ahora que lo he conseguido sólo cabe estar feliz y satisfecho por haberlo logrado. Preparo el equipaje y el 21 de febrero de 2016, con la mirada puesta en la vuelta a casa, me despido de América y cojo el avión rumbo a Lisboa sobre el océano Atlántico, de regreso a la vieja Europa. Estoy en el avión a punto de despegar y yo no sé si quiero volver, he peleado, he luchado para llegar hasta aquí, pero ahora que está tan cerca siento algo de vértigo, han sido tres años viviendo intensamente cada día... Sobrevuelo Nueva York, miles de lucecitas brillan ahí abajo.

Y yo salí a caminar porque no quería seguir donde estaba, porque necesitaba aire fresco y cosas nuevas, abandonar viejas relaciones viciadas. Prefería poner mi vida en juego de esta manera, como un loco suicida, ávido de vida, que ir desangrándome lentamente y perderla de aquella otra. Nunca supuso dejar mi vida de lado, sino agarrarla más intensamente que nunca, me eché a caminar tras un sueño por un camino largo y solitario buscando la libertad. Salí a caminar porque me di cuenta de que sólo se vive una vez y que si no era ahora, ¿cuándo iba a ser? Me eché a caminar porque sentía la imperiosa necesidad de elevar la voz en estos tiempos de crisis e incertidumbre, de levantar la mano y llamar la atención. Salí a caminar para mostrar la belleza del mundo y el lado hermoso de la gente, para predicar con el ejemplo por amor a la vida, a la humanidad, a la Tierra y a mí mismo. Y un día caí en la cuenta de que me había convertido en vagabundo por amor. Me eché a caminar para aprender y conocer, para ver, experimentar y crear, para sentirme vivo, para decir: «¡Ey!, estoy aquí y tengo algo que decir, tal vez a alguien le sirva de algo». Salí a caminar para descubrirme y reinventarme, para olvidar, perdonar y enamorarme, para limpiarme, y darme cuenta de que al final y después de todo, tras tanto reto deportivo atravesando desiertos y montañas, pasando penurias, cruzando miles de kilómetros a través de países y culturas diferentes, sigo siendo un humano repleto de errores, dudas y defectos, que no he alcanzado la iluminación y que, aparte de seguir vivo (que no es poco), no se ha obrado ningún milagro en mí. Me eché a caminar para darle rienda suelta al espíritu nómada y aventurero que hay en mi interior, para ser dueño de mi tiempo y vivir sin prisas, saborear cada momento y llegar a los sitios por mi propio pie. Para encontrarme a solas con la inspiración y esta atávica criatura que es la escritura, acercarme al instinto y vivir a flor de piel por la senda del escritor. Salí a caminar para alejarme de tanto ruido y oírme pensar, para ir quitándole capas a la cebolla del pensamiento y encontrar en la supervivencia algunas verdades perdidas entre el exceso, el derroche y la ostentación. Para ordenar las piezas en mi cabeza, escuchar mi pasado, encontrar la paz y reencontrarme con Dios.

Epílogo

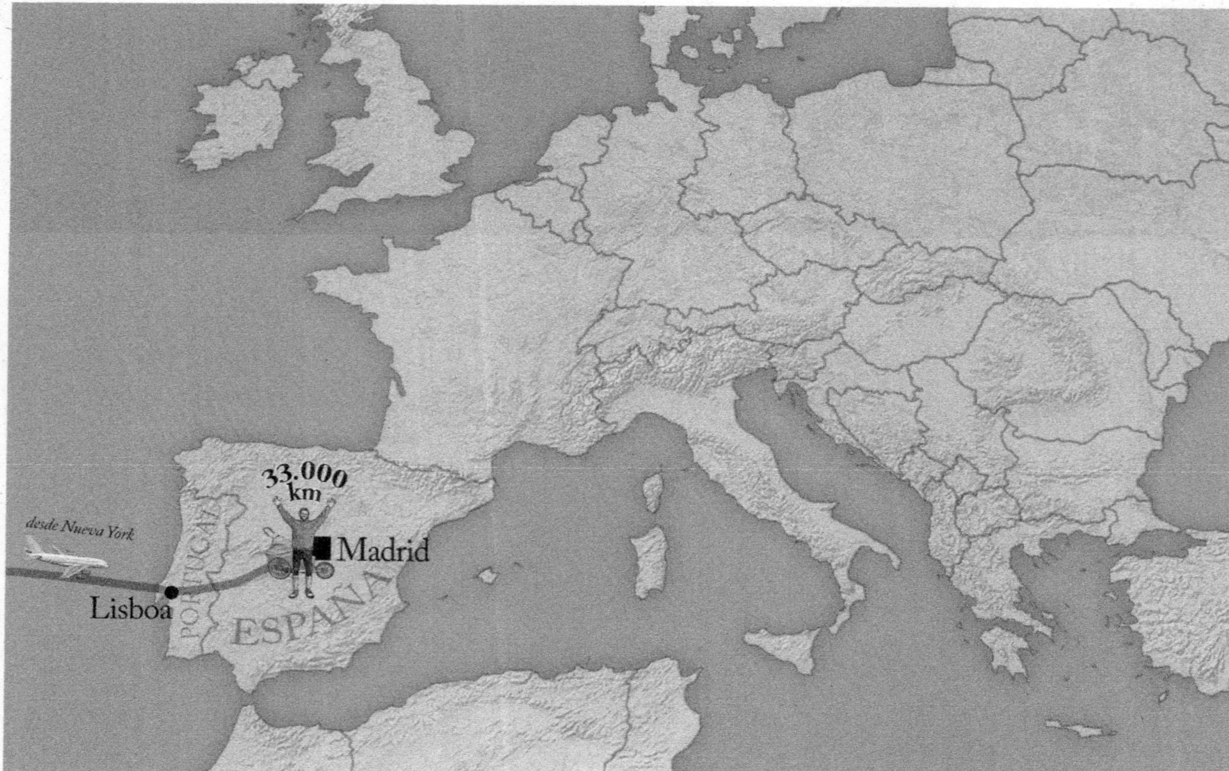
33.000 km
desde Nueva York
Madrid
Lisboa
PORTUGAL
ESPAÑA

Capítulo 10

La vuelta a casa

Portugal

> Sólo aquel que aprende a vivir sin ataduras, que no espera nada y acepta las cosas tal como son, sin juzgar ni tratar de retenerlas, puede ser libre y viajar como un auténtico vagabundo, sin más preocupación que sus necesidades más básicas, sin más compañía que los elementos. Y sólo así, vaciado y desprendido de todo, se sentirá uno realmente lleno, en comunión con el universo y en sincronía con aquello que acontece a su alrededor. Un retorno a la sencillez, simplemente camina y las cosas irán ocurriendo según las necesites, como si hubiera un plan maestro, como si ya estuviera todo escrito esperándote ahí desde siempre...

Aterrizo en Lisboa la soleada mañana del 22 de febrero de 2016. Ha venido a buscarme al aeropuerto Juan, un chico zaragozano que estudia en esta ciudad; se puso en contacto conmigo cuando me encontraba en Nueva York y me acoge en su casa el tiempo que me quede por aquí. Una vez más, siempre hay alguien dispuesto a echarte una mano. No conozco Lisboa, así que durante los días siguientes salimos a pasear y a conocer la capital del país. Envueltos en la suave luz del Atlántico y la paz que se respira en las verdes y tranquilas tierras de Portugal, visitamos la bella plaza del Comercio en la que se erige la *Estatua ecuestre de José I* y desde la que diviso mi primer atardecer en Europa después de mucho tiempo viendo el sol ponerse tras el puente Veinticinco de Abril, los llamativos tranvías blancos y amarillos que suben por las callejuelas del centro histórico, el castillo de San Jorge, la torre de Belém... Caminamos por lindas avenidas llenas de vida, degustamos delicias de la gastronomía local, como el bacalao o los *pastéis* de nata, y voy lenta y silenciosamente asumiendo en mi interior que estoy en los últimos compases del viaje. Durante estos días planifico la ruta que voy a seguir, calculando llegar de nuevo al kilómetro 0 en la Puerta del Sol de Madrid, justo cuando se cumplen tres años de viaje: el 20 de marzo que, además y como si ya estuviera escrito, cae en domingo. Resulta llamativo que terminara de recorrer Europa un 21 de julio de 2013; Asia la finalizara el 21 de abril de 2014; Oceanía, el 21 de julio de 2014, y América, el 21 de febrero de 2016, teniendo en cuenta lo difícil que es cuadrar fechas cuando se recorren a pie distancias de miles de kilómetros y son infinidad las dificultades que tiene uno que salvar. Así pues, tengo un mes para recorrer los seiscientos kilómetros que me separan del final, por lo que voy a escoger el camino más tranquilo y bonito posible por el interior de Portugal, posteriormente Extremadura y la sierra de Gredos. Caminará conmigo Rubén, un viejo amigo mío asturiano que, al enterarse de que estoy de vuelta a la Península, no ha dudado ni un instante en echarse la mochila al hombro y venir a darme la bienvenida.

La primera jornada la hago acompañado por varios amigos, vamos conversando, parando de vez en cuando a comer y disfrutando de una caminata de cincuenta kilómetros en la que alcanzamos Setúbal. Nos ha llovido durante varias horas, puedo comprobar una vez más el fondo que he adquirido a lo largo de todos estos años y el contraste cuando, mientras para mí ha sido una suave etapa, mis amigos han acabado destrozados y vuelven a Lisboa en autobús sin poder dar un paso más. Portugal es un buen país para retornar a Europa y encajar el hecho de que el viaje se acaba, es sencillo, bonito, tranquilo, seguro, acogedor y se come muy bien. Después de todo lo vivido, caminar por aquí es como dar un paseo, sin preocupaciones, un verdadero placer. Durante las siguientes jornadas Rubén y yo vamos atravesando poblaciones, compartiendo experiencias, poniéndonos al día después de tanto tiempo y acampando con nuestras tiendas al aire libre junto a un buen fuego. Más allá de lo meramente racional, percibo en la atmósfera estímulos que me son familiares y me hacen sentir que ya estoy en casa, como la luz suave y cálida que me envuelve durante el día, el olor a miel y jara que inunda el aire, las encinas, los alcornoques, los jabalíes y los paisajes que contemplo. Por las noches, acampado frente a la hoguera entre los árboles bajo el cielo estrellado me siento muy afortunado.

* * *

Una característica curiosa de mi viaje es que voy a conseguir completarlo con la mayor parte del material con que lo empecé, la misma tienda de campaña, el mismo saco de dormir, la misma esterilla hinchable, el mismo ordenador portátil que ha sorteado asaltadores, tormentas y temperaturas de cincuenta grados, la misma cartera, el mismo pasaporte, ¡hasta la misma tarjeta del banco, con la que he ido sacando dinero en los cajeros de treinta y un países, algunos de ellos de lo más deplorables, rezando por que no se la tragara! Y por supuesto, el mismo carro, *Jimmy, Águila Libre*. Cuando tienes poco presupuesto no queda más remedio que cuidar tu material, una demostración de que se puede vivir y ser feliz con muy poco, y una crítica a una sociedad consumista y materialista en la que, cuando algo se estropea o nos cansamos de ello, lo tiramos y compramos uno nuevo. Aunque tenga pocas ganas de volver a la rutina y a una vida sedentaria, seguiría caminando y recorriendo lugares salvajes, he de reconocer que si lo hago es sobre todo por ver a mi familia, culminar este sueño y un compromiso que he adquirido conmigo mismo, una misión que tengo en la vida: volver a la sociedad es el precio que tenemos que pagar, una responsabilidad que cae sobre nuestros hombros para aquellos que hemos visto lo que hemos visto, dormido bajo las estrellas, oído el canto de los pájaros al amanecer, sentido la brisa del mar en nuestros rostros, contemplado la luna y el fuego, escuchado el aullido del lobo, disfrutado de la bondad y la hospitalidad de cada cultura y sentimos la obligación de contarlo, de traer de vuelta a la sociedad el mensaje de que el planeta es un lugar hermoso que merece la pena cuidar y devolverle al mundo un poco de todo aquello que la vida nos ha regalado. Porque, ¿de qué le vale a un hombre ganar el mundo si pierde su alma?

He atravesado montañas, desiertos, ciudades, he cruzado bosques, playas y valles. He ido caminando hasta un extremo del planeta y he vuelto por el otro lado y del mismo modo con mis pies. He visto lugares apasionantes y disfrutado de la naturaleza salvaje. He caminado bajo el vuelo del águila en Armenia y el sol de Irán, me he bañado en el mar Negro, el de Indonesia, el océano Pacífico y el mar de Andamán. He dormido en junglas, templos y acantilados frente al mar, he visto todo tipo de casas, pagodas, palacios, mezquitas, iglesias, pirámides y catedrales. He visto niños desnudos corriendo entre las cabañas en Bangladés. He hablado y compartido mesa con médicos, obreros, periodistas, curas, estudiantes, abogados, cónsules, indígenas, músicos, ingenieros, vagabundos, empresarios, escritores, viajeros y chamanes. He visto gente de muchas etnias, países y culturas, he escuchado muchos idiomas, tonos, timbres y risas. Me he sentado al calor de muchos fuegos, he bailado al son de muchas músicas. He visto todo tipo de miradas y gestos, he estrechado por igual la mano al rico que al pobre, al policía y al asesino, como si fueran la misma persona. He estado solo y rodeado de multitudes. He comido con cubiertos, con las manos y con palillos. He atravesado países del hemisferio norte y del sur, de derechas y de izquierdas, musulmanes, budistas, hindúes y cristianos. He visto toda clase de religiones, creencias e ideologías, cultos y adoraciones. He visto elefantes, rinocerontes, delfines, cocodrilos, osos hormigueros, monos, serpientes, loros, escarabajos del tamaño de una mano, charranes, canguros, tucanes, varanos, quetzales e infinidad de seres con los que compartimos este mundo de fantasía. He acampado bajo millones de estrellas y recibido el nuevo día con el canto de miles de aves. He visto caer el sol tras tantos horizontes y levantarse de nuevo, siempre resplandeciente con cada amanecer. He visto al azar peleándose con el destino, y al hombre con la naturaleza, pero no ha de ser así, pues ambos son lo mismo desde la noche de los tiempos y hasta los confines del universo. He caminado, he visto o he creído ver un poco del grandioso crisol de la raza humana, y puedo decir que el mundo es increíble.

Los días son soleados, las noches estupendas, las marchas tranquilas, se acercan la primavera y los campos en flor, los naranjos cargados de naranjas nos dan la bienvenida y nos van saludando a nuestro paso. El primer día de marzo alcanzamos la bonita población de Évora. Otro día acampamos junto al río Guadiana, en las proximidades de Juromenha y muy cerca ya de la frontera con España, vemos cómo el sol se esconde lentamente tras el horizonte mientras encendemos el fuego y el cielo se va llenando de estrellas.

A veces aprendes; otras, enseñas. A veces das; otras, recibes.

En Elvas nos quedamos un par de días en casa de mi primo Manolo, donde me reencuentro con amigos y familiares que han venido a verme. El regreso es inminente y poco a poco empiezo a ver a los míos. Son momentos emotivos; después de tanto tiempo, volver a ver sus caras, darnos un abrazo, reírnos, brindar juntos. Encuentro difícil explicar en apenas unos instantes todo lo vivido estos tres años y la sensación de estar poco a poco y paso a paso regresando a mi tierra, creo que a buen entendedor pocas palabras bastan, los actos hablan por sí solos. Después de haberme acompañado durante toda la travesía por Portugal, Rubén regresa a Asturias. Me despido de todos con la intención de volvernos a ver dentro de unos días en Madrid y abandono Elvas rumbo a la frontera. El momento de llegar a España se acerca. Esta mañana cae un verdadero aguacero, pero sólo es lluvia y la lluvia sólo moja, yo echo a caminar como lo he hecho ya tantas otras veces... Al cabo de un rato el cielo se despeja, apenas me separan unos metros de la frontera, puedo ver el cartelito dándome la bienvenida. Atrás queda Portugal, mi país número treinta y uno, el que me ha recibido de vuelta a Europa. Camino lentamente, saboreando el momento, un cúmulo de sensaciones palpita en mi pecho, sentimientos encontrados, por un lado contento y feliz por ver llegar un momento al que he estado mirando gran parte del viaje, por estar sano y salvo, vivo para contarlo; por otro lado, con algo de pena porque se acabe una aventura que ha sido un sueño, con dudas sobre cómo voy a encajar y adaptarme a una rutina y a un discurso que, después de haber vivido con tanta intensidad y visto tantas cosas por el mundo, a lo mejor se quedan pequeños. Continúo avanzando y el martes 8 de marzo, a media mañana, con el cielo azul limpio y un sol radiante, cruzo la frontera y pongo de nuevo los pies en España.

España

> Si aprendes a vivir con poco, a ser una persona desprendida y agradecida, la vida irá poniendo en tu camino todo aquello que necesitas.

Me cuesta creer que haya llegado este momento, estar aquí, dando los primeros pasos por mi tierra después de tanto tiempo, trato de asimilarlo. Estoy entrando por un lugar desconocido para mí; sin embargo, me resulta todo muy familiar. Viene a recibirme un medio de comunicación local de Badajoz, me hacen una entrevista y tomamos unas fotos. De camino a Badajoz varias personas que me reconocen me paran por el camino para intercambiar unas palabras y darme la enhorabuena. Un hombre se baja del coche, se acerca a mí y, cogiéndome del brazo, me dice: «Después de esto, tú ya puedes hacer lo que quieras». Me gustan sus palabras porque creo que entiende lo que estoy haciendo y estoy de acuerdo, así me siento, libre y capaz de lo que sea. Entro en Badajoz acompañado por Elena, amiga de mi familia que he conocido en Elvas y en cuya casa voy a quedarme esta noche. Me sorprende lo bonita que es esta ciudad, no la conocía. Cruzamos por el Puente Viejo sobre el río Guadiana desde el que se divisan el castillo, la alcazaba y la catedral, mientras voy saludando a más gente, puedo notar el calor de estar ya en casa.

Durante los días siguientes recorro las tierras de Extremadura. Me encanta esta región, parece mentira que habiéndola tenido siempre tan cerca no hubiera venido nunca y haya tenido que dar la vuelta al mundo para conocerla. Atravieso la Zona de Especial Protección de Aves Sierra de San Pedro, línea divisoria entre las cuencas del Tajo y el Guadiana, rica en aves y donde habitan algunos ejemplares de lince ibérico. Me vuelvo a encontrar con el río Tajo a la altura del embalse José María Oriol, paisajes ondulados, dehesas y bosques por los que es una delicia caminar. Son los últimos días tranquilos y apacibles de mi viaje, mientras prunos y almendros se van abriendo en flor, momentos para saborear y respirar lentamente, reflexionar y sedimentar los posos de mi viaje, pero el devenir de los acontecimientos apenas deja ya lugar para la soledad. Es tiempo de ansiados reencuentros, realizar entrevistas, atender las redes sociales y divulgar mi viaje. Estoy satisfecho con la labor realizada, con el reto acometido, por haber dejado mi grano de arena en todos aquellos lugares por los que he pasado. En un movimiento sabio e inteligente, la melancolía va dejando paso a la satisfacción por cumplir este sueño, agradecido con la vida y con todas aquellas personas que me han ayudado. Es cierto que en ocasiones no puedo evitar sentirme un poco raro, como fuera de lugar, me cuesta estar con gente, soy sensible a los ruidos, al jaleo; escuchar música y las multitudes me aturden; mi espíritu pide paz y silencio, hablar poco. Sin embargo, pienso que si he sido capaz de superar las dificultades y las penurias que implica dar una vuelta al mundo a pie, tendré la fortaleza necesaria para llegar, finalizar el viaje y adaptarme. Volver a encontrarme con los míos y disfrutar de las comodidades, realmente quejarme sería absurdo. Recuerdo antes de comenzar esta aventura el discurso pesimista y hastiado sobre la situación política y económica que vivía España, lo fácil que resultaba quejarse y culpar a los demás; sin embargo, ahora mismo me queda tan lejano, lo veo todo con ojos nuevos. Después de haber recorrido tantos países te das cuenta de lo que tenemos en España, del buen clima, la rica gastronomía, la belleza de sus paisajes, la calidez de sus gentes, la seguridad de poder pasear sin miedo a que te asalten, uno de los países con mejor calidad de vida en el mundo y tenemos que cuidarlo. Cuando vuelves a casa después de dar una vuelta al planeta caminando, lo valoras y aprecias todo mucho más, simplemente estar vivo debería ser razón más que suficiente para mirar la vida con optimismo. En Occidente estamos sumidos en el confort, somos hijos del bienestar y la abundancia, creemos que por el simple hecho de nacer tenemos derecho a una serie de privilegios y ventajas, pero no es así. Hace falta gente emprendedora y positiva, con espíritu de superación, predicar con el ejemplo, que el mal hacer de los demás no justifique nuestras acciones, no disponemos de tiempo ni de energía para malgastarlos en nada más. Inmerso en estas reflexiones alcanzo Plasencia, población en la que he quedado dentro de dos días con mis padres.

Sale a recibirme Jesús, aficionado a caminar y la montaña que contactó conmigo a través de internet; entramos conversando juntos en la ciudad. Su hijo, fisioterapeuta, me hace un excelente masaje, que es justo lo que mis músculos fatigados necesitan, aplicándome una técnica con agujas llamada punción seca que desconocía. Al día siguiente vienen mis queridos padres con mi hermana y tiene lugar el esperado reencuentro, después de prácticamente tres años desde que nos vimos por última vez. Nos damos un efusivo abrazo, estoy contento de verlos, están igual que siempre y me da la sensación de que fue ayer cuando nos despedimos. Si hay alguien que haya seguido mi viaje día a día, me haya acompañado a cada paso y se merezca un monumento, ésos son ellos. No he podido recibir mejor herencia, educación y genética. Ahora ya siento que la vuelta a casa es inminente y los trescientos kilómetros que distan a Madrid, apenas algo simbólico. Pasamos la tarde paseando tranquilamente, al día siguiente nos despedimos y reanudo la marcha dispuesto a afrontar las últimas jornadas de un viaje que va tocando a su fin.

Las visitas de amigos y seguidores del viaje se van sucediendo. Abandono Plasencia y me adentro en la zona de La Vera, al norte queda el famoso valle del Jerte, conocido por el espectáculo que ocurre a mediados de marzo, cuando más de un millón y medio de cerezos florecen al unísono tiñendo el valle de blanco. En Jarandilla de la Vera me acompañan caminando mis amigos Samuel y Luis, Lourdes me ofrece su acogedora casa rural de piedra con chimenea para pasar la noche en Madrigal de la Vera, y de camino a Ramacastañas viene a hacerme un reportaje el diario *El Mundo*... Me adentro en la provincia de Ávila, dejo atrás la Comunidad de Extremadura y camino por la de Castilla y León, a mi izquierda se alzan las bonitas cumbres nevadas de la sierra de Gredos. Camino asombrado con la belleza y la tranquilidad que se respira en estos rincones de la geografía española, verdes praderas y ríos de aguas frescas y cristalinas que bajan del monte. La jornada que alcanzo Piedralaves realizo otro reportaje para el suplemento *El País Semanal*, me siento afortunado de estar teniendo tan buena acogida, la gente va haciendo una especie de cadena que me lleva en volandas prácticamente desde que llegué a Lisboa. O incluso mucho antes... Paso mis últimas noches al aire libre en la tienda de campaña, un elemento fundamental y romántico que me conecta siempre a la naturaleza y al espíritu de aventura. Sin duda alguna, a lo largo de esta expedición aprendes conocimientos técnicos para sobrevivir en diferentes ecosistemas, culturas y países, aprendes de geografía e historia, pero una de las cosas que he aprendido y de la que tengo una honda impresión es que la Tierra no es tan grande. Yo la he visto con mis ojos, lo he vivido en mi propia piel, tengo una noción de sus dimensiones porque la he recorrido con mis pies, sé cuánto cuesta atravesar diez mil kilómetros, el tamaño de Asia, llegar hasta Australia caminando y regresar por el otro lado del mundo. Es un conocimiento basado en la propia experiencia y que muy pocos han vivido. Puedo decir que el planeta no es tan grande, razón de más para cuidarlo.

Al día siguiente, tras la que ha sido mi última noche al aire libre, acampado en una pradera, recojo la tienda y entro en la Comunidad de Madrid. Paso a paso me acerco inevitablemente al final, estoy a escasos setenta kilómetros, mis dos últimos días de viaje, se dice pronto. Los días soleados, el cielo despejado y los bonitos paisajes me acompañan en mi largo caminar, encinas, ciervos, conejos... ¡Qué bien hice escogiendo esta ruta! Me siento como una bestia, como un animal, un tren que avanza rápido y dispuesto a detonar el domingo a las doce del mediodía en el kilómetro 0 de la Puerta del Sol. Los medios están convocados, la gente también lo sabe, voy concienciado, he tenido tiempo para ello, tengo una cita con el destino, un día único que nunca más se volverá a repetir... No se regresa todos los días de dar la vuelta al mundo caminando. En Boadilla del Monte me reencuentro con mi querida Paz desde que nos vimos por última vez en Bulgaria; qué ganas tenía de verla y qué contento me siento de estar de vuelta para volver a tenerla cerca. La otra persona importante en mi equipo es Bruno, al mando de la web y las redes sociales, responsable de que este viaje haya tenido la difusión y el alcance que ha tenido en internet, un amigo con un gran corazón y que siempre ha estado ahí cuando lo he necesitado sin pedir nada a cambio. Un verdadero ejemplo de amor, altruismo y generosidad, les estoy tremendamente agradecido a ambos por haber permanecido a mi lado en todo momento a lo largo de estos tres años.

El sábado 19 de marzo entro en Madrid por el oeste, a través de la Casa de Campo, camino despacio empujando mi carrito, me detengo a sentarme en una roca, me invaden miles de sensaciones. Yo venía mucho a este sitio a correr y montar en bici, reconozco cada lugar, los árboles, el lago, me parece increíble estar aquí, como si estuviera soñando, me cuesta asimilarlo. Quién me iba a decir que un día regresaría por aquí de dar la vuelta al mundo caminando. Como Kavafis en su poema «Ítaca», todo el mundo sabe que no importa tanto el destino como el camino, pasan por mi mente aleatoriamente recuerdos de este viaje y de mi vida, momentos aislados que sumados uno a uno y paso a paso como piezas de tela van tejiendo en mi alma la hermosa colcha de retales que ha sido este sueño... Visualizo las extensas llanuras de Australia, durmiendo entre macacos en las junglas de la India, las noches estrelladas en el desierto de Atacama y la cordillera de los Andes... Recuerdo cuando tenía cuatro años y al terminar de ver una película sobre mitología griega le dije a mi madre que podía llamarme Hércules. O con cinco años, bañándome con mi padre en las frías aguas del Cantábrico, en la asturiana playa de Rodiles, jugando con las olas y tiritando de frío sin querer salir del mar. O con once años, cuando salía del colegio y me sentaba por las tardes a estudiar en mi habitación con la ventana abierta y sin camiseta en pleno invierno. O cada vez que salía a entrenar, a correr, montar en bicicleta o caminar por la montaña, siempre escogía la ruta más difícil, la cuesta más empinada, preparándome inconscientemente para la aventura que un día yo sabía que estaba por llegar. Comienza a chispear, dan lluvias para el fin de semana, continúo avanzando lentamente, saboreando este momento, hasta que alcanzo Príncipe Pío y me alojo en un hotel en el anonimato y sin que nadie lo sepa, a dos kilómetros de la Puerta del Sol.

El domingo 20 de marzo de 2016 es un día para la historia. Tras toda la noche lloviendo y haber dormido poco amanece con el cielo despejado, parece que la meteorología también se confabula y abre una ventana de buen tiempo para darme la bienvenida. Subo por la Cuesta de San Vicente empujando mi carrito y giro a la derecha por la calle Bailén hasta la plaza de Oriente, frente a los jardines de Sabatini y el Palacio Real, no podía haber mejor escenario ni más bonito para entrar en Madrid. Me siento como un rey que regresa victorioso tras la batalla, o el pequeño David que contra todo pronóstico ha vencido a Goliat. Este día con el que tanto he soñado y por el que tanto he luchado, ha llegado. Acompañado por amigos y algunos medios de comunicación rodeamos el Teatro Real. Estoy emocionado a pesar de que trato de mantener la cabeza despejada y la voz firme, mientras más gente se va sumando y nos va rodeando. Subimos por la calle Arenal entre el bullicio, creo que nunca tardé tanto en recorrer dos kilómetros, hasta tocan las campanas cuando pasamos frente a la iglesia de San Ginés de Arlés, como si hubieran estado esperándonos, como si estuviera escrito que este día tenía que llegar. De repente, diviso al final de la calle la Puerta del Sol. Rodeado por multitud de gente, amigos, familiares, medios de comunicación, personas que se acercan por curiosidad, regreso al lugar que un día me vio partir. Un 21 de marzo de 2013 me iba hacia el este por la calle Alcalá y tres años más tarde aparezco por el oeste por la calle Arenal, justo la calle contraria, tras circunnavegar el globo terráqueo con mis pies. Tras 1.095 días con sus respectivas noches, recorrer treinta y un países, más de 33.000 kilómetros y doce pares de zapatillas, me convierto en el primer español y la quinta persona en la historia en dar una vuelta al mundo caminando. Sin duda alguna, un viaje de ensueño. Me dirijo con *Jimmy Águila Libre*, mi inseparable carrito y compañero de fatigas, a la placa del kilómetro 0 que hay en el suelo, el lugar exacto donde comenzó y termina esta aventura. Respirando profundamente, como en tantas otras ocasiones a lo largo del viaje cuando estaba frente a un momento crucial y tenía que tomar una decisión importante, rodeado por cientos de personas y con la tremenda satisfacción por el logro conseguido, sabedor de que ya nunca volveré a ser el mismo e infinitamente agradecido con la vida, levanto los brazos en señal de victoria y vuelvo a colocar en ella mis pies poniéndole el punto y final a esta aventura. Una demostración de que no hay nada imposible, de lo que somos capaces de lograr cuando nos proponemos un objetivo y luchamos por él, que tenemos el poder de crear la realidad y escribir la historia, de redactar las páginas en blanco que tenemos por delante en el libro de nuestra vida, y que no hay frontera más infranqueable que aquella que nos impide creer en algo.